현대 사회에서 마음교육이 왜 필요한가?

동양사상과
마음교육

동양사상과
마음교육

초판 1쇄 인쇄 2014년 5월 8일
초판 1쇄 발행 2014년 5월 15일

지은이 정재걸 · 홍승표 · 이승연 · 이현지 · 백진호
펴낸이 김승희
펴낸곳 도서출판 살림터

기획 정광일
편집 조현주
북디자인 시아

인쇄 · 제본 (주)현문
종이 월드페이퍼(주)

주소 서울시 마포구 서교동 395-27
전화 02-3141-6553
팩스 02-3141-6555
출판등록 2008년 3월 18일 제313-1990-12호
이메일 gwang80@hanmail.net

ISBN 978-89-94445-62-5 93370

현대 사회에서 마음교육이 왜 필요한가?

동양사상과
마음교육

정재걸·홍승표·이승연·이현지·백진호 지음

살림터

　지난번 대선 후보 연설에서 안철수 후보는 두 가지 지표를 통해 현재 우리 사회의 현재 모습을 진단했다. 한 가지는 자살률이고 다른 한 가지는 출생률이다. 주지하다시피 OECD 국가 중 우리나라의 자살률이 가장 높고, 출생률은 가장 낮다. 안 후보는 자살률이 높다는 것은 우리 사회의 비참한 현재 상태를 나타내는 것이고, 출생률이 낮다는 것은 미래 사회에 대한 암울한 기대를 반영하는 것이라고 하였다. 즉, 지금의 우리 사회는 OECD 국가 중 현재와 미래가 가장 절망적인 나라라는 것이다.

　우리 사회의 미래를 짊어지고 가야 할 청소년들의 상태는 심각하다. 청소년들의 장래 희망 조사에서 가장 많이 선택된 것은 공무원이다. 왜 공무원인가? 가장 안정적인 직업이기 때문이다. 꿈과 희망에 가득 차서 자신만 아니라 나라의 장래를 짊어지고 나가야 할 청소년들이 왜 공무원이 되는 것을 인생의 최대 목표로 삼고 살아가고 있을까? 그들에게 미래가 없기 때문이다. 그들에게는 아무런 희망이 없기 때문이다. 그래서 우리는 그들을 '절망의 세대'라고 부른다.

　불과 20년 전만 하더라도 청소년들은 꿈과 희망이 있었다. 그들은 더 민주적인 사회, 더 정의로운 사회를 꿈꾸며, 그 꿈을 향해 달려갔다. 그들은 사회 변화의 중심이었다. 기성세대는 그들을 보며 함께 희망찬 미래를 기대하였다. 그렇지만 지금의 청소년들은 '아프니까 청춘이다'라는 위로를 받으며 잿빛 미래를 향해 무조건 걸어가야만 하는 대상이 되었다.

지금 우리의 교육은 자아확장투쟁을 위한 훈련소와 다르지 않다. 학생들은 어떻게 하면 다른 아이를 밟고 한 단계라도 더 높은 등수를 얻을 수 있는가를 밤을 새워 배우고 있다. 학교는 서로 밟고 밟히는 애벌레들의 거대한 탑일 뿐이다. 그러나 그들이 다른 아이들을 밟고 올라가는 꼭대기에는 사실 아무것도 존재하지 않는다. 학생들도 이미 그것을 알고 있다. 그럼에도 불구하고 그들이 할 수 있는 유일한 일은 다른 학생들을 밟고 조금이라도 더 높이 올라가는 것뿐이다.

그러나 조금 더 넓게 보면 이러한 현상은 우리나라에만 국한된 것이 아니다. 물론 경제 성장과 정치적 민주화를 달성하지 못한 몇몇 나라에서는 아직도 청소년이 미래의 희망이다. 미국발 금융 위기 이후 아프리카와 중동을 휩쓴 오렌지 혁명은 그들 나라에서는 아직도 청소년이 미래 사회의 주역임을 말해주고 있다. 그러나 소위 자본주의 선진국에 속하는 대부분의 나라는 우리와 사정이 크게 다르지 않다. 다만 우리나라의 경우 그 나라들이 이룩한 정치적 민주화와 경제 발전을 압축적으로 이루었기에 그 모순이 압축적으로 드러나는 차이가 있을 뿐이다.

우리가 영위하고 있는 현대 문명은 인간의 이성을 중심으로 설계되고 이행되었다. 현대를 설계한 계몽주의자들은 인간의 이성이 인류가 당면한 모든 문제를 해결해줄 수 있을 것으로 기대하였다. 그동안 인류를 부당하게 억압했던 불합리한 악습과 제도를 합리적으로 개혁하고, 인간의 이성을 활용하여 과학기술을 발전시켜 더욱 풍요로운 사회를 건설할 수 있을 것으로 기대하였던 것이다. 그들의 기대는 많은 부분 충족되었다. 우리는 보다 합리적인 제도 속에서 과거에는 상상조차 할 수 없던 풍요로운 삶을 살고 있다. 그러나 과연 우리는 과거의 인류보다 더 행복해졌다고 말할 수 있을까?

근대 계몽주의자들의 설계에서 가장 결정적인 실수는 인간의 이성을 통해 인간의 본능적 이기심을 제어할 수 있을 것으로 판단한 것이다. 즉 도덕적 선의지를 통해 인간의 본능적 이기심은 충분히 억제 가능할 것으로 기대하였던 것이다. 칸트의 '실천이성'이나 애덤 스미스의 '보이지 않는 손' 등은 이런 전제하에 창안된 이론들이다. 또 프랑스 대혁명이나 러시아 혁명은 인간의 도덕적 선의지에 대한 신뢰를 바탕으로 이루어진 것이라고 할 수 있다. 그러나 우리가 현대 문명의 전개 과정에서 목도한 것은 인간 이성에 근거한 도덕적 선의지는 인간의 본능적 이기심을 결코 이길 수 없다는 사실이다.

계몽주의자들이 현대 문명의 한 기둥으로 제시한 자본주의는 인간의 본능적 이기심을 동력으로 하는 장치이다. 만약 도덕적 선의지라는 제어장치가 제대로 작동하지 못함을 알았더라면 그들은 결코 자본주의라는 괴물을 세상에 내놓지 않았을 것이다. 지금 세계화를 통한 자본의 확대는 전 세계 구석구석까지 본능적 이기심을 부추기고 있다. 자본의 세례를 받기 이전에는 의연했던 작은 마을들은 탐욕스러운 자본이 침투한 뒤에는 자존심을 버리고 모두 자발적으로 거지가 되었다. 그들은 스스로를 가난하고, 불결하고, 도움을 필요로 하는 무능한 존재로 여기게 되었다. 그들 역시 본능적 이기심을 동력으로 하는 자본에 감염된 것이다.

이 책은 자본주의라는 미친 말을 타고 있는 본능적 이기심에 눈먼 인류가 어떻게 해결책을 찾을 수 있을지를 탐색해보기 위한 것이다. 우리는 그것이 바로 마음교육이라고 생각한다. 마음교육의 목적은 잠자고 있는 우리의 본성을 깨우는 것이다. 본성은 본능적 이기심을 제어할 수 있는, 아니 포용해서 얌전하게 길들일 수 있는 강력한 힘이다. 그 본성을 어떻게 일깨우는가 하는 것이 바로 마음교육의 핵심이다.

이 책은 모두 6장으로 이루어졌다. 먼저 서론에서는 마음교육이란 무엇이며, 왜 그것이 이 시대에 절실하게 요구되는가 하는 것을 다루었다. 그리고 2장에서는 현대 사회에서 마음교육이 어떤 의미를 가지고 있고, 마음교육의 주체는 무엇이며, 마음교육을 통해 어떻게 심리적 고통을 치유하여 아름다운 노년을 누릴 수 있는지 살펴볼 것이다. 3장에서는 『주역』이라는 경전을 어떻게 마음교육의 텍스트로 이해하고 구체적 삶 속에서 실천할 수 있는지를 살펴볼 것이다. 4장에서는 유가사상 속에서 마음교육이 어떤 모습을 가지며 오늘 우리 사회에 어떤 실천적인 의미를 주는지 살펴볼 것이다. 그리고 5장에서는 도가사상과 불가사상 속에서 마음교육이 갖는 의미와 그 실천적 의미를 살펴볼 것이다. 그리고 6장에서는 이상의 마음교육에 관한 검토를 통해 궁극적인 결론이 무엇인지 살펴볼 것이다.

『동양사상과 마음교육』은 18년째 함께 공부모임을 하고 있는 '동양사상과 탈현대 연구회'가 만든 다섯 번째 책이다. 이 책을 구상하고 집필하고 검토하고 수정하는 데 참여했던 모든 날들이 모두 행복한 날이었다고 감히 말하고 싶다. 끝으로 이 책을 편집하고 출판하느라고 고생한 편집부 직원들에게 감사 인사를 드린다.

2014년 5월
필자를 대표하여 정재걸

차례

1장
왜 마음교육인가?

1. 인류는 과연 진화하고 있는가?

2012년 영국 옥스퍼드 대학 출판부는 올해의 단어로 'omnishambles'를 선정했다. 이 말은 일련의 실수와 오산으로 인해 일을 완전히 그르친다는 뜻으로 omni(모든)와 shambles(대혼란 상태)의 합성어이다. 인류는 지금 총체적 혼란에 처해 있다는 뜻을 단적으로 나타낸 말이다.

생물 진화론에 따르면 인류는 끊임없이 진화하고 있다. 그리고 생물의 진화와 마찬가지로 사회 진화론에서는 사회도 더 바람직한 방향으로 계속 진화하고 있다고 한다. 그런데 과연 사회가 정말로 더 바람직한 방향으로 진화하고 있을까? 우리가 어렸을 때와 지금을 비교하면 지금이 그때보다 더 좋은 사회라고 할 수 있을까?

우리나라는 지난 50년간 서구 사회가 300년 이상 걸려 도달한 정치 경제적 업적을 달성했다. 서구 어느 나라에 뒤지지 않는 정치적 민주화와 경제 성장을 이룩했다. 이를 흔히 '압축 성장'이라고 부른다. 이러한 압축 성장으로 인해 우리는 서구 사회가 300년에 걸쳐 경험한 변화를 50년이라는 짧은 시간 동안 겪고 있다. 지금 나이가 여든에 이른 노인들은 농업 중심의 전통 사회와 산업혁명, 정보혁명을 한꺼번에 겪어온 것이다. 이들 노인들은 지금의 사회가 50년 전과 비교해서 더 바람직한 사회가 되었다고 생각할까?

21세기도 10년 이상 지난 현재, 인류의 미래는 암담하기만 하다. 세계

어느 곳을 살펴보아도 우리가 본받을 모델이 보이지 않는다. 소비에트 연방의 붕괴와 함께 공산주의가 무너진 이후, 사회 구성 원리로서의 도덕적 이념은 사라지고, 오직 생존 경쟁을 위한 투쟁이 전 세계에 만연해 있다.

한때 유럽은 최선은 아니지만 많은 국가들이 부러워하고 따라가야 할 모범으로 여겨지기도 했다. 그런 유럽이 지금 경제 위기로 혼란스러운 상황에 빠져 있다. 실업률이 솟구치고 일자리와 함께 미래를 잃은 청소년들은 자포자기의 심정으로 마약에 빠져들고 있다.

인류가 처한 문제 중 가장 심각한 것은 환경 문제이다. 생태주의자들이 보는 미래는 암울하기만 하다. 프란츠 알트는 오늘 하루 동안 우리는 100가지 종류의 동식물을 멸종시키고, 20,000헥타르(약 6,050만 평)의 사막을 만들고, 8,600만 톤의 비옥한 땅을 침식시켜 파괴하고, 1억 톤의 온실가스를 배출하고 있다고 하였다.[1] 제레드 다이아몬드는 우리가 지속 가능하지 않은 방향을 계속 고집한다면 세계의 환경 문제는 우리 자식들이 세상을 떠나기 전에 어떤 형태로든 결론이 날 것이며, 바람직한 방향으로 해결되느냐, 아니면 전쟁, 대량 학살, 아사, 전염병, 사회의 붕괴 등 바람직하지 않은 방향으로 해결되느냐가 문제일 뿐이라고 하였다.[2]

지구상에 생명이 존재했던 38억 년 동안 대량 멸종의 파도가 다섯 차례 휩쓸고 지나갔다. 이러한 생물학적 청소가 한 번 지나가고 난 후 사라진 생물종의 다양성을 회복하는 데 평균 1,000만 년이 걸렸다.[3] 환경 문제는 전 세계의 인구 증가로 인하여 그 심각성이 더욱 증폭되고

---

1 알트Franz Alt(2003), 손성현 옮김, 『생태주의자 예수』, 나무심는사람.
2 다이아몬드Jared Diamond(2011), 강주헌 옮김, 『문명의 붕괴』, 김영사.
3 리프킨Jeremy Rifkin(2010), 이경남 옮김, 『공감의 시대』, 민음사.

있다. 2012년 세계 인구는 70억 명이 되었다. 현재 속도로 인구가 증가
하면 774년 후에는 1평방 야드당 10명이 살게 되고, 2,000년 후에는 인
간의 질량이 지구의 질량과 엇비슷하게 되며, 6,000년 후에는 인간의 질
량이 우주의 질량과 비슷해진다고 한다.[4]

두 번째는 경제 문제이다. 오늘 세계가 직면한 경제의 근본 문제는 마
르크스가 주장한 생산 과잉과 과소 소비이다. 리프킨이 주장한 대로
정보혁명은 일자리 감소를 가져왔고 일자리 감소는 소득 감소와 더불
어 소비 위축을 낳았다. 그는 2050년이 되면 성인 인구의 불과 5%만으
로도 기존의 산업 영역을 차질 없이 운영하고 관리할 수 있을 것이라
고 전망했다. 세계화된 자본주의는-많은 경제학자들이 지적한 것과 같
이-자전거와 같아 앞으로 달리지 못하면 쓰러지고 만다. 문제는 이런
경향이 향후 전혀 개선될 여지가 보이지 않는다는 것이다.

유럽연합EU에 따르면 지난 2012년 6월 유로존(유로화 사용 17개국)의
15~24세 실업률은 20.5%로 청년 다섯 명 중 한 명은 실업 상태에 놓
여 있다. 특히 스페인의 경우 청년 실업률은 45.7%에 이르고 그리스의
18~24세 실업률은 42%에 달한다. 청년 두 사람 중 한 사람은 직업을
구하지 못하고 있는 상황인 것이다. 전문가들은 유럽 각국의 재정 긴축
정책이 본격적으로 실행되면서 청년 실업률은 더욱더 악화돼 곧 사상
최고치를 경신할 것이라고 전망하고 있다. 경제 문제에 관한 한 인류는
한마디로 출구가 보이지 않는 터널에 들어선 것이다.

정보혁명의 첨단에 선 우리나라는 특히 심각하다. 통계청에 따르면
우리나라 전체 고용에서 전자, 자동차, 석유화학, 철강 등 4대 업종이
차지하는 비중은 2007년 6.0%, 2008년 5.6%, 2009년 5.4% 등 계속 하

---

4 리프킨, 앞의 책.

락하고 있다. 특히 IT제조업 종사자는 2006년 42만 2,155명에서 2009년 37만 7,336명으로 4만 5,000명 가까이 줄었다고 한다.[5]

세 번째는 정치 문제이다. 2차 대전과 소련의 붕괴로 인해 많은 민족들이 식민지에서 해방되었다. 그리고 억눌렸던 민족 간의 분쟁이 전 세계 곳곳에서 일어나고 있다. 최근에는 경제적 어려움으로 인해 국가 간의 분쟁도 늘어나고 있다. 최근 한일 간의 독도 분쟁, 일본과 중국의 센카쿠 열도 분쟁, 중국과 필리핀, 중국과 베트남 간의 영토 분쟁도 모두 민족 간의 억눌렸던 감정의 격화와 경제적 어려움에 기인한다고 볼 수 있다.

경제적으로 여유가 있는 상황에서는 민족 간의 분쟁이 적게 일어나지만, 경제적 어려움에 봉착할 경우 다른 국가나 민족에 대한 포용성이 지극히 줄어든다. 물론 후자의 경우 경제적 어려움으로 인한 국민들의 불만을 밖으로 돌리기 위한 정치 지도자들의 의도가 강하게 작용하기 때문이기도 하다.

이상에서 열거한 것처럼 인류의 미래는 여러 방향에서 살펴보아도 희망을 찾기 어렵다. 원시적 관점에서 볼 때 현재 인류가 휩쓸려 있는 모든 전략적 음모와 치열한 경쟁은 침몰하는 배 위에서 벌어지는 이전투구에 지나지 않으며, 거시적 관점에서 볼 때 현재 인류가 누리고 있는 번영은 죽음이 눈앞에 다가옴을 의식하지 못하는 아편 환자가 맛보는 환각적 행복감과 같다고 할 수 있다.[6]

그중에서도 우리나라의 상황은 최악이라고 하지 않을 수 없다. 2011년 7월 6일 미국의 『뉴욕 타임스』는 한국은 국가적으로 신경쇠약에 걸

---

5 『동아일보』 2011년 7월 15일자.
6 박이문(1998), 『문명의 미래와 생태학적 세계관』, 당대.

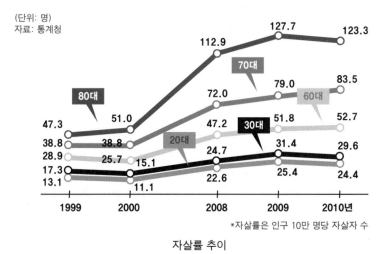

(단위: 명)
자료: 통계청

127.7

123.3

112.9

70대

79.0

83.5

80대

72.0

60대

47.3

51.0

47.2

51.8

52.7

30대

38.8

38.8

24.7

31.4

29.6

28.9

25.7

20대

17.3

15.1

25.4

24.4

13.1

11.1

22.6

1999   2000   2008   2009   2010년

*자살률은 인구 10만 명당 자살자 수

자살률 추이

리기 직전이라고 보도하였다. 과도한 노동과 스트레스 그리고 상시적인 걱정으로 이혼율은 치솟고 학생들은 학업에 짓눌리며 매일 30여 명이 자살하는 국가가 되었다고 하였다. 다음은 통계청이 발표한 우리나라 자살률의 추이이다.

위의 그래프에서 보듯이 모든 연령층에서 자살률은 가파르게 증가하고 있다. 우리나라 자살률은 인구 10만 명당 31.2명으로 OECD국가 평균 자살률 11.3명보다 3배 가까이 많다. 2012년 9월 9일 보건복지부의 '2011년 정신건강 실태조사' 결과에 따르면, 2010년 국내 자살자는 1만 5,566명으로 집계되었다. 이는 매일 평균 42.6명이 자살하는 셈이다. 특히 청소년 사망자 중 13%가 자살을 택했는데, 이 비율은 청소년 사망 원인 중 1위였다. 위의 그래프에서 보듯이 OECD 국가 평균의 8배에 달하는 노인 자살률은 한국의 현재 상황이 세계 최악임을 단적으로 나타내고 있다고 할 수 있다.

2. 어디에서 해결책을 찾을 수 있을까?

요즈음 우리나라 교육부는 창의-인성 교육에 물 붓듯이 돈을 쏟아 붓고 있다. 창의교육은 한마디로 자신의 재능을 최대한 발휘하도록 하여 일자리를 갖도록 하는 교육이다. 그리고 인성교육은 이러한 생존 경쟁의 치열함을 도덕적 이성으로 완화시키기 위한 노력이다.

정보혁명은 단순하게 말하자면 컴퓨터가 인간의 지력을 대신하는 것이기 때문에 필연적으로 노동에 대한 수요를 대폭 감소시킬 수밖에 없다. 이처럼 정보혁명에 따른 노동의 수요 감소로 인해, 노동력을 양성할 목적으로 설립된 현대 학교는 심각한 위협을 받고 있다. 갈수록 줄어드는 소수의 정규직을 향한 경쟁은 날로 심화되고 있다. 또 경쟁이 격화될수록 학생들 상호 간의 갈등도 커져, 이로 인한 학교 폭력은 날이 갈수록 심해지고 있다. 학생들의 생활공간은 감시와 통제가 이루어지는 감옥으로 변한 지 오래이다.

오늘날 우리의 학생들은 어른도 감당하기 어려운 짐을 진 채 신음하고 있다. 상상을 초월하는 양과 질의 공부를 강요당하고, 마치 하루하루가 인생 전체를 결정하는 중대한 순간인 듯 어른들이 조성한 일상적 긴장 속에서 살아가고 있다. 이들의 생활공간인 가정이나 학교는 물 샐 틈 없는 감시와 통제가 이루어지는 감옥으로 변해버렸다. 이렇게 보이지 않는 감옥에 갇힌 아이들이 벗어날 방법을 찾지 못한 채 좌절하고 상처받고 방황하고 있다.[7] 교육과학기술부와 포털 사이트 네이버가 함께 실시한 '인성교육 대국민 설문조사'와 '2012 인성교육 실태조사' 결과 한국 초·중·고 학생 10명 중 4명은 학교를 그만두고 싶다고 생각하는 것으로 조사되었다.

앞에서 언급했듯이 현대 학교에서 가르치는 것은 크게 두 가지이다. 한 가지는 직업 능력을 갖기 위한 창의적 이성의 계발이고, 또 한 가지는 도덕적 생활을 위한 비판적 이성의 계발이다. 전자는 생존 경쟁에서 남을 이기기 위한 욕망을 충족시키기 위한 것이고, 후자는 이런 욕망의 충돌에서 비롯되는 갈등을 완화시키기 위한 것이다. 직업 능력을 위한 이성의 계발은 창의력을 신장시키는 것에 초점을 두고 있으며, 갈등을 완화시키기 위해서는 도덕적이고 비판적인 이성을 신장시키는 것에 초점을 두고 있다. 우리는 이 두 가지를 합쳐 '창의-인성 교육'이라고 부른다. 창의교육이 노동력의 수요를 위한 가장 효과적인 방법임에는 분명하다. 그러나 비판적인 이성을 신장시키기 위한 인성교육이 과연 증폭되는 갈등을 완화시키는 대안이 될 수 있을까?

인류의 역사를 통해 볼 때 도덕적 삶을 위한 비판적 이성이 생존 경쟁을 위한 욕망을 이긴 적이 없다. 그 이유는 명백하다. 후자는 인간의 본능에 뿌리를 박고 있는 것이기 때문이다. 김형효[2011]는 『마음혁명』이라는 책에서 도덕적 선의지는 결코 무의식의 본능적 이기심과 싸워 이길 수 없다고 하였다. 도덕적 선의지는 인간 이성의 한 부분으로, 역사적으로 볼 때 이성과 본능의 싸움에서 언제나 본능이 승리했기 때문이다.

그렇다면 대안은 없는 것일까? 대안은 있다. 뒤에서 자세히 살펴보겠

---

7 『경향신문』 2011년 12월 14일자.

지만 인간에게는 본능적 이기심과 함께 '나'를 넘어서는 이타적 본성이 있다. 따라서 우리가 추구해야 할 교육은 자연의 한 부분으로서 인간의 본성을 발견하고 계발하는 것이다. 이것을 우리는 '마음교육'이라고 부른다. 우리의 본성은 우리의 이성이 쉬는 그 자리에 존재한다. 그래서 본성의 소리는 당위적인 도덕 명령이 아니라 본능처럼 마음이 스스로 하고자 하는 기호적 욕망을 말한다.[8] 동물의 경우 본성과 본능은 조화를 이루고 있다. 그러나 인간은 이성의 계발을 통해 인위적인 욕망이 자연과 조화를 이루는 본성을 벗어나 무한대로 확장되고 있다.

이성을 통한 도덕적 선의지가 결코 인간의 본능적 욕망을 이길 수 없다면 어떻게 해야 할까? 해답은 분명하다. 우리는 끊임없이 밖으로 향하는 마음을 안으로 되돌려 우리 안에서 그 해결책을 찾아야 한다. 우리 안에는 본능적 욕망과 같이 거대한 에너지를 가지고 있는 본성이 있기 때문이다.

마음교육이 추구하는 것은 우리의 밖에 있는 지식이 아니라 우리의 안에 있는 본성이다. 비판적 이성의 개발이 아니라 잠자고 있던 인간 본성의 계발이다. 인간의 신체 기관과 외부 세계를 연결시켜주는 뇌신경체제의 입력 및 출력 통로가 두뇌에서 차지하는 비중은 2%에 불과하며 나머지 98%는 내적 기능과 관계가 있다고 한다.[9] 단순화하여 말한다면 현대 교육은 98%의 본성을 무시하고 2%의 이성에 의해 건설된 것이다.

현대는 인간의 밖에 있는 객관적, 과학적 지식을 통해 형성되었다. 객관적, 과학적 지식은 자연을 대상으로 그 자연을 능욕함으로써 축적되

---

8 김형효(2011), 『마음혁명』, 살림출판사.
9 모랭Edgar Morin(2006), 고영림 옮김, 『미래의 교육에서 반드시 필요한 7가지 원칙』, 당대.

었다. 베이컨은 자연은 '길거리에 널린 창녀'나 다를 바 없으며, '불가능이 없을 만큼 인간의 제국을 확대하기' 위해서는 창녀의 야성을 '누르고 순화하고 길들여야 한다.'고 주장하였다.[10] 그는 신의 섭리가 아니라 인간의 이성과 의지로 물질적 풍요를 누리는 새로운 지상 낙원을 건설할 수 있다고 믿었다. 이런 신념을 이어받은 프랑스의 귀족 마르키 드 콩도르세는 다음과 같이 장담했다.[11]

인간이 가진 능력은 무한정 발전할 수 있다. …… 인간은 끝없는 완전성을 추구할 수 있다. …… 자연이 우리에게 준 지구라는 터전이 존속하는 한, 인간이 완전해지는 것을 가로막는 모든 힘을 완전히 제압하는 이 과정은 무한히 계속될 것이다.

이제 인간 이성을 통해 새로운 질서를 수립하려는 근대 계몽주의자들의 시도는 잘못된 것이었음이 분명해졌다. 그들의 노력은 엔트로피의 증가, 즉 돌이킬 수 없는 혼란만을 가져왔을 뿐이기 때문이다. 그렇다면 인류는 어떻게 새로운 질서를 찾을 수 있을까?

10 리프킨, 앞의 책.
11 리프킨, 앞의 책.

3. 마음교육이 대안이 될 수 있을까?

인류는 머나먼 길을 돌아 다시 본래의 상태로 돌아오고 있다. 지금까지의 인류의 여정은 인간이 동물과 어떻게 다르며, 어떻게 해야 동물로부터 벗어날 수 있는지를 이야기했다면, 이제부터의 여정은 인간이 어떻게 자연으로, 즉 자신의 본성으로 돌아갈 수 있는지 살펴보고 돌아가기 위한 것이 되어야 한다. 그렇게 하기 위해서는 인간이 지금까지 이룩한 모든 이분법을 버리고 위대한 혼돈으로 돌아가야 한다. 성서적으로 이야기하면 에덴의 시대에서 율법의 시대를 거쳐 다시 에덴을 회복하기 위한 사랑의 시대를 회복하자는 것이다.

본성은 '우리 안'에 있다. 앞에서 잠깐 언급했듯이 지금까지의 현대교육은 이성의 계발에 초점을 맞추었다. 이성을 통해 인간의 욕망을 충족시키고 또 이성을 통해 인간의 욕망을 절제할 수 있다고 생각하였다. 그것이 실패로 끝난 지금 앞으로의 교육은 이성의 작용을 멈추고 자신의 마음속으로 침잠해 들어가 자신의 본성을 발견하는 것에 초점을 맞추어야 한다.

그렇다면 본성은 무엇일까? 본성은 본연지성本然之性의 준말이다. 본연지성이란 맹자가 말한 대로 우물에 빠지려는 아이를 보면 생각이나 판단에 앞서 아이를 구하려고 하는 생각 이전의 마음을 말한다. 마치 내가 위험에 처했을 때 그 위험을 벗어나려고 하는 본능적 반응과 같은 것이다. 그렇기 때문에 본성은 본능과 같이 선천적으로 주어진 것이라고 말한다.

그렇다면 본성과 본능은 어떻게 다른 것일까? 본성을 영어의 Nature와 같은 것이라고 할 때 본능은 본성에 포함된다. 계몽주의자 루소는 본성에 본능뿐만 아니라 감각과 이성까지 포함시키기도 했다. 그러나 동양사상 특히 유학에서는 일반적으로 본성과 본능을 별개의 것으로 간주한다.

인仁이 무엇인가를 묻는 안회顔回의 질문에 공자孔子는 "자기를 극복하여 예로 돌아가면 인이 된다克己復禮爲仁."라고 대답하였다. 인은 본능과 같이 저절로 발현되는 것은 아니다. 인은 자기를 극복해서 예로 돌아가야만 가능한 경지이다. 그렇다면 자기를 극복한다는 말은 무엇일까? 맹자는 '인의 샘물론'을 주장하였다. 즉 그는 인간은 누구나 자신의 마음속에 무한한 용량을 가진 사랑의 샘을 가지고 있으며, 한번 그 샘에서 물이 솟아나기 시작하면 주변의 구덩이를 채우고, 흘러넘쳐 들판을 적시고 넓은 바다로 흘러간다고 하였다. 그런데 문제는 이 샘의 입구를 막고 있는 바위가 있다는 것이다. 그 바위의 이름이 바로 '나'라고 하는 생각이다. 극기복례란 바로 그 바위를 치우면 예로 돌아갈 수 있고 그것이 인이 되는 길이라는 말이다.

한편 여기서 예禮란 자연의 질서를 말한다. 자연에는 분명한 질서가 있다. 봄이 지나면 여름이 오고, 가을이 지나면 겨울이 오는 것과 같은 분명한 질서가 있다. 그런데 인간은 자연에 속한 생명체 중에서 유일하게 자연을 대상으로 여기는 존재이다. 즉 인간은 태어나서 자라는 과정에서 필연적으로 '나'라는 생각을 가질 수밖에 없는 존재라는 뜻이다. 극기복례란 이처럼 필연적으로 생겨나는 '나'라는 생각을 극복해서 자연과 하나가 되는 삶을 살아가면 그것이 바로 인이 되는 방법이라는 것이다.

그렇다면 '나'라는 생각을 극복하기 위한 방법은 무엇일까? 유학에서는 효제孝悌를 그 방법으로 제시한다. 그 까닭은 효제가 '나'라는 생각을 경험하고 그것을 넘어서는 가장 친근한 대상이기 때문이다. 부모의 자식 사랑은 당연한 것이어서 별도의 노력이 필요하지 않다. 그러나 효제는 '나'라는 생각을 극복해야만 가능한 사랑이다. 그래서 유학에서는 진정으로 부모에 대한 효를 실천할 수 있는 사람은 '나'라는 생각을 극복한 인물이라고 본다. 예컨대 순임금을 성인이라고 하는 까닭은 순임금이 보통 사람은 어려운 효를 실천하였기 때문이라고 보는 것이다.

이른바 인류의 스승이라고 하는 모든 성인은 인간의 본성은, 인간의 근원적인 에너지는 사랑이라고 했다. 김형효는 본성과 본능을 자연의 일부로서의 인간이 가진 선천적인 욕망으로 보고 있다.[12] 다만 본성은 상생과 상극의 상관관계 속에 있는 존재론적 욕망이라면 본능은 자신의 생존을 위한 소유론적 욕망이라는 것이다. 인간을 제외한 동물이나 식물의 경우 이 두 가지는 분명하게 구별되지 않는다. 그렇지만 인간은 취약한 본능을 보완하기 위해 이성을 개발하였고, 이성의 개발에 따라 본능이 무한대로 확장되었다고 주장한다.

김형효의 주장과 같이 인간을 제외한 생명체의 경우 본성과 본능을 구별하기는 쉽지 않다. 예컨대 동물의 본성과 본능은 자연적인 것이기 때문에 선악의 구별이 없다. 그렇지만 인간의 경우 본능은 자아 중심적이기 때문에 끊임없이 자신의 이익을 추구하고 항상 경쟁과 갈등을 수반한다. 그리고 이성은 이러한 본능 추구의 수단으로 활용된다. 근대 계몽주의자들은 이러한 본능 추구에 따른 악을 방지하기 위해 개별 이익

---

12 김형효, 앞의 책.

이 아니라 보편적 이익을 추구하는 도덕과 율법을 제시하였다. 그리고 자신의 이익을 추구하는 이성을 도구적 이성이라고 비판하는 한편, 이런 비판을 가능하게 하는 이성을 비판적 이성이라고 하며 도구적 이성과 구별하였다. 인류의 역사는 이런 도구적 이성과 비판적 이성의 충돌로 이루어졌지만, 항상 승리하는 것은 도구적 이성이었다. 왜냐하면 비판적 이성은 무의식적 본능을 억압할 만한 자신의 고유한 에너지가 없기 때문이다.

지금까지의 인류의 역사는 비판적 이성이 제창하는 도덕과 율법을 통해서는 인류가 고대하는 이상적인 사회와 문명의 수립은 불가능함을 잘 보여주었다. 인류가 가진 대안은 오직 한 가지밖에 없다. 그것은 우리가 이미 가지고 있는 본성의 회복이다. 그렇다면 본성의 회복은 어떻게 가능할까?

본성의 회복은 끊임없이 자신의 이익을 추구하는 무의식적 본능을 쉬게 하면 저절로 드러나게 된다. 기독교적 관점에서 해석하면 본성은 선악을 넘어선 에덴의 이브와 같다. 본능은 선악과를 먹고 낙원에서 추방당한 아담과 이브이다. 그리고 비판적 이성은 모세의 율법과 같다. 그리고 인간 본성의 회복을 가능하게 하는 것은 예수의 사랑인 것이다.

본성의 입장에서 보면 '선은 곧 좋은 것善卽好之'이다. 그래서 저절로 지행합일이 가능한 것이다. 그러나 이성의 입장에서는 '선은 곧 옳은 것善卽義之'이다. 따라서 무엇이 옳은 것인지 미리 알아야 실천할 수 있다.[13] 선은 좋은 것이지 옳은 것이 아니다. 그래서 선의 실천은 의무가 아니라 기호嗜好라고 할 수 있다.

본성은 우리 내면의 고요함이다. 다만 생각이 쉴 때, 에고ego가 한계

---

13 김형효, 앞의 책.

에 부딪쳐 지쳐 쉴 때, 그때 우리는 본성으로 돌아간다. 본성은 내가 지금 여기에 존재할 때 함께 존재한다. 내가 생각에 휘둘려 끌려갈 때, 내가 에고의 자기 확장 투쟁에 몰두할 때, 나는 본성에서 벗어난다. 그렇지만 그때에도 본성은 사라지는 것은 아니다. 우리가 다시 본성으로 돌아오기를 조용히 기다릴 뿐이다.

에고의 가장 중요한 기능은 이성이다. '나는 생각한다.' 이 생각과 더불어 온 세상이 함께 일어난다. 반대로 생각이 멈출 때 온 세상도 사라진다. 20세기 태국에서 가장 존경받는 선사인 아짠 문(Achan Mun, 1870~1950)은 "지식이나 경험, 사유만으로는 절대로 번뇌를 제거하여 깨달음을 얻을 수 없다."라고 하였다. 이성이 초래하는 수많은 번뇌의 원인은 결국 '나'라고 하는 생각에서 비롯된다. '나'라는 생각을 제거하지 않고는 번뇌의 뿌리를 제거할 수 없다. 이를 비유하여 부처는 "개에게 돌을 던지면 개는 돌을 쫓아가지만 사자에게 돌을 던지면 사자는 돌을 던진 사람을 문다."라고 하였다. 이것이 이성에 바탕을 둔 서구 근대 심리학과 본성에 토대를 둔 불교 심리학의 차이이다. 현상적인 심리 현상의 기술과 설명, 그리고 그것에 따른 심리치료는 모두 '개의 심리학'에 불과한 것이다. 지금 우리에게 절실하게 필요한 것은 돌을 던진 자를 물어뜯는 '사자 심리학'이다.

에고가 주체인 상태에서 욕망이나 충동으로부터 자유로워지려는 모든 노력은 불가능한 것이다. 공산주의의 실패나 평화운동을 비롯한 모든 도덕적 선의지를 토대로 한 사회운동이 근본적으로 실패할 수밖에 없는 이유도 동일하다. 그러므로 에고를 제거하고 본성을 회복하지 않는 한 인류는 막다른 골목에서 벗어날 수 없다.

4. 더 궁지에 몰려야 할까?

　동양사상과 서양철학의 가장 큰 차이는 이성에 대한 평가에 있다. 물론 서양철학에 있어서도 끊임없이 이성의 한계에 대한 인식과 비판이 있었지만, 이성은 역시 서양철학의 주인공에서 한 발짝도 물러서지 않았다. 반면에 동양사상에서 이성은 항상 모든 문제의 원인으로 지목되었다.

　동양사상에서 불가사상과 도가사상은 사려를 쉼으로써 본성을 회복하는 것을 목적으로 한다. 그러나 유가사상은 이런 측면과 함께 그 반대의 측면도 가지고 있다. 즉 도덕적 선의지를 강화하여 인간의 본능을 억압할 수 있다고 보는 측면도 있다. 전자의 경우가 정명도와 양명이라면 후자의 경우는 이천과 주자라고 볼 수 있다.

　서양의 현대가 전 세계를 섭렵한 뒤 세계는 다시 본래 떠났던 자리로 되돌아올 모든 준비가 완료되었다. 멀리 여행을 떠났다가 다시 집으로 돌아온 사람은 떠날 때의 그 사람과 같지만 또한 다른 사람이기도 하다. 그는 길에서 새로운 것을 보았고, 새로운 아름다움을 보았고, 새로운 것을 경험했지만 그 과정에서 죽을 것 같은 고통을 느꼈기 때문이다. 여기 두 개의 똑같은 점이 있다. 하나는 처음부터 그 자리에 있었던 점이고 또 하나는 멀리 한 바퀴를 돌아 다시 제자리로 돌아온 점이다. 두 점은 같지만 그 안에 있는 내용은 전혀 다르다. 하나는 그냥 점이고 또 한 점은 텅 빈, 에고가 없는 점인 것이다.

자연에서 출발한 인간은 먼 길을 돌아 다시 자연으로 돌아갈 방법을 찾고 있다. 톨레E. Tolle가 말하는 것과 같이 바위도, 식물도, 동물도 알고 있는 일을 우리 인간은 까맣게 잊어버렸다. 우리 인류는 존재하는 방법, 마음을 고요하게 하는 방법, 자기 자신이 되는 방법, 삶이 있는 지금 여기에 존재하는 방법을 잊어버렸다.[14] 이제 자연을 통해 인류는 그가 지나온 길을 되짚어 본래 떠났던 자리로 돌아가려 하고 있다.

현대는 막다른 골목에 다다랐다. 융은 도망칠 구멍이라고는 없는 막다른 골목에 다다르거나, 갈등에 처해 해결책이라곤 전혀 없어 보이는 순간이 전통적인 개별화individuation가 시작되는 때라고 말한 바 있다. 불교에서는 수행의 방법으로 제자를 일부러 막다른 골목에 몰아넣는다. 그래서 막다른 골목을 흔히 쥐가 쇠뿔 속으로 들어간 것에 비유하여 말하곤 한다. 우리의 무의식은 에고가 한계에 부딪치도록 하기 위해 희망이라곤 없어 보이는 막다른 골목으로 에고를 몰아넣는다. 이 막다른 골목에서 인류는 어떤 결정을 하든 잘못될 것이고 어느 길을 택해도 실패하게 될 것이라는 사실을 깨닫게 된다.

무의식은 항상 자아의 우월감이 깨지도록 만든다. 종교적인 표현을 빌리면 아무것도 할 수 없는 상황에 처해야 인간은 신에게 의존할 수 있다. 그리고 융에 따르면 전혀 해결책이 없어 보이는 상황에서 아니마 혹은 아니무스가 커다란 힘을 발휘해 셀프self를 경험할 수 있도록 해준다. 그런 의미에서 프란츠 알트는 인류 최대의 위기인 생태 위기는 모든 생명이 하나 됨이라는 새로운 패러다임을 위한 전제일지 모른다고 하였다.[15]

---

14 톨레Eckhart Tolle(2011), 진우기 옮김, 『고요함의 지혜』, 김영사.

인류가 현재 처한 위기를 벗어나는 유일하고 진정한 해결책은 다가오는 세기 동안 인간의 의식을 대폭 재조정하여 인간이 공유하고 있는 지구에서 다 함께 살 수 있는 방법을 배우는 길뿐이다.[16] 지구의 문명화와 연대 형성, 인류를 진정한 인류로 변혁하는 일, 이 두 가지 작업은 인류의 진보와 생존을 추구하는 모든 교육의 근본적이고 총체적인 목표가 되어야 할 것이다.[17] 그러기 위해서는 좀 더 궁지에 몰려야 한다. 더 이상 벗어날 수 없는 막다른 골목에 이르게 되면 요란하게 머리 굴리는 것을 쉬고 본래 마음인 우리의 본성을 회복할 수 있을 것이기 때문이다.

---

15 알트, 앞의 책.
16 리프킨, 앞의 책.
17 모랭, 앞의 책.

2장
현대 사회와 마음교육

1. 문명의 현시점에서 마음공부의 의미

1) 현대 세계관과 현대 문명의 건설

오늘날 현대인이 그 안에 거주하고 있는 현대 문명은 현대 세계관의 바탕 위에 건설되었다. 현대 문명 기획에 참여한 1세대는 르네상스 시기의 휴머니스트들이라고 하겠지만, 기획이 본격화된 것은 17세기 후반에서 18세기에 걸쳐 활동한 계몽사상가들에 의해서였으며, 현대에 대한 기획의 최종판은 K. H. 마르크스(Karl Heinrich Marx, 1818~1883)의 공산 사회에 대한 구상이었다.

르네상스기의 휴머니스트들은 중세 사회의 신본주의에 대한 반발로 인본주의humanism를 주창했다. 중세 사회에서는 신적인 것이 지극히 고양된 가운데, 육체, 이성, 감정, 욕망 등 인간적인 것에 대한 비하와 억압이 만연했었다.[18] 이들은 고대 그리스와 로마 사회에서의 인본주의적 전통을 발굴해서, 중세의 신본주의를 대체할 인본주의적 세계관을 구성하였고, 중세 사회에서 억압되었던 인간적인 특징을 해방시키고 이에 존엄성을 부여했다.[19] G. P. d. 미란돌라(Giovanni Pico della Mirandola,

---

18 신오현(1990), 「르네상스 휴머니즘과 철학」, 신오현 외 6인 공저, 『르네상스 휴머니즘의 현대적 의의』, 영남대학교 출판부.

1463~1494)는 "인간은 우주에서 가장 경이로운 존재로서 모든 찬시를 받을 가치가 있다."라고 말했다.[20] 이런 새로운 인간관의 바탕 위에서 르네상스 휴머니스트들은 새로운 사회를 모색했다.

17세기 후반에 시작되어 18세기 프랑스에서 전성기에 도달한 계몽사상에 이르러 현대의 기획은 본격화된다. T. 홉스(Thomas Hobbes, 1588~1679)와 J. 로크(John Locke, 1632~1704)를 비롯한 인물들에 의하여 영국에서 계몽사상은 시작되었으며, C. de 몽테스키외(Charles De Montesquieu, 1689~1755), 볼테르(Voltaire, 1694~1778), J. J. 루소(Jean Jacques Rousseau, 1712~1778)를 비롯한 프랑스의 사상가들에 의해 절정에 이르렀다.

계몽사상가들의 현대에 대한 기획의 바탕은 교육을 통해 이성을 계몽enlightenment하는 것이다. 이성의 계몽에 바탕을 두고, 그들은 아래의 두 가지 형태로 현대 문명을 기획했다.

첫째, 계몽의 기획 중 하나는 비합리적이고 반이성적인 사회 관행에 대한 비판과 실천적인 운동을 통해 합리적인 사회를 건설하는 것이었다. 이들이 염두에 두었던 비합리적이고 반이성적인 사회 관행으로는 종교, 신분제도, 왕정제도 등이 있었으며, 후에 여성에 대한 차별, 인종적인 차별, 불평등 등이 척결되어야 할 비합리적인 관행에 포함되었다. 이들의 계몽은 신흥 시민계급에 의해 급속히 수용되면서, 1789년 프랑스 대혁명을 기점으로 실제로 사회개조가 이루어졌으며, 오늘날에 이르러서는 신분제도의 철폐, 민주주의의 확립, 인종과 여성 차별의 금지 등

---

19 부르크하르트J. Burckhardt(2006), 『이탈리아 르네상스의 문화』, 한길사.
20 G. P. D. Mirandola(1948), 「Oration on the Dignity of Man in The Renaissance Philosophy of Man」, edited by Ernst Cassirer, Paul Oskar Kristeller, and John Herman Randall, Chicago: The University of Chicago Press.

많은 성과를 이루었다.

둘째, 계몽의 기획 중 다른 하나는 과학기술의 발달에 바탕을 둔 욕망 충족적인 사회 건설이었다. 이것은 중세 사회가 안고 있었던 문제인 절대적인 빈곤, 전염병 등과 같은 자연재해, 욕망의 억압 등을 척결하는 것을 목표로 삼았다. 이후 수백 년 동안 계몽의 기획은 괄목할 만한 성과를 거두었다. 그러나 전현대 사회가 직면했던 이런 문제가 상당히 해결된 오늘날에도 욕망 충족적인 사회 건설 프로젝트는 계속 진행되고 있으며, 근래에 들어 더욱 강력하게 추진되고 있다. 그 이유는 현대인이 추구하는 욕망이 무한한 것이기 때문이다.

현대 문명에 대한 기획의 최종판은 마르크스의 공산사회 건설에 대한 이론이다. 마르크스는 계몽사상으로부터 평등의 이상을 전수받아 이성적인 사회 건설에 대한 논의를 전개했다. 마르크스의 눈에 비친 초기 자본주의사회는 지극히 부정의하며 반이성적인 사회였다. 초기 자본주의사회에는 광범위한 소외가 발생했는데, 그 핵심은 노동의 소외였다. 마르크스는 자유로운 노동을 통해 인간은 자신의 인간적인 본질을 실현시켜갈 수 있다고 보았기 때문에, 노동 소외는 바로 인간 소외를 의미했다.

마르크스가 파악한 노동 소외의 근원은 자본주의사회의 근간이 되는 사유재산제도와 사회분업이었다.[21] 그는 노동자에게 그들의 계급이익에 대한 의식화 교육을 실시하고, 의식화된 노동자들을 조직화하며, 계급의식으로 무장된 노동자들의 계급투쟁을 통해 자본주의사회를 붕괴시키고자 했다. 이런 과정을 거쳐 공산사회라고 하는 정의로우며 이성적인 사회에 도달할 수 있다는 프로그램을 마르크스는 제시했다.

---

21 정문길(1989), 『소외론 연구疎外論硏究』, 문학과지성사.

마르크스의 사회이론은 이후 전 세계 지식인들과 이상을 추구하는 청년들, 많은 노동자나 소작인과 같은 무산계급의 성원들에게 폭발적인 반향을 불러일으켰다. 수많은 희생을 치른 끝에 지구상 많은 지역이 공산화되었다. 그러나 결국 '악마적인 방법으로는 천국을 건설할 수 없다.'는 도스토옙스키의 예언대로 공산사회는 어렵게 건설되었지만 급작스럽게 붕괴되었다.

공산주의 진영의 붕괴 이후, 자본주의체제가 전 세계를 지배하면서, 욕망 충족적인 사회 건설이라고 하는 현대의 기획은 고삐 풀린 말처럼 지구 전체를 뒤덮고 있다. 경제 중심적인 사고가 전 인류를 지배하면서, 모든 국가와 국민은 경제 성장의 열망에 사로잡혀 있다.

2) 현대 문명의 의의와 한계

현대 문명은 이제 정점을 지나 몰락기에 접어들었다. 미래를 포함하는 인류의 전 역사에서 볼 때, 현대 문명의 의의는 무엇일까? 현대 문명의 한계는 무엇이며, 우리는 현대 문명을 어떻게 자리매김할 수 있을까? 그 답은 이것이다. 현대 문명이란 탈현대 문명으로의 문명의 대도약을 준비하는 과정으로서의 문명이라는 것이다.[22] 현 인류가 겪고 있는 혼란과 파국은 과정에 불과한 현대 문명을 문명의 최종적인 종착점으로 착각하는 데서 비롯되는 것이다. 현대 문명의 의의와 한계를 정리해보도록 하겠다.

---

22 홍승표(2011), 「동양사상과 존재 혁명」, 『철학논총』 67(1)에서는 인류 문명 발전 3단계론을 제시했으며, 거기에서 현대 문명이 탈현대 문명에 이르는 과정으로서의 문명임을 주장했다.

현대 문명의 의의는 무엇인가? 현대 문명의 성취는 놀라운 것이어서, 오늘날에 이르러서 현대인은 현대 이전으로 돌아가서는 생존하기조차도 힘든 지경에 이르렀다. 먼저, 현대 문명은 기계화 과정을 통해 인류를 고통스러운 노동으로부터 상당 부분 해방시켰다. 전현대인은 어린 시절부터 거의 늙어 죽을 때까지 노역에 시달려야 했다.[23] 이에 반해서, 기계력의 사용으로 현대 사회에서는 삶의 편리함과 안락함이 엄청나게 증대되었다. 현대는 또한 전현대 사회가 갖고 있던 많은 불합리한 요소를 철폐함으로써 합리적인 사회 건설에 성공했다.

　현대가 이루어낸 가장 극적인 성취는 기아 문제의 해결이다. 일상적인 기아는 현대 이전의 어떤 문명도 해결하지 못했던 중대한 문제였다. 또한 현대는 전염병의 공포로부터 인류를 해방시켰다. 전현대 사회에서 전염병은 인류에게 커다란 공포의 대상이었다. 그뿐만 아니라 세탁기, 청소기 등 가전제품의 사용, 온수를 이용한 설거지나 세면, 자동차나 TV의 보편화 등을 통해 현대인의 생활은 무척 편리하고 안락한 것이 되었다.

　현대는 전현대인들은 상상조차 할 수 없었을 풍요로운 삶을 제공했다. 자가용, 텔레비전, 컴퓨터, 휴대폰, 유행에 따르는 패션이나 헤어스타일, 해외여행, 다양한 취미 생활 등이 현대인의 풍요한 삶의 대표 목록들이다.

　현대는 문명이 시작되면서 함께 시작하여 수천 년간 지속된 신분제도를 철폐했다. 현대 사회에 이르러 전현대 사회에서 남성에게 예속되어 있던 여성이 해방되었으며, 자의적인 권력으로부터 인류는 해방을 얻었다. 현대는 대중들에게 고등교육의 기회를 제공했으며, 그리고 대중에

23　홍승표(2009), 「통일체적 세계관과 인간적 노동의 구현」, 『동양사회사상』 19.

내한 높은 수준의 의료 서비스를 제공했다. 또한 노인이나 장애인에 대한 복지제도도 괄목할 만한 변화를 이루었다.

한마디로 요약하면, 현대 문명은 엄청난 성취를 이루었다. 현대 문명은 전현대 문명으로부터 일대 도약을 이루었으며, 인류의 삶의 질은 크게 개선되었다. 그러나 지금 이 시점에 매우 중요한 사실은 현대 문명은 결코 인류 문명의 종착역이 아니라는 사실에 대한 자각이다. 현대 문명은 탈현대 문명에 이르기까지의 한 단계이자 과정으로서의 문명이며, 현대 문명의 임무는 탈현대 문명이 출현할 수 있는 기초를 다지는 데 있다는 자각이 긴요한 시점이다.[24]

이런 주장의 근거는 모든 현대적인 성취의 본질이 인간다운 삶의 수단을 확보한 것이며, 결코 인간다운 삶의 목적에 도달한 것이 아니라는 점이다. 물론 이것은 탈현대적인 관점에서의 현대적인 성취의 본질에 대한 평가이다. 왜냐하면, '인간다운 삶'의 의미는 인간관에 따라 달라지기 때문이다.

현대 인간관의 관점에서 보면, 인간은 분리된 개체로 인식되고, 분리된 개체로서의 인간의 핵심은 욕망 주체로서의 인간이다.[25] 그러므로 현대적인 관점에서 보면, 인간다운 삶의 핵심적인 의미는 '욕망 충족적

---

24 현대 문명이 문명 발전의 최종 단계가 아니며, 탈현대 문명에 이르기 위한 간이역에 지나지 않는다는 생각에 대한 논거는 다음 글에서 구체적으로 확인할 수 있다. 홍승표(2011), 『동양사상과 탈현대적 삶』, 계명대학교 출판부 그리고 홍승표(2011), 「동양사상과 존재 혁명」, 『철학논총』 63(1).

25 현대 인간관이란 '인간을 시공간적으로 자신을 둘러싸고 있는 세계와 근원적으로 분리된 개체'로 인식하는 입장을 지칭한다. 현대 인간관의 대표적인 양태로는 욕망을 추구하는 존재로서의 인간, 이성적인 존재로서의 인간, 노동을 통해 자기실현에 이르는 존재로서의 인간 등이 있다. 현대 인간관에 대한 더 구체적인 기술은 홍승표(1998), 「현대 사회학의 인간관 비판과 유가 사상에 나타난 인간관의 사회학적 함의」, 『한국사회학』 32(3), 535-548쪽을 참고하기 바란다.

인 삶'이 된다. 따라서 현대적인 관점에서 현대적인 삶을 평가한다면, 현대적인 삶은 인간다운 삶의 목표에 근접한 삶이다.

현대적인 관점에서 보면 현대 문명은 이상적인 문명에 근접한 문명이지만, 현대 문명 속의 인류는 많은 고통과 불행을 겪고 있으며, 현대 문명은 문명의 존립 자체를 위협받는 심각한 위기에 처해 있다. 다시 말하자면, 현대적인 관점은 더 이상 현실의 문제를 진단하고 더욱 나은 삶과 문명에 대한 비전을 제시할 수 없는 무능한 관점으로 전락해버렸다.

이에 이 장에서는 현실 문제를 인식하고 더욱 나은 삶과 문명에 대한 비전을 제시할 수 있는 탈현대 세계관을 제시했다. 탈현대 인간관의 관점에서 보면, 인간은 영원한 시간과 무한한 공간을 자신 안에 품고 있는 우주적인 존재이다.[26] 인간의 가장 인간다운 점은 인간이 '사랑할 수 있는 존재'라는 점이다. 그래서 탈현대적인 관점에서 볼 때, 인간다운 삶의 목적이란 '사랑의 삶'에 도달하는 것이다.

그러므로 탈현대적인 관점에서 현대 문명의 성취를 평가하면, 그것은 인간다운 삶의 수단을 확보한 것이지, 결코 인간다운 삶에 도달한 것이 아니라는 결론이 도출된다. 자동차의 보유를 예로 들어 설명해보도록 하겠다. 자동차를 가짐으로써 우리는 더 편리하고 빠르게 이동할 수 있게 되었다. 하지만 더 새롭고 비싼 자동차를 갖게 되더라도 조금 더 편리하고 빠르게 이동할 수는 있겠지만, 행복이나 인간다움에 도달할 수는 없다.

이런 평가는 다른 모든 현대적인 성취에도 적용된다. 겨울철 온수의 사용, 사상과 표현의 자유, 민주적인 정치, 컴퓨터나 스마트폰, 해외여

---

26 탈현대 인간관에 대해 홍승표(2011), 「老子의 이상적인 인간상과 새로운 노인상」, 『동양 철학연구』 66, 160-164쪽을 참조하였다.

행, 여성 인권의 신장, 대중교육의 확대 등 모든 현대적인 성취의 본질이 인간다운 삶을 위한 수단의 확보에 해당한다.

요약하자면, 아무리 현 인류가 현대를 완성시켜가더라도 우리는 행복이나 인간다움이라고 하는 목적지에 도달할 수 없다. 이것이 바로 현대 문명의 한계이다. 그러나 현대인은 여전히 현대 세계관의 지배를 받고 있어서, 현대적인 관점에서만 삶과 문명의 발전을 추구할 수 있다. 그 결과, 현대인과 현대 문명은 더욱더 욕망 충족적인 삶과 문명의 건설이라는 목표를 향해 맹목적인 돌진을 계속하고 있다.[27]

그리고 이것이 바로 현대인의 불행과 현대 문명 위기의 근원으로 작용하고 있다. 발전의 추구와 달성이 저발전을 구조화하는 역설적인 상황에 현대는 직면해 있는 것이다. 현 인류에게 절실히 요구되는 것은 현대적인 삶과 문명의 완성을 위한 돌진이 아니라 인간과 세계를 바라보는 관점의 대전환이다.

3) 마음공부와 탈현대 문명의 건설

전현대 말 사회가 안고 있던 문제는 빈곤, 무지, 미신, 불합리한 사회 관행, 여성에 대한 차별, 신분적인 불평등, 개성에 대한 억압, 부자유, 전염병 등과 같은 것이었다. 전현대의 문제는 전현대적인 방식으로 해결될 수 없었다. 오직 현대적인 방식으로만 전현대 말의 사회문제는 해결될 수 있었고, 오늘날 인류는 전현대적인 사회문제가 상당히 해소된 현

---

27 홍승표의 논문 「周易을 통한 현 문명 진단과 창조적인 대응」, 『철학논총』 68(2), 90-93
    쪽에서는 현대 문명 말기에 해당하는 현시점에서 여전히 현대적인 발전의 추구가 문명의
    파국과 인류의 고통을 증대시키고 있음을 서술하고 있다.

대 사회에 이르렀다.

마찬가지로 현대 말 사회가 안고 있는 문제는 현대적인 방식으로 해결될 수 없다. 현대인은 집합적으로 무척 고통스러운 삶을 영위하고 있다. 그러나 현대인이 겪고 있는 고통과 불행의 원인은 전현대적인 것이 아니다. 현대인이 겪고 있는 고통과 불행의 원인은 무엇인가? 그것의 근원은 현대 인간관이다.

현대 인간관의 측면에서 보면, 인간이란 시공간적으로 자신을 둘러싸고 있는 세계로부터 분리된 개체로 인식된다. 그래서 현대 인간관의 영향을 받는 현대인은 태어날 때부터 죽을 때까지만 존재하는 유한한 존재이고, 거대한 세계 안에서 자신의 존재 의미를 확인할 수 없는 무의미한 존재이다. 거대한 세계는 자신을 농락할 수 있지만 자신은 세계를 어떻게도 변형시킬 수 없는 무력한 존재로서의 운명을 갖게 된다.

이에 따라서 현대인은 유한성의 문제, 무의미감의 문제, 무력감의 문제에 직면한다. 그리고 이런 태생적인 문제를 해결하기 위해 강박적으로 자아확장투쟁을 벌이게 된다. 자아확장투쟁[28]이란 자신의 존재 가치를 확인시켜줄 수 있는 대상물, 예컨대 외모, 인기, 일류 대학, 선망받는 직업, 소유와 소비, 권력, 명예 등을 차지하기 위해 기울이는 노력을 말한다.[29] 현대인은 자아확장투쟁으로서의 삶을 살아가며, 이것은 다음에서 설명하는 바와 같이 많은 고통과 불행을 양산한다.

첫째, 자아확장투쟁으로서의 삶은 희소 자원을 차지하기 위한 격렬

---

28 자아확장투쟁으로서의 삶의 양태와 결과에 대해서는 홍승표(2012), 「마음의 주체- 에고와 셀프」, 『원불교사상과 종교문화』 52, 221-229쪽에 서술되어 있는 내용을 참조하였다.
29 홍승표(2011), 「한국인의 사회심리적 문제점과 동양사상을 통한 해결 방안」, 『한국학논집』 41, 268-269쪽에서는 현대인의 명품에 대한 열광, 인기에 대한 집착, 경제 성장에 대한 열망 등이 모두 현대인의 자아확장투쟁의 양상임을 설명하고 있다.

한 경쟁을 치르고 많은 노력을 기울이는 과정에서 고통을 낳는다. 모든 사람들이 원하는 것을 차지한다는 것은 어려운 일이다. 일례로 대학 입시를 준비하는 수험생들을 보면, 자아확장투쟁의 과정이 얼마나 힘든 것인가를 알 수 있다. 현대인은 외모, 인기, 학력, 직업, 돈 등 다양한 분야에서 경쟁하며, 경쟁의 과정에서 커다란 어려움과 고통을 겪는다.

둘째, 자아확장투쟁으로서의 삶은 수많은 좌절과 실패를 수반한다. 어떤 사람도 자아확장투쟁의 모든 영역에서 최정상에 도달할 수는 없다. 또한 각 영역마다 최정상에 도달하는 사람은 극소수에 불과하다. 그러므로 많은 사람들이 자아확장투쟁의 과정에서 좌절을 겪으며, 이는 고통과 불행을 낳는다.

셋째, 자아확장투쟁에 성공한 사람이라고 해서, 꼭 행복한 것은 아니며 더군다나 그 행복이 지속되지 않는다. 예컨대, 외모의 경우를 예로 들어보면, 아무리 예쁜 사람이라고 하더라도 늙으면 자연히 몸매나 얼굴의 아름다움을 상실하기 마련이다. 또한 인기는 변덕스러운 것이어서 언제 현재의 인기를 상실할지 모른다. 그래서 정상에 위치해 있는 사람들은 불안을 느낀다. 현대인이 추구하는 외모, 인기, 돈을 겸비하고 있는 연예인의 경우가 자살률이 가장 높은 직종인데, 그 이유의 하나가 바로 이것이다. 더구나 누구도 최정상에 영원히 머물 수 없기 때문에 반드시 언젠가는 내려와야만 하는데, 높이 올라간 사람일수록 낙폭이 커서 더 큰 고통과 불행을 겪는다.

이처럼 현대인이 불행한 이유에 대해 자아확장투쟁과 관련해서 설명했다. 그런데 현대인이 불행한 또 하나의 이유, 그리고 더욱 근본적인 이유가 있다. 그것은 현대인이 사랑의 무능력자라는 점이다. 여기에서 사랑이 의미하는 바는 생물학적인 본능에서 유래하는 모성애나 부성애 또는 이성애가 아니다. 여기서 말하는 사랑이란 '참된 자기'의 활동을 뜻한다.

생물학적인 본능에서 유래하는 사랑(이하에서 '본능적인 사랑'이라고 칭함)과 '참된 자기'의 활동으로서의 사랑(이하에서 '진정한 사랑'이라고 칭함) 간에는 공통점과 차이점이 있다. 공통점을 먼저 이야기한다면, 모든 사랑은 사랑받는 사람을 행복하게 한다. 또한 사랑하는 사람도 행복을 느낀다. 사랑을 하면 상대편에게 민감해지며, 깊은 관심을 기울인다. 사랑하는 사람을 위해서는 자신을 아낌없이 줄 수 있다.

양자 간의 차이점으로는 다음과 같은 것이 있다. 첫째, 본능적인 사랑은 지속적이지 않은 반면에 진정한 사랑은 영원하다. 둘째, 본능적인 사랑은 반대의 감정인 증오로 바뀔 수 있으나 진정한 사랑에는 반대 측면이 없다. 셋째, 본능적인 사랑은 특수한 대상만을 향하지만 진정한 사랑은 모든 대상을 향한다. 넷째, 본능적인 사랑은 아무나 특별한 노력 없이 할 수 있지만 진정한 사랑은 마음공부를 통해 '참된 자기'를 자각한 사람만이 할 수 있다.[30]

현대인은 진정한 사랑을 할 수 없는 사랑의 무능력자이다. 현대인은 자신을 분리된 개체[에고]라고 생각하는데, 에고가 할 수 없는 것이 진정한 사랑이다. 그런데 인간은 사랑하고 사랑받을 때 깊은 행복을 느낀다. 그러므로 현대인이 행복을 느끼는 것은 부모로부터 사랑을 받을 때나 이성애를 느낄 때뿐이다. 그러나 본능적인 사랑은 중요한 결함이 있는데, 그것은 지속되지 않는다는 점이다. 그래서 이성 간의 정열적인 사랑이 끝나게 되면, 사랑하기 이전보다 더 심한 외로움과 고통을 겪게 된다.

---

30 홍승표(2010), 『동양사상과 새로운 유토피아』, 계명대학교 출판부, 77-79쪽에서는 본능에서 유래한 사랑과 진정한 사랑과의 차이점을 설명하고 있다.

때로 현대인은 자아확장투쟁에서 성공과 승리를 거둔 사람에게 선 망을 느끼며, 이를 사랑으로 착각하기도 한다. 외모가 뛰어난 젊은 여 성, 돈을 많이 번 사람, 특정 분야에서 특출한 재능을 갖고 있는 사람, 일류 대학을 졸업한 사람 등이 그런 경우에 해당한다. 하지만 이들에게 갖는 감정은 선망이며 사랑이 아니다. 이들이 이런 것들을 잃어버리면, 이들에게 주어졌던 관심이나 찬사는 곧바로 철회된다. 이와 같이, 현대 인은 진정한 사랑을 할 수 없기 때문에 사랑받을 수도 없다. 사랑하고 사랑받지 못하기 때문에 현대인은 불행하고 고통스럽다.

현대인의 고통과 불행은 사랑하고 사랑받지 못하는 것에 그치지 않 는다. 현대인은 인간이 근본적으로 무가치하고 무의미한 존재라고 생각 하기 때문에, 자신과 상대편에 대해 무관심하고 무례하다. 특히, 자아확 장투쟁에서 실패했을 때, 자신을 비하하고, 비난하며, 경멸하는 경우가 많다. 또한 자아확장투쟁의 결과, 자신보다 낮은 곳에 위치한 사람들을 무시하고 경멸하는 경우도 많다. 그뿐만 아니라 경쟁 관계에 있는 사람 들에게 증오심을 품고 있는 경우도 빈번하다.

이렇게 자신을 경멸하고, 비난하면서, 그리고 상대편으로부터 경멸받 고, 무시당하면서 행복해지는 것은 거의 불가능하다. 특히 이런 무시와 경멸, 비난과 증오가 가족원이나 직장 동료와 같이 가까운 사람들에게 서 오는 경우, 이것은 커다란 고통과 불행을 낳는다.

정리하면, 현대인은 자아확장투쟁의 과정에서 고통을 겪는다. 사랑하 고 사랑받지 못해 불행하다. 그뿐만 아니라 빈번하게 무시당하고 비난 받고 미움을 받으면서 불행하다. 이 모든 현대적인 고통과 불행은 우리 가 현대적인 관점에서 분리된 개체로 자신을 인식한다는 점에서 비롯 되는 것이다. 그러나 현대인은 현대적인 노력을 통해 고통과 불행을 벗 어나려 하며, 그렇기 때문에 노력하면 할수록 더욱 고통과 불행의 늪에 깊이 빠지게 된다.

현대인이 겪고 있는 고통과 불행을 벗어날 수 있는 길은 무엇일까? 그것은 인간이 자신을 바라보는 시각을 바꾸는 것에 있다. 현대 인간관이 말하듯이, 인간이란 그렇게 하찮은 존재가 아님을 자각하는 데 그 해답이 있다. 현대 인간관의 관점에서 보면, 인간은 태생적으로 유한하고 무의미하며 무력한 존재이다. 하지만 탈현대 인간관의 관점에서 보면, 인간은 영원한 시간과 무한한 공간을 자신 안에 품고 있는 우주적인 존재이며, 동시에 진정한 사랑을 할 수 있는 아름다운 존재이다.

그러므로 현대 인간관으로부터 탈현대 인간관으로 인간을 바라보는 관점의 전환, 여기에 현대의 미궁을 벗어날 수 있는 길이 있다. 그렇다면 인간관을 바꾸기만 하면 모든 현대인의 고통과 불행이 종식될 것인가? 그렇지 않다. 이것은 시작이다. 예를 들어서, '인간은 이성적인 존재다.'라고 하는 이성적인 존재로서의 인간관을 갖는다고 해서, 그 사람이 바로 이성적인 인간이 되는 것은 아니다. 실제로 이성적인 인간이 되기 위해서는 이성을 도야해야만 한다. 탈현대 인간관의 경우도 마찬가지이다.

탈현대 인간관의 관점에서 보면, 인간은 온 우주를 품고 있는 위대한 존재이며, 모든 것을 사랑할 수 있는 아름다운 존재이다. 그리고 실제로 이런 존재가 되기 위해 기울이는 노력을 마음공부라고 한다. 결국 마음공부는 현대인이 겪고 있는 모든 고통과 불행에서 인간을 해방시키고, 탈현대 문명을 건설하는 핵심적인 기제이다.

현시대의 최대 과제는 현대 문명으로부터 탈현대 문명으로의 문명 대전환을 이루는 것이다. 이것은 인류 역사상 최대 프로젝트이다. 현대 문명으로부터 탈현대 문명으로의 전환은 이전에 인류가 경험한 전현대 문명으로부터 현대 문명으로의 전환보다 더욱 혁명적인 문명 발전이다.

전현대적인 방식으로 현대 문명을 건설할 수 없었듯이, 현대적인 방식으로 탈현대 문명을 건설할 수는 없다. 그러나 문명 대전환기에 처해 있는 현재의 시점에서 인류는 현대적인 노력을 계속 기울이고 있다. 그리고 이것은 현대 문명 위기를 심화시키고 삶의 고통과 불행을 증폭시키고 있다. 그뿐만 아니라 이것은 문명 대전환을 이루는 일을 불가능하게 만들고 있다. 현대적인 관점에의 고착이 현대인이 겪고 있는 삶의 고통과 불행의 근원이라는 점, 그리고 이런 고통을 벗어나기 위해서는 나를 바라보는 관점을 바꾸어야만 한다는 것, 이 글에서는 이것을 밝히고자 했다.

현대 문명 위기를 벗어나기 위해서, 그리고 탈현대 문명을 건설하기 위해서 가장 먼저 이루어져야 할 일은 인간과 세계를 바라보는 세계관의 대전환이다. 탈현대 세계관으로의 세계관의 전환을 이루었을 때, 인류는 탈현대 문명 건설을 위한 실천에 나설 수 있다. 그 실천이 바로 마음공부이다.

전현대 문명에서의 사회 구성원들은 집단으로부터 미분화된 인간이었고, 현대 문명에서의 사회 구성원은 분리된 개체로서의 개인이었듯이, 탈현대 문명에서의 사회 구성원은 '참된 자기'를 자각한 우주적인 존재로서의 인간이다. 탈현대 문명이란 바로 이런 새로운 인간으로 구성된 사회이다. 그러나 탈현대 인간은 저절로 출현하지 않는다. 개체로서의 나에 대한 정체성을 탈피해서, '참된 자기'가 내 존재의 주인이 될 수 있도록 기울이는 노력을 마음공부라고 한다. 그러므로 마음공부는 탈현대 문명 건설의 알파이자 오메가이다.

마음공부를 통해 인류가 존재 혁명을 이루게 되면, 현대 문명 위기는 해결되는 것이 아니라 해소된다. 탈현대 인간은 더 이상 인기, 돈, 외모, 학력 같은 것을 성취해야만 자기 존재의 의미를 확보할 수 있을 만큼 초라한 존재가 아니다. 그러므로 자아확장투쟁으로서의 삶은 종식되며, 자아확장투쟁의 과정과 결과로 빚어지는 모든 고통과 불행도 끝나게 된다.

'참된 자기'의 활동이 진정한 사랑이다. 그러므로 탈현대인은 자신과 세계를 깊이 사랑한다. 이에 따라서, 모든 인류는 깊은 관심과 사랑을 받을 수 있다. 결국 사랑받지 못해 생겨나는 현대인의 모든 불행도 끝을 맺고, 사랑이 메마른 사회로서의 현대 사회도 막을 내린다.

그리고 현대 문명이 와해된 바로 그 자리에 사랑의 사회로서의 탈현대 문명이 건립된다. 이와 같이, 마음공부는 현대 문명의 근본적인 문제를 해결하는 데, 그리고 탈현대 문명을 건설하는 데 있어 결정적인 역할을 수행할 수 있다.

2. 마음의 주체: 나는 누구인가

1) 에고와 자아확장투쟁으로서의 삶

에고로서 자아정체성의 핵심은 '시공간적으로 세계와 분리된 나'라는 것이다. 에고로서의 나는 우연히 생겨난 존재이다. 나의 출생에는 어떤 필연성도 존재하지 않는다. 나는 유한한 존재이다. 시간적인 측면에서 볼 때, 나는 출생 이후부터 사망 이전까지만 존재한다. 공간적인 측면에서 볼 때, 나는 피부를 경계로 해서 피부 안쪽에서만 존재한다. 나는 무력한 존재이다. 미소한 존재인 나는 거대한 세계를 어떻게도 할 수 없다. 나는 무의미한 존재이다. 광대한 세계 속에서 나는 있으나 마나한 보잘것없는 존재이다. 따라서 에고로서의 나는 존재론적인 무력감과 무의미성의 문제에 직면한다.

그래서 에고는 무력감과 무의미성의 문제를 해결하기 위해 자아확장투쟁으로서의 삶을 살아간다. 에고에게 현재는 늘 불충분하고 부족하다. 그래서 에고는 '지금 여기'에 깊이 머물 수 없다. 에고는 주어진 현실에 대해 늘 불평하고 저항하며, 지금보다 더 나은 미래를 추구한다. 이에 따라서, 객체로서의 에고를 보다 크고 높게 만들기 위한 노력이 에고의 삶의 중심을 차지한다. 자신의 에고를 보다 크고 높게 만들기 위한 자아확장투쟁으로서의 삶은 다양한 형태로 표출된다. 예컨대, 인정의 추구, 외모의 추구, 권력의 추구, 경제적인 성취의 추구, 이념의 추구, 도덕적인 추구, 학력의 추구 그리고 과거에 대한 집착 등이 그 대표적 양상들이다.

첫째, 에고는 자신의 존재 가치를 스스로 입증하지 못한다. 그래서 에고에게는 다른 사람들의 자신에 대한 태도가 중요하다. 이에 따라서, E. 프롬E. Fromm 의 『자유로부터의 도피』에서 언급한 인기 추구는 현대 사회에서는 더욱 광범위하게 확산되어 있다. 인기란 나의 밖에서 이루어지는 '나의 가치'에 대한 인정이다. '나의 가치'를 스스로 인정할 수 없을수록, 다시 말하자면 무의미감이 심하면 심할수록, 인기는 나에게 더 큰 가치를 갖게 된다.[31] 현대인 일반은 무의미감의 문제에 직면해 있고, 이에 따라서 인기에 대한 추구와 집착이 확산되어 있다.

둘째, 에고가 자신의 존재 가치를 확인하고 높이는 한 가지 방법은 소유와 소비의 추구를 통해서이다. 소유는 에고에게 영원성을 부여하는 한 가지 방식이며, 소비는 에고를 높이는 유력한 통로이다. 그래서 현대인은 비싼 집이나 자동차의 소유를 통해 자신을 확인하려 한다. 과시적인 소비는 바로 이에 해당하는 대표적인 문화 현상이다. 명품 가방, 명품 의류, 명품 차 등에 대한 강박적인 집착과 소비가 바로 그런 것이다.

셋째, 외모의 추구는 에고가 자신을 높이기 위한 주요 통로의 하나이다. 현대인이 외모에 기울이는 관심은 거의 종교적인 열정에 가깝다. 외모 지상주의는 현대 문화의 한 가지 특징이 되었다. 다른 사람들이 선망하는 멋진 외모를 갖기 위해 현대인은 다양한 노력을 기울인다. 다이어트, 운동, 성형수술 등이 그것이다.

넷째, 권력의 추구는 무력감을 갖고 있는 에고의 추구 중 강력하고

---

31 에리히 프롬E. Fromm(1998), 김철수 옮김, 『자유로부터의 도피』, 계명대학교 출판부.

뿌리 깊은 것이다. 강한 권력욕의 소유자였던 스탈린이나 히틀러 같은 사람은 현대인의 전형이다. 일반 현대인과 이들 간의 차이는 무력감의 정도의 차이일 뿐이다. 이들은 현대인 중에서도 심하게 상처 입은 사람들이고, 무력감을 해소하고자 권력의 획득과 행사에 온 삶을 낭비했다.

권력에 대한 추구의 한 가지 양상은 자신이 동일시하는 소속집단에 대한 충성으로 나타난다. 국가, 종교, 인종, 민족, 지역, 팬클럽, 자기가 좋아하는 프로 스포츠 구단 등에 대한 충성이 그 대표적인 예다. 소속 집단에 대한 충성의 결과로, 그는 자신이 더 이상 무력하거나 무의미한 존재가 아니라는 보상을 얻는다.

노인의 잔소리나 간섭 같은 것도 원리적으로 같은 범주에 속한다. 노인이 되면, 지위와 역할의 상실 등으로 인해 무력감이 심해진다. 그들은 잔소리나 간섭 등을 통해 자신의 힘을 확인하고자 하며, 무력감을 해소하고자 한다.

다섯째, 경제적인 성취의 추구도 에고의 자아확장투쟁의 한 가지 양상이다. 오늘날 경제 성장에 대한 열망은 범지구적인 현상이 되었다. 현대 사회에서 경제 성장에 대한 추구는 적절한 멈춤의 지점이 없다는 점에서 실용적인 것이 아니다. 그것은 강박적인 성격을 갖고 있으며, 집단적인 무력감을 해소하기 위한 하나의 통로이다. 그래서 1970년대의 한국인과 같이 민족적인 자존심의 훼손으로 인해 심각한 집단 무력감을 형성한 경우, 이들은 경제 성장에 대한 강한 열망을 표출한다.

여섯째, 일류 대학에 입학하고, 좋은 성적을 거두는 것과 같은 학력의 추구 역시 자아확장투쟁의 한 가지 방식이다. 특히, 한국이나 중국과 같은 사회에서는 학력의 추구가 강하다. 그 요인을 이 지역의 전통 문화에서도 찾을 수 있겠지만, 이들 지역민들이 현대사의 과정에서 큰 집단 무력감을 형성했다는 점에서도 또 하나의 요인을 찾을 수 있다.

이와 같이 현실 사회에서 추구하는 자아확장투쟁을 위한 삶이 보여주는 현실적인 특성들은 물질적, 경제적인 영역에서뿐만이 아니라 정신적 영역에서도 추구된다.

예컨대 자신이 갖고 있는 신념, 이념, 견해 등은 에고의 자아정체성의 일부이다. 따라서 자아를 확장하는 단계에서 에고에게 '이념 추구'는 자기를 지키고 확장하는 주요 수단이다. 공산주의를 비롯해서 민족주의나 자유주의, 자본주의 등이 이에 속한다. 이러한 이념 추구와 더불어 정신적 추구의 하나는 도덕적 추구이다. 도덕적 존재가 되기 위한 노력을 통해서, 도덕적인 존재가 되어 다른 사람들의 존경을 받고, 스스로 훌륭한 존재라고 생각하는 것도 자기 존재 가치 확인을 위한 주요한 통로가 된다.

그런데 에고가 자신이 추구하고 달성했던 것을 상실한다면, 자신이 어떠한 성취를 이루었던 과거에 집착하게 된다. 특히 다시 회복할 수 있는 가능성이 적은 사람들은 더욱 과거에 대한 집착에 빠진다. 우리는 이러한 실례들을 우울증을 보이는 사람들, 노인이나 미모를 상실한 중년 여성, 부도난 사업가 등에서 찾아볼 수 있다. 과거에 대한 집착은 낮아진 자신의 자존감을 유지하기 위한 하나의 전략이다.

2) 에고로서의 삶의 특징

분리된 주체로서의 내 마음의 주체가 에고로 되었을 때, 살아가는 삶에는 어떤 특징이 있을까. 여기서 에고의 삶이 갖고 있는 공통된 특징들을 알아보자.

그 무엇보다도 에고의 자아확장투쟁의 결과로 나타나는 것은 우월감이나 열등감이라고 하는 자아정체성의 형성이라 할 수 있다. 자아확장 투쟁이 결과적으로 성공을 거두었을 때는 우월감을 형성하겠지만, 실패 했을 때는 열등감을 갖게 된다. 무례함은 우월감이나 열등감을 갖고 있 는 에고의 삶이 초래하는 결과의 하나이다. 무례함은 다양한 형태로 표 현된다. 예컨대, 알카에다의 9·11 테러와 미국의 보복 공격, 집단 따돌 림, 외국인 노동자나 이주 여성에 대한 차별 등은 무례함이 사회적으로 표현된 양태들이다. 무례함은 무례한 행위를 하는 주체의 소외를 초래 하며 무례한 행위를 당하는 객체에게는 고통을 주는 한편, 강한 전염성 을 갖고 있어서 악순환을 초래한다.

에고는 자신의 본질적 특성을 갖고 있다. 그 특성은 주관적 삶의 질 에 영향을 주는 부정적 심리 상태들로서, 현재에 대한 불만, 저항, 부자 유, 그리고 근심이 많으며 분주하고 불안함이다.

결핍감은 에고의 본질이다. 자아확장투쟁으로서의 삶을 촉발시키는 것이 에고의 결핍감이다. 그러나 에고의 결핍감은 해소될 수 없는 갈증 과 같은 것이다. 그래서 자아확장투쟁을 통해 아무리 많은 것을 성취 하고 높은 곳에 도달했다고 하더라도 '이젠 되었다.'라고 하는 만족감은 없다. 따라서 현재에 대한 불만은 에고가 어떤 위치에 있더라도 공통된 것이며, 에고가 주체가 되어 살아가는 모든 현대인의 마음 상태이다.

에고는 자신이 원하지 않았지만 일어난 일에 저항한다. 머리카락이 빠져 대머리가 되면, 에고는 '나는 왜 이렇게 머리카락이 빠지는 거야.' 하고 생각한다. 나의 대머리에 대해 저항하면 할수록, 나는 많은 에너 지를 대머리라는 사실에 빼앗기고, 대머리는 내 삶을 지배하게 된다. 사 람들이 내 머리만 쳐다보는 것 같고, 내 대머리를 비웃는 것 같다. 어떤 자리에 가도, 대머리 때문에 나는 안절부절못한다. 늙음이나 큰 질병, 부도나 죽음과 같은 큰일이 생겼을 때, 에고가 인정하지 못하고 격렬하게 저항하면 할수록 더욱더 큰 고통과 불행을 겪는다.

에고에게는 자유가 없다. 에고는 자신이 가치를 부여하는 모든 것에 집착한다. 에고의 삶을 살아가는 현대인에게 볼 수 있는 대표적 집착으로는 성공과 승리에 대한 집착, 젊음에 대한 집착, 외모에 대한 집착, 생명에 대한 집착, 명품에 대한 집착, 소비와 소유에 대한 집착, 자신이 갖고 있는 이념이나 견해에 대한 집착 등이 있다. 집착이 심하면 심할수록, 에고는 집착하는 대상의 속박을 받는다. 집착하는 대상을 상실하면, 에고는 큰 고통을 겪는다. 그러나 불행하게도 젊음의 상실이나 늙음은 필연적으로 마주쳐야 하며, 만약 죽음이 온다면 모든 집착의 대상을 상실할 수밖에 없는 운명이다.

따라서 조급함이 에고의 특성으로 자리를 잡게 되고 마음은 늘 분주하다. 에고가 할 수 없는 것이 '지금 여기Here and Now'에 여유롭게 머무는 것이다. 에고는 지하철에서도 스마트폰을 만지작거리게 되고, 잠들기 전에도 친구들의 근황을 확인해야 한다. 늘 보던 TV 프로그램을 봐야만 하고, 성공과 승리를 위해 급하게 발걸음을 옮겨야 한다. 이때에, 에고의 마음속 목소리는 말한다. '뒤떨어져서는 안 돼.' 그래서 에고가 주체가 된 마음에는 여유를 즐기는 여백이 없다. 주변의 사랑하는 사람들의 근심 걱정이나, 어머니 손에 생긴 습진 같은 것은 물론, 봄에 돋아오른 앙증스러운 새싹같이 변화하는 아름다운 자연이나 주변 환경이 마음에 들어올 자리가 없다. 그래서 자신의 내면이 투영된 세계는 바라보지도 못한 채 치열한 삶을 경쟁하듯 살아가는 껍데기만이 분주하게 오갈 뿐이다.

에고에게는 평화가 없다. 에고는 불안을 본질로 지닌다. 에고를 지탱시키는 생명의 불꽃은 언제 꺼질지 모른다. 나는 지금 살아 있지만 죽을 것이라는 숙명을 안다. 에고가 갖고 있는 모든 것들도 언제 사라질지 모른다. 나는 지금은 인기가 있지만, 젊지만, 그 사람을 사랑하지만, 아름답지만, 이 모든 것들에 대한 영구 불멸의 확신이 없다. 곧 사라질 것임을 안다. 에고는 이 불안정한 구조 속에서 안정을 얻고자 시도하지만, 그것은 원천적으로 불가능한 시도이다. 그러므로 에고가 마음의 주체가 되어 살아가는 현대인은 불안에서 벗어날 수 없다. 승리와 성공의 사다리를 더 높이 올라간 사람일수록, 더 큰 불안을 느낀다. 떨어져야 할 깊이가 더 깊기 때문이다. 높은 기대 열망으로 인한 상대적 박탈감도 크다. 한편으로는 자신의 불안감에서 오는 스트레스를 해결하고자 대리 보상처럼 다른 것을 탐닉하는 데서 만족을 얻고자 하다가 지나치게 빠지기도 한다. 성공한 연예인의 자살률이나 마약 중독률이 일반인보다 훨씬 높은 이유가 바로 이것이다.

에고가 마음의 주체가 되어 살아가는 현대인에게는 매사가 근심거리이다. 돈 걱정, 건강 걱정, 인기 걱정 등 에고에게는 근심이 끊일 날이 없다. 내가 이렇게 행동하면 상대편이 나를 어떻게 생각할까를 상상하며, 에고는 전전긍긍한다. 자신에 대한 비난, 기차 연착, 예기치 않았던 소나기, 연봉 동결, 오십견으로 인한 통증 등 에고에게 나쁜 뉴스는 매일같이 찾아오며, 그럴 때마다 에고는 근심에 빠진다. 왜냐하면 어떤 사소한 문제도 에고에게는 상처가 되기 때문이다. 에고는 발생한 상황에 몰입하며, 유머 감각이 없다. 유태인 학살에 몰두하는 히틀러나 숙청에 몰두하는 스탈린을 생각해보면, '유머 감각의 상실'이란 말의 의미를 알 수 있다. 정도의 차이는 있지만, 현대인의 심리 상태는 히틀러나 스탈린과 같다. 에고는 자신이 맞닥뜨린 상황이 너무나 심각해 웃을 수 없다. 비를 맞아 새 옷이 젖으면 당황하고, 화가 난다. 중간고사를 망쳤을 때는 우울한 느낌이 나를 지배한다. 작은 성공이라도 거두면 에고는 우쭐하는 마음의 노예가 되고, 작은 실패라도 경험하면 에고는 끝없이 움츠러든다.

우리가 살펴본 에고 중심의 삶에서 주관적 삶의 질을 낮추는 요소들이 강하게 활동하고 있고, 우울증, 스트레스, 불안감, 죽음에 대한 공포 같은 부정적 심리 상태가 왕성하게 작용하고 있음을 알 수 있다.

3) 셀프와 낙도로서의 삶

통일체적 세계관의 관점에서 볼 때, '분리된 개체로서의 나'는 존재하지 않으며, 그러므로 에고로서의 자아정체성은 망상이다. 그래서 불교에서는 무아無我를 말했다. 무아라고 할 때, '아我'란 바로 에고로서의 자아정체성이다.

'객체로서의 셀프'는 무생물을 포함해서 모든 존재에 내재해 있다. 그러므로 에고를 제외한 모든 존재는 도道와 하나이다. 그러나 '주체로서의 셀프'는 오직 인간의 경우만이 가질 수 있다. '주체로서의 셀프'란 자각에 의해 활성화된 셀프인데, 자각은 오직 에고가 획득한 의식을 통해서만 이루어질 수 있다. 그러므로 에고의 출현과 활동은 인간 존재 차원의 혁명적인 발달과정이며, 에고의 단계를 거쳐서만 '주체로서의 셀프'에 도달할 수 있다.

자각을 통해 '주체로서 셀프'가 활동하면, 셀프는 내 삶의 주인이 된다. 셀프로서의 내가 주인공이 되어 자신과 세계를 즐기며 살아가는 삶을 '낙도로서의 삶'이라고 한다. 낙도로서의 삶이란 사랑에 충만한 셀프가 사랑의 즐거움을 누리며 살아가는 삶을 뜻한다. 셀프로서의 나는 자신과 이 세상 모든 존재를 사랑의 눈으로 바라본다. 결핍감이 에고의 행위 동기가 됨에 반해, 충만함이나 사랑 또는 기쁨이 셀프의 행위 동기가 된다. 에고가 과거, 현재, 미래의 수평적인 시간을 살아간다면, 셀프는 현재 속에 깊이 머물며 온 존재와 접촉하는 수직적인 시간을 살아간다. 그래서 셀프로서의 나는 단순한 것에서 기쁨을 느끼는 삶을 산다. 장자莊子의 소요유逍遙遊는 낙도로서의 삶의 전형이다. 낙도로서의 삶은 우리 삶의 모든 영역에서 이루어질 수 있다.

즐거움을 누릴 수 있는 셀프는 사랑의 능력을 갖고 있다. 셀프는 사랑스러운 것만이 아니라 사랑스럽지 않은 것도 사랑할 수 있다. 그래서 셀프가 마음의 주체가 되면, 우리는 아내나 남편, 자녀, 부모, 형제를 사랑할 수 있다. 우리는 가족원을 속박하지 않으며, 그들을 자유롭게 한다. 우리는 가족원이 갖고 있는 성격적인 단점이나 그들이 행한 잘못을 용서하고, 따뜻하게 감싸 안는다. 우리는 가족원에게 깊은 관심을 기울인다. 우리는 우리와 다른 가족원의 성격이나 취향 등을 존중하며, 가능하다면 그들이 좋아하는 것을 함께 즐기려 노력한다. 우리는 가족원들과 함께 요리나 산책 등 많은 것을 즐긴다. 우리의 사랑을 받은 가족은 행복해지고, 우리에게 행복을 되돌려준다. 우리 또한 가족을 사랑하면서 행복하고, 가족의 사랑을 받으면서 행복하다. 이렇게 해서, 셀프가 마음의 주체가 된 우리는 가족생활의 즐거움을 누린다.

그 즐거움은 가족에게만 국한되지 않는다. 셀프가 마음의 주인공이 되면, 우리가 참여하는 모든 인간관계를 즐길 수 있다. 친구와의 관계, 선생님이나 학생과의 관계, 직장 동료나 상사 또는 부하 직원과의 관계, 취미 생활을 함께하는 사람들과의 관계, 선배나 후배와의 관계 등 모든 관계에서 즐거움을 누릴 수 있다. 모든 사람이 상대편으로부터 필요로 하는 것은 동일하다. 그들은 자신에 대한 관심, 깊은 이해, 용서, 따뜻한 미소, 다정한 말, 사랑을 필요로 한다. 이 세상 어느 누구도 자신에 대한 미움이나 증오, 자신에 대해 화냄, 따돌림, 복수함을 필요로 하지 않는다. 셀프가 자기 마음의 주체가 된 사람은 상대편이 필요로 하는 것을 줄 수 있고, 상대편이 필요로 하지 않는 것을 주지 않을 수 있다. 그래서 그는 주변 사람들에게 행복을 선물할 수 있고, 또한 행복을 되돌려받는다. 그는 모든 사람들과의 만남을 즐긴다.

대상관계의 평안함은 타인에 대한 배려와 도움으로도 나타난다. 예컨대, 셀프가 마음의 주체가 되어 살아가는 사람에게는 더 이상 성취할 것이 없다. 나는 이미 목표에 도달해 있기 때문이다. 그래서 셀프의 삶은 도움이 필요한 사람에게 도움을 제공하는 일종의 '서비스로서의 삶'이라고 할 수 있다.

노자老子는 "물은 만물을 이롭게 함을 좋아한다."[32]라고 했으며, 『금강경』에서는 '무주상보시無住相布施'를 말한다. 이 말들은 모두 셀프가 마음의 주체가 되어 살아가는 사람이 누리는 도움의 의미를 잘 나타내고 있다. 진정한 도움이란 상대편이 자신의 본성을 이룰 수 있도록 도와주는 것이다. 그것은 상대편의 입장에서 상대편이 정말 필요로 하는 것을 도와주는 것이다. 그리고 셀프는 이런 도움을 베풀며, 이를 즐기는 삶을 살아간다.

셀프가 내 마음의 주체가 되면, 우리는 범사의 모든 것을 즐길 수 있다. 우리는 걷는 것을 즐길 수 있다. 그는 발에 닿는 대지와 접촉하며 천천히 온 마음을 다해 걷는다. 그는 걷는 것 자체를 좋아하며 아름다운 흔적을 남기며 걷는다. 셀프가 마음의 주체가 되면, 그는 숨쉬기를 즐길 수 있다. 그는 잠자리에 누워, 빨간 신호등 앞에서, 버스를 기다리며, 병원 침대에 누워 숨쉬기를 즐긴다. 그는 의식을 호흡에 모으고 깊이 숨을 들이쉬고 내쉰다. 숨을 들이쉬고 내쉬며 그의 마음은 평화로워

---

32 『老子』, 「八章」.

지고 행복에 잠긴다.

셀프가 마음의 주체가 되면, 그는 양치질을 즐기고, 식사를 즐길 수 있다. 설거지를 즐기고, 샤워와 세수를 즐길 수 있다. 그는 텃밭 가꾸기를 즐기고, 음악을 듣는 것을 즐길 수 있다. 그는 청소나 빨래를 즐기고, 문을 열고 닫는 것을 즐길 수 있다. 그는 한 잔의 차를 즐기고, 누워서 게으름 부리기를 즐길 수 있다.

여유로워진 셀프가 마음의 주체가 되면, 아름다운 자연이 들어올 수 있는 마음의 빈자리가 생긴다. 그는 아름다운 산길, 싱그러운 공기, 무성한 잎사귀, 졸졸 흘러가는 계곡물 등 아름다운 자연을 즐길 수 있다. 그는 하늘에 피어나는 구름을 즐기고, 길가에 핀 앙증맞은 들꽃을 즐기며, 비가 그친 뒤 가지에 보석처럼 달려 있는 빗방울을 즐긴다.

셀프가 마음의 주체가 되면, 그는 자신이 하는 일을 즐길 수 있다. 그에겐 이제 일이란 서둘러 해치워야 할 그 무엇이 아니다. 또한 일은 이제 자신의 에고를 더 크고 더 높게 만들기 위한 수단이 아니다. 일 속에서 그는 자유로우며 행복을 느낀다. 일할 때, 그는 일과 하나가 된다. 그가 하는 일은 그것이 무엇이든 성스러운 것으로 변한다. 그는 어떤 일을 하건 그 분야에서 탁월한 사람이 된다.

4) 셀프로서의 삶의 특징

셀프가 내 마음의 주체가 되었을 때, 셀프가 주체가 되어 살아가는 삶에는 어떤 특징이 있을까? 여기에서는 셀프의 삶이 갖고 있는 공통된 특징들을 서술하도록 하겠다.

셀프의 눈으로 보면, 나의 에고가 갖고 있는 상대적인 우월함이나 열등함은 별것이 아니다. 그래서 셀프는 우월함이나 열등함으로부터 자유로우며, 우월감이나 열등감을 갖지 않는다. 셀프로서의 나는 겸손하다.

겸손함이란 무엇인가? 『주역周易』의 「겸괘謙卦」 괘상卦象에서 볼 수 있듯이, 겸손함이란 높은 산이 낮은 땅 아래에 처하는 것이다. 어떻게 그것이 가능한가? 셀프의 눈으로 보면, 에고의 차원에서 아무리 낮은 존재라 하더라도 그것은 우주적인 위대함을 갖고 있으며, 그러므로 존경심을 갖고 낮은 땅을 대해야 하는 것이다. 존경심을 갖고 대해야 하는 것은 자기 자신에 대해서도 마찬가지이다. 절대적인 자기 긍정의 바탕 위에서, 깊은 존경심을 갖고 상대편을 대하는 것이 겸손함이며, 겸손함은 셀프가 마음의 주체가 되어 살아가는 삶의 특징이다.

에고가 늘 결핍감에 사로잡혀 현실에 불평하는 데 비해서, 셀프는 자족한다. 셀프로서 나는 영원한 시간과 무한한 공간을 내 안에 품고 있는 존재이다. 그러므로 셀프에게는 더 이상 도달해야 할 곳도, 추구할 것도 없다. 그래서 셀프로서의 나는 지금보다 나은 미래에 대한 추구를 멈추고, '지금 여기'에 깊이 머물며, '지금 여기'를 즐긴다.

안회는 어떻게 안빈낙도安貧樂道할 수 있었을까? 그 답은 안회는 셀프가 마음의 주체가 되어 살았기 때문이다. 셀프가 마음의 주인공이 되면, 어떤 것도 낙도하는 삶을 방해할 수 없다. 셀프는 두드러진 어떤 존재가 아닌 평범한 나에 만족한다. 셀프는 다른 사람 앞에 자신을 특별한 존재로 각인시키고 싶어 하지 않는다. 셀프는 낮은 곳에 즐겨 머물며, 봉오리가 되는 것보다는 골짜기가 된다.

셀프는 현재 이 순간 속에 일어난 모든 일을 받아들인다. 운전을 하다가 펑크가 나면, '펑크가 났구나.' 하고 생각할 뿐, '아, 재수 없이 펑크가 났구나.' 하고 생각하지 않는다. 물론 셀프도 일어난 상황에 대처한다. 하지만 셀프는 일어난 상황에 저항하지 않고 대처만 하기 때문에 스트레스가 많은 에고보다 상황에 더 잘 대처할 수 있다. 이를 노자는 대순大順이라 했고, 『주역』에서는 순천順天이라 했다.

셀프는 일어난 일과 완전히 하나가 되기 때문에, 더 이상 일어난 일에 좌우되지 않는다.[33] '암에 걸렸다는 진단', '시험에 떨어짐', '실연', '늙음', 그리고 궁극적으로는 '죽음'에 이르기까지 셀프는 일어난 일과 하나가 되며, 그러기에 그는 일어난 모든 일로부터 자유롭다.

자유로움은 셀프의 특징이다. 셀프가 내 마음의 주체가 되면, 나는 대자유를 누린다. 셀프로서의 나는 어떤 것에도 집착하지 않으며, 속박받지 않는다. 나는 형상의 세계에 속하는 모든 것이 무상無常함을 자각하고 있기 때문이다. 나는 돈이나 명예, 권력이나 인기 등과 같이 자신을 얽매고 있던 것으로부터 해방되며, 더 이상 욕망이나 희망, 분노나 불안, 과거나 미래에 사로잡히지 않는다. 나는 자신이 이루어낸 어떤 성취로부터도 자유롭다. 심지어는 죽음조차도 나에게 위협이 되지 못한다.

셀프로서의 나는 무상함을 자각하고 있기에 무상한 모든 것을 더욱 소중히 여긴다. 담장에 핀 장미, 부모님과 아내의 존재 등 그는 모든 것이 사라질 것임을 알기에 거기에 더 깊은 관심을 기울이고 깊이 사랑한다. 그리고 떠날 때가 되면, 이 모든 것을 선선히 보내준다.

분주한 에고에 비해 셀프는 늘 한가롭다. 에고의 눈으로 보면, 셀프는 게으름뱅이이다. 셀프가 삶의 주인공이 되면, 그에게는 서둘러야 할 일이 없다. 그는 이미 목적지에 도달해 있기 때문이다. 그는 안락의자에서 낮잠을 즐기고, 양지바른 곳에서 햇볕 쬐기를 즐긴다. 그는 친구와의 한가로운 담소를 즐기고, 할 일 없음을 즐긴다. 그는 어슬렁거리며

---

33 톨레E. Tolle(2008), 류시화 옮김, 『Now』, 조화로운 삶.

천천히 걷고, 천천히 숨 쉰다. 그는 멍하니 앉아 하늘에 피어나는 구름을 바라보기도 하고, 시냇물에 놀고 있는 송사리들의 헤엄을 구경하기도 한다.

셀프가 마음의 주체가 되면, 그의 마음은 평화롭다. 셀프에게는 그의 마음을 흔들어놓을 만큼 심각한 일이란 없다. 궁극적으로는 에고의 죽음마저도 그를 동요케 하지 못한다. 셀프는 불생불멸이기 때문이다. 하물며, 작은 경제적인 득실이나 다른 사람들의 칭찬이나 비난이 그를 흔들 수 없다. 자존심이 무척 상하는 일을 당해도, 그는 자존심이 상처를 입어 에고가 붕괴되는 모습을 그냥 지켜볼 뿐, 이로 인해 마음의 평화를 잃지 않는다. 그에게는 미래에 대한 어떤 갈망도 불안도 없다. 그러므로 그는 평화로우며, 그의 평화로움이 주변 사람들의 마음을 또한 평화롭게 한다. 셀프가 마음의 주체가 되어 살아가는 사람에게는 근심이 없다. 에고가 마음의 주체가 되어 살아가는 사람을 『논어』에서는 소인이라고 한다. 소인에게는 늘 근심이 많다. 셀프가 마음의 주체가 되어 살아가는 사람을 『논어』에서는 군자라고 한다. 군자에게는 근심이 없다.[34] 셀프에게는 심각한 일이란 없다. 이 세상 어떤 일도 큰 바다에 일어나는 작은 파도와 같은 것이다. 태풍이 불어올 때도 깊은 바닷속은 고요하듯이, 어떤 것도 그를 동요하게 할 수 없다. 그러므로 셀프의 삶을 살아가는 사람은 근심하지 않으며, 늘 태평하다.

셀프는 영원과 무한의 눈으로 모든 것을 바라본다. 그래서 셀프는 일어난 어떤 상황으로부터도 자유로우며, 그 상황에 대해 미소 지을 수 있다. 머리숱이 많다든지 적다든지, 살고 있는 아파트가 넓다든지 좁다든지, 일류 대학을 다닌다든지 그렇지 못하다든지, 이런 사소한 일에

---

34 『論語』, 「顏淵篇」.

우쭐거리고 움찔하는 자신의 에고를 바라보며, 따뜻하게 미소 짓는 것이 유머이다. 셀프가 주인공이 되어 살아가는 삶에는 유머가 끊이지 않는다. 유머는 자신이나 상대편을 에고의 감옥에서 벗어나게 하는 치료약이다. 유머는 현대적인 삶과 문명을 그 근원에서부터 무너뜨릴 수 있는 비책이다. 유머는 자각 속에 사는 사람에게도 끊임없이 다시 나타나는 에고의 망령을 쫓아내는 부적이기도 하다. 셀프가 자신의 에고와 세계에 대해 웃음 짓는 순간, 우리는 모든 속박에서 풀려나 대자유인이 된다.

셀프로서의 나는 모든 것을 향해 웃을 수 있다. 취직 시험에 떨어지고 나서의 좌절감, 대머리가 된 자신의 뒤통수를 발견했을 때의 쓸쓸함, 애인에게 실연당했을 때의 고통 등, 셀프는 에고가 경험하는 모든 고통에 대해 웃을 수 있다. 마찬가지로 셀프는 에고가 경험하는 모든 환희에 대해서도 웃을 수 있다. 칭찬을 들었을 때 느끼는 기쁨, 원하던 것을 성취했을 때의 행복, 경쟁 상대를 이겼을 때의 우쭐함 등, 셀프는 에고가 경험하는 모든 기쁨에 대해서 웃을 수 있다.

셀프가 마음의 주체가 되면, 인류는 현재 직면하고 있는 고통과 불행에서 해방되고, 삶의 기쁨과 행복을 발견할 수 있다. 그뿐만 아니라, 셀프로서의 나는 내가 사랑하는 사람들에게 기쁨과 행복을 선물할 수 있는 존재가 된다.

3. 마음공부와 아름다운 노년

1) 육체적인 상실을 통한 마음공부

육체적인 측면에서 보면, 나이 들어가면서 에고는 많은 상실을 경험한다. 육체의 노화老化, 질병, 죽음 등이 그것이다. 노화란 육체의 기능이 쇠퇴하는 것이고, 질병이란 육체의 기능에 문제가 생기는 것이며, 죽음이란 생명체로서의 내가 존재하기를 멈추는 것이다. 육체적인 상실을 통한 마음공부란 이런 육체적인 상실을 셀프를 자각할 수 있는 기회로 활용하는 것이다. 여기에서는 노화를 통한 마음공부, 죽음을 통한 마음공부, 질병을 통한 마음공부를 살펴보도록 하겠다.

(1) 노화를 통한 마음공부

노화는 자연스러운 것이다. 누구나 나이가 들면 육체의 노화가 일어난다. 노인이 되면, 이제 더 이상 젊은 시절 활력에 가득 찬 육체는 존재하지 않는다. 얼굴에는 많은 주름살이 생겨난다. 피부는 젊었을 때 가졌던 탄력을 상실한다. 흰머리가 늘어나고, 머리카락이 빠져나간다. 얼굴에는 검버섯이 생긴다. 무릎 관절이 아파서, 이제는 늘 걷던 산책로조차 걸을 수 없게 된다. 신경통 때문에 잠을 못 이룬다. 이가 다 빠져버려, 젊은 시절 신 사과를 아삭아삭 깨물어 먹던 즐거움을 누리는 것은 이제 상상조차 할 수 없게 된다. 노안이 와서 이제 온 세상이 흐릿하게 보인다. 아침에 잠자리에서 일어날 때 몸이 무겁게 느껴진다. 이렇듯 육체의 노화는 다양한 형태로 나타난다.

육체적인 노화 가운데에서 에고에게 커다란 상처가 되는 것은 외모의 훼손이다. 외모 지상주의가 팽배해 있는 현대 사회에서, 외모는 자아 동일시의 중요한 대상이다. 그러므로 노화에 따른 외모 훼손은 현대인에게 큰 상처가 되며, 때로 우울증을 유발한다.

나이 들어가면서 이런 육체적인 노화를 경험할 때, '마음공부로서의 나이 들기'란 무엇을 의미하는가? 그것은 우선 나이 들어가면서 일어나는 이런 모든 변화를 받아들이는 것을 의미한다. 즉 육체적인 노화에 저항하지 않는 것이다. 저항하지 않는다고 해서, 육체적인 노화에 따른 고통이 사라지는 것은 아니다.

노화에 따른 육체적인 고통은 마음공부의 영역이 아니라 의료적인 치료의 영역에 속한다. 그것은 인간의 생물학적인 존재 차원에 속하기 때문이다. 개체로서의 나의 존재가 죽음을 맞이하기까지, 깨달은 사람이건 그렇지 않은 사람이건 간에 생물학적인 존재 차원이 지속된다. 큰 깨달음을 얻었던 석가모니라고 하더라도, 이가 썩으면 치통을 느낀다.

그러므로 노화에 따른 육체적인 상실을 통한 마음공부란 육체적인 차원에서의 대응의 영역이 아니다. 그것은 육체적인 상실에 저항하는 에고에 대해 대응하는 것이다. 에고는 이렇게 말한다. '예전에는 이렇지 않았는데', '나에게 왜 이런 일이 일어나는 것일까?' 에고는 이렇게 육체적인 노화에 대해 불평하고 불만을 터트리면서, 노화에 따른 육체적인 고통에 더하여 정신적인 고통을 느낀다. 때로는 이런 이차적인 고통이 너무 큰 경우도 있다. 이런 상황의 노인들은 우울증에 걸리거나 심한 경우 자살을 단행하기도 한다.

그러나 육체적인 상실에 대한 저항을 멈추고 노화를 받아들이게 되면, 일차적인 고통은 그대로 있더라도 이차적인 고통은 사라지게 된다. 마음공부를 하는 사람이건 아닌 사람이건 간에 육체적인 노화를 겪는 것은 똑같다. 그러나 후자는 노화에 따른 심한 이차적인 고통을 겪지만, 전자는 이차적인 고통이 사라진다.

그럼에도 불구하고, 대부분의 현대 노인들이 마음공부를 하지 않으면서 노화에 따른 심한 이차적인 고통을 겪는 이유는 무엇일까? 그 이유는 '분리된 자아로서의 나'(에고)가 '실제의 나'라는 생각을 갖고 있기 때문이다. '에고를 나라고 간주'하게 되면, 에고의 붕괴 과정인 육체의 노화에 저항하지 않는 것은 거의 불가능하다.

그러므로 육체적인 상실을 통한 마음공부의 전제는 현대 인간관의 관점으로부터 탈피해서 통일체적 인간관을 갖는 것이다. 인간관이란 문자 그대로 '인간을 바라보는 관점'이다. 생물학자는 인간을 생명유기체로서 바라볼 것이다. 화학자나 물리학자는 또한 자신의 관점에서 인간을 바라볼 것이다. 현대 인간관은 인간을 '시공간적으로 단절된 유한한 개체'(에고)로서 바라보며, 통일체적 인간관은 인간을 '영원한 시간과 무한한 공간을 자신 안에 품고 있는 우주적인 존재'(셀프)로 바라본다.

생물학자, 화학자, 물리학자 등이 바라보는 인간, 현대 인간관과 통일체적 인간관이 바라보는 인간, 이런 다양한 인간에 대한 관점 중에서 어떤 것이 옳은 것일까? 옳은 것은 없다. 왜냐하면 이 각각은 인간을 바라보는 관점이며, 그 관점에 따라 인간의 상이한 측면을 조명하기 때문이다.

그렇다면, 우리는 인간에 대한 어떤 관점을 취해야 할 것인가? 이 질문에 대한 답은 시대적인 상황에 따라 달라진다. 문명 이전, 인간은 동물적인 차원에서만 존재했지만, 문명이 발생하면서 에고의 존재 차원이 등장했다. 또한 현대가 시작되면서, 집단 에고로서의 인간보다 개별 에고로서의 인간 존재 차원이 부각되었다.

현대 초라는 시대적인 상황에서 판단한다면, 전현대 인간관의 관점에서 집단 에고를 가진 행위 주체로서 인간을 인식하는 것보다, 현대 인간관의 관점에서 개별 에고를 가진 행위 주체로서 인간을 인식하는 것이 시대의 요청에 부응하는 것이 된다. 이런 새로운 인간관의 채택을 통해 전현대적인 사회문제를 청산하고 현대적인 삶과 문명을 건설할 수 있었다.

현대 말·탈현대 초의 문명 대전환기를 살아가는 우리들에게는 어떤 인간 인식이 요구되는가? 현대 초에 현대 인간관이 시대적으로 요청되었듯이, 탈현대 초인 현재 이 시대가 요구하는 새로운 인간관은 통일체적 인간관이다. 왜냐하면 분리된 개체로서 인간을 인식하는 현대 인간관은 오늘날 많은 고통과 불행을 양산하는 원천이 되고 있기 때문이다. 이 글에서 다루고 있는 노화에 따라 이차적인 고통을 겪는 것도 그중하나이다.

이런 이유로 통일체적 인간관은 이 시대의 요청에 부응하는 새로운 인간관이다. 통일체적 인간관의 관점에서 보면, '에고로서의 나에 대한 인식'은 망상이다. 그러므로 에고의 붕괴 과정으로서의 노화 역시 심각한 문제가 아니다. 오히려 육체의 노화는 에고가 붕괴되는 과정이므로, 노화는 이를 통해서 '진정한 나'를 자각할 수 있는 기회로 활용될 수 있다. 젊은 시절과 같이 육체적으로 왕성한 시기에는 에고가 망상임을 자각하기가 더 어렵기 때문이다. 바로 이와 같이 에고의 붕괴 과정인 육체의 노화를 '참된 자기'를 자각할 수 있는 기회로 삼는 것이 바로 '육체적인 상실을 통한 마음공부'의 의미이다.

마음공부의 출발점은 위에서 이야기했듯이 육체의 노화에 대한 무저항에서부터 시작한다. 에고는 육체의 노화 자체가 자신의 붕괴 과정이기 때문에 이에 격렬히 저항한다. 그러므로 저항을 멈추는 것은 에고의 활동을 중지시키는 것을 의미한다.

저항을 중지하게 되면, 에고는 무척 고통스러워한다. 이때, 우리는 고통스러워하는 에고를 따뜻한 눈으로 바라보는 마음공부를 한다. 어떤 경우에도 에고를 비난해서는 안 된다. 왜냐하면 '비난하는 그 나'가 바로 에고이기 때문이다. 그러므로 에고에 대한 비난은 에고에 에너지를 충전시키는 작업이 된다. 젊음에 집착하고, 노화에 저항하는 에고를 부드럽게 감싸 안아주는 것이 이때 우리가 해야 할 작업이다. '이런 작업을 수행하는 나'는 누구일까? 그가 바로 내가 깨어나 활동하게 하려 하는 우주적인 나인 셀프이다.

(2) 죽음을 통한 마음공부

'죽음의 수행'이란 현대인이 갖고 있는 견고한 에고의 껍질을 깨뜨리기 위해 분리된 나의 죽음을 활용하는 것이다. 죽을 수 있는 것은 무엇일까? 그것은 '분리된 자아로서의 나'이다. '우주적인 존재로서의 나'는 불생불멸이다. 죽음의 수행을 통해 우리는 '우주적인 존재로서의 나'에 진입할 수 있다.

나이 듦은 죽음에 다가가는 과정이다. 노인은 자연스럽게 죽음에 직면한다. 그러므로 노인은 죽음을 늘 자신의 곁에 두고서 '죽음을 통한 마음공부'를 하는 데 있어서 유리한 입장이다. 죽음이란 '에고의 종말'을 의미한다. 그러므로 죽음은 '분리된 자아로서의 나'를 벗어날 수 있는 계기를 준다. 실제로 사형을 선고받은 죄수나 말기 암 환자와 같이 죽음을 직면하고 있는 사람들은 '분리된 자아로서의 나'를 벗어나 '우주적인 존재로서의 나'를 자각하는 경우가 많다. 그런 사람들은 죽음을 평화롭게 맞아들인다.

우리는 누구나 죽는다. '죽을 것인가 아닌가?'는 우리의 선택이 아니다. 우리의 선택은 '감사하며 평화롭게 죽을 것인가? 아니면 원망하며 고통스럽게 죽을 것인가?'이다. 죽음의 수행은 무상無常의 자각을 도와준다. '분리된 자아로서의 나 자신'이나 삶에서 부딪치는 갖가지 사건을 죽음에 비추어 볼 수 있다면, 우리는 집착으로부터의 자유를 얻을 수 있게 된다. '무상'을 자각하면, 자신에게 일시적으로 주어진 모든 선물에 감사할 수 있게 되며, 삶과의 깊은 접촉을 이룰 수 있게 된다.

죽음의 수행을 통해, 우리는 아름답고 평화로운 노인이 될 수 있다. 그는 자신에게 생명을 선물해준 부모님, 평생을 함께해준 배우자, 잘 자라준 자녀, 오래된 친구, 숨 쉴 수 있는 공기 등 자신이 선물로 받았던 그 모든 것에 감사함을 느끼고, 소중함을 깨닫는다. 그래서 그는 매사에 감사하고, 작은 일에도 큰 기쁨을 느낀다. 그는 스스로 평화롭고 행복할 뿐만 아니라 주변 사람들에게도 평화와 기쁨을 전해준다.

(3) 질병을 통한 마음공부

젊은 시절에는 늘 건강할 수도 있지만, 노인에게는 질병이 생활의 일부이다. '질병 수행'이란 우리가 병에 걸렸을 때 이를 마음공부의 계기로 삼는 것을 말하며, 노인은 질병 수행을 하는 데 유리한 위치에 있다. 질병은 감기와 같이 경미한 것일 수도 있고, 암과 같이 위중한 것일 수도 있으나, 정도의 차이일 뿐이지 원리는 동일하다.

질병은 우리 몸의 전신이나 일부분에 이상이 생겨 정상적인 기능이 이루어지지 않아 고통을 느끼는 현상을 가리킨다. 질병은 에고가 입을 수 있는 손상의 하나이다. 에고의 차원에서 보면, 질병은 단지 고통을 초래하는 부정적인 현상일 따름이다. 하지만 셀프의 차원에서 보면, 질병은 에고가 손상된 틈을 이용해서 셀프를 자각할 수 있는 좋은 기회가 된다.

실제로 암과 같은 치명적인 불치병에 걸린 사람들이 셀프를 자각하는 경우를 주변에서 종종 볼 수 있다. 그들은 건강했던 시절보다 더 평화로우며, 삶의 경이로움과 존재의 아름다움을 깊이 느낀다. 대부분 사람들의 경우, 몸이 건강한 동안에는 에고의 껍질이 단단해서 셀프를 자각하기 힘들다. 하지만 병이 나면 에고의 단단한 껍질에 취약한 부분이 생기고, 그 틈을 타고 셀프가 출현하는 것이다. 바로 이와 같은 과정을 의도적으로 시도하는 것이 '질병 수행'이다.

일단 질병에 걸리고 나면, '질병에 걸릴 것인가 아닌가?'는 더 이상 나의 선택이 아니다. 나의 선택은 '질병을 통해 행복과 평화를 발견할 것인가? 아니면 불행과 불평을 느낄 것인가?'이다. 보통 암과 같은 큰 질병에 걸린 사람이 보이는 첫 번째 반응은 '왜 하필 나에게 이런 몹쓸 병이 생겼나.'라고 하는 원망스러운 마음이다. 그는 자신에게 닥친 불운을 받아들이지 못하며, 마음이 불평과 불만으로 가득 찬다.

하지만 나에게 닥친 불운 속에 행운이 담겨 있다는 사실을 자각하면서, 삶의 예술은 시작된다. 질병 수행의 시작은 '받아들임'이다. '받아들임'은 질병 치유에조차도 나쁜 영향을 주는 불평과 불만을 잠재운다. 크고 작은 질병에 걸리면, 우리는 일단 분주한 일상적인 삶을 중지하게 된다. 대부분의 현대인에게 있어서 일상적인 삶이란 에고의 삶이다. 그러므로 일상적인 삶의 중지는 에고의 삶의 중지를 뜻한다. 질병은 삶에 에고의 여백을 만들어내며, 에고의 여백은 셀프가 출현할 수 있는 기회가 된다. 분주한 일상의 삶을 멈추는 것은 존재 변화를 위한 중요한 전제인데, 질병은 자연스럽게 이런 전제를 충족시켜준다.

다음은 '무상의 자각'이다. 우리는 질병으로 인해 고통을 경험한다.

이때 고통은 몸의 부분적인 기능 장애 또는 전면적인 해체 과정의 결과이다. 그래서 질병의 체험은 무상無常을 자각할 수 있는 좋은 기회를 제공한다. 몸이 건강할 때는 마치 우리가 영원히 살 것처럼 착각하기가 쉽다. 하지만 몸이 아파보면 우리의 몸이나 분리된 자아로서의 내가 영원한 존재가 아님을 알 수 있다. 무상의 자각은 그때까지 우리가 갇혀 있었던 수많은 욕망과 욕망에 대한 집착으로부터 해방될 수 있는 좋은 기회를 제공해준다. 더 이상 노예로서가 아니라 자유인으로서의 삶을 시작할 수 있게 된다.

2) 사회적인 상실을 통한 마음공부

사회적인 측면에서 볼 때도, 나이 들어가면서 많은 것을 상실한다. 관계의 상실과 경제적인 상실은 노화에 따른 사회적인 상실의 대표적인 영역이다. 사회적인 상실은 에고의 훼손을 의미하며, 이는 셀프에 대한 자각의 기회가 된다. 셀프를 깨워 활동하게 하는 데에 노화에 따른 사회적인 상실을 활용하는 것을 사회적인 상실을 통한 마음공부라고 한다.

(1) 관계의 상실을 통한 마음공부

나이가 들면 들수록, 그때까지 형성해왔던 중요한 관계를 상실하게 된다. 배우자의 죽음은 대부분의 노인들에게 가장 큰 관계 상실의 영역일 것이다. 자녀의 출가로 인한 부모로서의 역할의 감소 역시 상당한 상실감을 준다. 친한 친구나 형제의 죽음으로 외로움이 심해진다. 또한 노인이 되면, 오랫동안 해왔던 사회 활동이나 취미 활동 등도 건강 악화로 못하게 되는 경우가 많다.

관계의 상실을 통한 마음공부는 늙어감에 따라 에고가 관계 상실의 경험을 하고 고통받는 것을 따뜻하게 미소 지으며 지켜보는 것이다. 우리는 관계의 상실로 인해 에고가 겪는 고통을 치유하려는 어떤 노력도 기울이지 않는다. 왜냐하면 '관계의 상실을 통한 마음공부'의 목표는 에고의 회복이 아니기 때문이다. 상실로 인해 고통받고 있는 에고를 따뜻한 눈으로 바라볼 때, 바라보는 그 나가 바로 셀프이다. 이런 연습이 거듭될수록, 셀프는 깨어나 활동하게 되며, 에고가 차지하고 있던 주체로서의 나의 자리를 점점 더 셀프가 차지하게 된다.

이런 주체의 변화는 다음과 같은 것을 포함한다. 나는 그때까지 나를 얽매고 있었던 온갖 형태의 욕망과 욕망에 대한 집착으로부터 자유로워진다. 늙어가는 나, 그래서 그때까지 갖고 있었던 것들을 상실해가는 나를 바라보면서, 나는 에고의 무상無常함을 느낀다. 나의 에고가 애착심을 갖고 있던 모든 것이 결국은 사라진다는 사실을 자각할 때, 우리는 집착의 감옥으로부터 해방되며, 이때부터 우리는 집착이 아니라 사랑을 시작할 수 있다.

나는 나 자신과 세계에 대한 깊은 이해에 도달하게 된다. 우리는 이런 형태의 이해를 지식과 구분해서 지혜라고 부른다. 나는 나에게 주어진 삶의 의미, 나와 함께하는 아내의 존재, 그리고 해마다 찾아오는 봄·여름·가을·겨울의 계절들, 하늘과 시냇물 등 이 모든 것에 대해, 젊은 시절에는 가질 수 없었던 깊은 이해를 갖게 된다. 삶과 자연을 사랑할 수 있고, 깊은 감사의 마음을 가질 수 있게 된다.

나는 진정 겸손해진다. 에고의 붕괴는 오만을 치료하는 묘약이다. 늙어감에 따라 붕괴되어가는 에고를 바라보면서, 나는 내 존재 가치의 축을 빈약한 에고로부터 무한한 셀프로 옮긴다. 나는 더 이상 에고의 성취로 인해 오만하지 않으며, 에고의 상실로 인해 움츠러들지 않는다. 나는 다만 오만해하는 또는 움츠러드는 에고를 향해 따뜻한 미소를 보낸다.

(2) 경제적인 상실을 통한 마음공부

현대 사회에서는 경제적인 성취가 삶의 중요한 부문을 차지하기에, 경제적인 상실은 현대인이 겪는 고통의 중요한 근원이다. 많은 현대인에게 있어서 자기 동일시의 가장 중요한 대상은 직장일 것이다. 나이가 들어, 퇴직을 하고 나면 직장을 상실한다. 근래에는 생산 자동화의 영향으로 아직 한참 일할 수 있는 나이에 직장을 잃는 경우가 많다. 중년의 나이에 직장에서 해고되어 실의에 빠져 있다가 자영업을 해보지만 이 역시 쉽지 않아 문을 닫고 좌절에 빠진 삶을 살아가는 사람을 흔히 본다. 또 기업체를 운영하면서 다른 사람들이 부러워하는 윤택한 삶을 살다가, 부도가 나서 하루아침에 인생의 나락으로 떨어진 사람을 보는 것도 어렵지 않다. 직장의 상실은 경제적인 수입의 감소를 초래한다.

에고의 차원에서 보자면, 경제적인 상실을 창조적으로 해석하고 받아들일 수 있는 가능성은 애초에 없다. 경제적인 성취는 에고가 자신을 더 크고 높게 만드는 중요한 통로이기 때문에, 경제적인 상실은 그만큼 에고에게 큰 상처가 된다. 하지만 셀프의 차원에서 보면, 상황은 달라진다. 에고가 받는 상처와 고통은 셀프에게는 기회이다. 셀프는 약해진 에고의 지각을 뚫고 나오기가 가장 쉽기 때문이다. 지상에서의 저주가 천상에서의 축복이 되는 것이 바로 이와 같은 이치에서 비롯된다.

자신이 갖고 있는 주식이 내린다든지, 예기치 않은 지출로 쪼들린다든지, 월급이 삭감된다든지 하는 그렇게 치명적이지 않은 경제적인 상실로 인해서도 우리의 에고는 적지 않은 동요를 느낀다. 하물며, 언급한 파산이나 해고 또는 퇴직과 같은 것은 경제적인 삶의 기반을 송두리째 잃어버리는 계기가 되기 때문에 엄청난 스트레스와 고통을 준다. 그 고통이 너무 커서, 사람들은 자살을 하기도 하고, 알코올 중독자가 되어 폐인이 되기도 한다.

하지만 분명한 사실은 이미 발생한 경제적인 상실을 돌이킬 수 없다는 점이다. 그러므로 일단 경제적인 상실이 발생했을 때, 우리의 유일한 선택은 '셀프가 깨어나는 기회로 그것을 활용하느냐 아니냐?' 하는 것이다. 비록 셀프가 깨어나는 기회로 경제적인 상실을 활용하더라도, 경제적인 상실이 주는 불편함이나 에고의 고통은 여전히 남는다. 그렇더라도 마음공부의 기회로 경제적인 상실을 활용할 경우, 에고가 겪는 고통의 대가로 셀프의 깨어남이라고 하는 값진 선물을 받을 수 있다. 이것을 활용하지 않을 경우, 경제적인 상실은 다만 고통일 따름이다. 그러니 경제적인 상실을 활용하는 것이 분명하게 현명한 일이다.

그렇다면 경제적인 상실의 체험을 했을 때, 이것을 어떻게 받아들이는 것이 경제적인 상실을 통한 마음공부가 되는 것일까? 일차적으로는 이미 발생한 경제적인 상실을 인정하는 일일 것이다. 이미 경제적인 상실이 발생한 상태에서, 상실 이전의 좋았던 과거를 그리워하거나 후회하는 일 따위는 상황을 개선하는 데 도움이 되지 않는다.

상황에 대한 인정이 되고 나면, 그 다음은 경제적인 상실로 인해 고통받고 있는 자신을 돌보아야 한다. 경제적인 상실로 인해 고통받는 자신을 비난해서는 안 된다. 경제적인 상실로 인해 나는 이미 충분히 고통스러우며, 더 이상의 나에 대한 힐난을 필요로 하지 않는다. 고통받고 있는 자신에게 따뜻한 미소를 보내고 감싸 안아야 한다. 퇴직을 하고 나서, 오랫동안 해왔던 일을 상실하고 자신이 쓸모없는 존재가 되었다는 느낌이 들면, 또 주위 사람들이 자신을 바라보는 시선이 바뀌었다는 생각이 들면, 그냥 손상되어 고통받고 있는 에고를 따뜻하게 미소 지으며 바라보면 된다.

이런 노력을 계속하면서, 우리는 경제적인 상실과 경제적인 현실 자체로부터 조금씩 자유로워지는 자신을 자각할 것이다. 우리들의 힘이 커져가더라도, 경제적인 상실은 여전히 불편하고 고통스러운 일일 것이다. 하지만 경제적인 상실에 함몰되어 있었을 때와는 달리, 그 이전에는 경험하지 못했던 새로운 힘을 느낄 수 있을 것이다.

3) 마음공부를 통해 도달한 아름다운 노인의 모습

이 장에서는 마음공부를 통해 도달한 아름다운 노인의 모습을 그려보도록 하겠다. 많은 사람들이 잘 알고 있는 틱낫한 스님, 김수환 추기경, 이태석 신부 같은 분들을 떠올린다면, 아름다운 노인의 모습에 대한 형상화가 쉬울 것이다. 아름다운 노인은 사랑이 충만하며, 겸손하고, 평화로우며, 매사에 감사하고, 따뜻한 유머 감각을 갖고 있다.

(1) 사랑이 충만한 노인

마음공부의 결과, 노인은 자신과 세계를 무한한 긍정과 사랑의 눈으로 바라볼 수 있다. 그는 사랑스러운 존재가 된다. 더 이상 노인의 존재는 이 세상에 고통과 불행을 주지 않는다. 노인은 아름다운 꽃과 같이 피어나 주위에 향기를 전해준다. 『주역』에서는 다음과 같이 깨달은 사람의 사랑을 말하고 있다.

"하늘을 즐거워하고 명을 알기 때문에 근심하지 않으며, 주어진 장소에 편안히 해서 인을 돈독히 하기 때문에 사랑할 수 있느니라."[35]

마음공부를 하지 않은 현대 노인들의 마음에는 많은 경우 사랑이 없으며, 젊은 시절 갖고 있었던 것에 집착한다. 그래서 현대 노인들은 사랑스럽지 않다. 현대 노인들은 가엾은 사람들이다. 그들은 자기 자신 안에 이미 엄청난 보물이 갖추어져 있는데도 불구하고 자신의 바깥에 있는 하찮은 것을 얻기 위해 전력을 기울인다. 그리하여 그들은 마지막 남은 소중한 삶을 낭비하고, 고통스럽게 죽음을 맞이한다.

현대인은 '분리된 자아의 구름'에 갇혀 지낸다. 그래서 그들은 자신이 찬란한 태양임을 끝내 알지 못하고, 사랑의 삶을 살 수 없다. 이에 반해서, 마음공부를 통해 존재 변화를 경험한 노인은 사랑의 의미를 깊이 이해하고, 그들의 존재 자체가 사랑이 되어 삶을 살아간다. 그래서 그들은 삶의 모든 곳에서 행복을 발견하며, 그들의 존재는 사랑스럽다. 그들은 소중한 삶을 낭비하지 않고, '지금 이 순간'의 삶을 깊이 있게 살아간다.

변화한 노인은 자신과 세계를 깊이 사랑한다. 이때, '사랑한다'고 하는 것은 자신과 상대편의 마음에 드는 점만을 골라서 선택적으로 사랑하는 것이 아니라 전면적으로 사랑하는 것이다. 그것은 일시적으로 사랑하는 것이 아니라 영원히 사랑하는 것이다. 사랑은 자신이 좋아하는 것만을 골라 사랑하는 것이 아니라, 자신이 싫어하는 것들도 사랑하는 것이다. 변화한 노인은 자신과 상대편이 갖고 있는 소심함, 악함, 추함, 무능력, 교활함 등을 포함해서 마음에 들지 않는 모든 모습들을 따뜻하게 품어준다. 변화한 노인은 마음에 들지 않는 상대편의 모습에서 그들의 상처를 느끼고 가슴 아파한다.

---

35 『周易』,「繫辭下傳」.

(2) 감사하는 노인

마음공부를 통해 변화한 노인은 매사에 감사한다. 노인이 되었을 때, 우리는 젊은 시절 갖고 있었던 것을 상실한 데 대해 원통한 마음을 가질 수도 있고, 지금 나에게 주어진 것에 감사하는 마음을 가질 수도 있다. 마음공부를 통해 변화한 노인은 후자에 해당한다. 마음공부를 하지 않은 많은 현대 노인들은 현실에 대해 한탄하는 마음을 갖고 있는 경우가 많다. 그들은 과거의 지금보다 더 좋았던 때를 회상하면서, 현재에 대한 불만과 불평을 토로한다. 이에 반해, 변화한 노인은 '지금 이 순간' 자신에게 주어진 일상의 모든 것에 대해 늘 깊은 감사를 느낀다. 일상적이고 익숙한 것에 늘 새롭게 감사를 느낄 수 있는 변화한 노인의 능력은 그를 행복으로 인도하는 중요한 통로이다.

마음공부를 통해 변화한 노인은 오랜 세월 아름다운 행성 지구를 여행할 수 있는 '삶'이 선물로 주어졌음에 늘 깊은 감사와 큰 기쁨을 느낀다. 그래서 변화한 노인은 매일 아침 눈을 뜰 때마다 새로운 하루가 선물로 주어졌음에 대한 감사의 기도로 하루를 시작한다. 또한 매일 밤 하루를 끝내는 시간에도 지난 하루라는 귀한 선물에 감사를 느낀다.

변화한 노인은 아내의 손을 꼭 잡고 아름다운 가을 길을 걸으며 감사함을 느낀다. 바람에 흔들리는 가을 잎에 대해서, 언제나 돌아보면 그 자리에 있는 사랑스러운 아내에 대해서, 쳐다보면 늘 새로운 얼굴로 나를 맞아주는 아름다운 하늘에 대해서, 그는 깊은 감사를 느낀다. 변화한 노인은 한가롭게 한 잔의 차를 마시면서 감사함을 느낀다. 한가로움이 허용된 삶에 대해서, 차의 예쁜 빛깔과 향내에 대해서, 그는 깊은 감사를 느낀다. 아름다운 자연을 늘 바라볼 수 있음에 대해서, 손자 아이들에게 따뜻한 사랑을 느낄 수 있음에 대해서, 고향 마을의 편안함에 대해서, 아름다운 초승달이 주는 감흥에 대해서, 지금도 심장이 몇지 않고 뛰고 있음에 대해서 그는 깊이 감사를 느낀다.

(3) 겸손한 노인

마음공부를 통해 변화한 노인은 겸손하다. 그는 지극히 높은 자이지만 세상 사람들이 싫어하는 낮은 곳에 처한다. 그래서 모든 것이 그에게로 흘러든다. 변화한 노인은 "높은 자리에 있어도 교만하지 아니하며 낮은 자리에 있어도 근심하지 않는다."[36] 그는 세상 사람들이 쫓는 학식, 재물, 외모, 인기, 권력 등과 같은 것들이 얼마나 하찮고 무상한 것인가를 안다. 그래서 그에게는 우월감이나 열등감이 없다. 그는 어떤 자리에 있건 개의치 않고, 도를 즐기는 삶을 살아간다.

마음공부를 하지 않은 많은 현대 노인들은 겸손하지 않다. 그들은 때로는 오만하고, 때로는 비굴할 뿐, 결코 겸손하지는 않다. 오만과 비굴은 양태 상으로는 상반된 것이다. 하지만 이 둘은 모두 자신을 '분리된 자아'로 인식했던 현대 인간관이라고 하는 같은 뿌리에서 생겨난 두 개의 가지일 뿐이다.

변화하지 않은 노인은 '분리된 자아'로서의 자기가 돈, 인기, 재능, 권력, 학력 등에서 상대적으로 우월하면, 그들은 자기보다 열등한 상대에 대해 오만한 마음을 품는다. 반면에 '분리된 자아'로서의 자기가 돈, 인기, 재능, 권력, 학력 등에서 상대적으로 열등하면, 그들은 자기보다 우월한 상대에 대해 비굴한 마음을 갖는다.

이와 같이 자신보다 약자에게는 군림하려 하고, 자신보다 강자에게는 적극적으로 복종하려 하는 성격 유형을 에리히 프롬은 '권위주의적 성격'이라고 명명했다. 프롬은 『자유로부터의 도피』에서 1930년대 독일

---

36 『周易』, 「文言傳」.

하류 중산층들이 가졌던 권위주의적 성격이 나치스의 합법적인 집권을 가능케 한 사회심리적인 요인이라고 분석했다.

프롬이 말한 권위주의적 성격은 그 당시 독일 하류 중산층들의 사회적 성격이었을 뿐만이 아니라, 정도의 차이는 있지만 현대인 일반이 갖고 있는 사회적 성격이다. '분리된 자아'의 특징에서 자신의 정체성을 파악하는 한, 누구도 권위주의적 성격으로부터 자유로울 수 없다.

현대인이 갖고 있는 권위주의적 성격과 반대되는 성격 유형이 '겸손'이다. 마음공부를 통해 변화한 노인 각자에게도 다른 사람에 비해서 우월한 점이나 열등한 점이 있다. 하지만 이들은 단지 우월하거나 열등할 뿐 그것에 수반되는 우월감이나 열등감을 갖고 있지 않다. 그래서 우월한 사람도 열등한 사람 앞에서 자신의 우월함을 뽐내지 않으며, 열등한 사람도 우월한 사람 앞에서 주눅 들지 않는다. 왜냐하면 새로운 유토피아인은 자신이나 상대편 모두가 각자의 열등함이나 우월함을 훨씬 넘어 있는 위대한 존재임을 자각하고 있기 때문이다.

겸손함의 의미는 『주역』「지산겸괘地山謙卦」 괘상卦象에 잘 나타나 있다.「지산겸괘」는 위에는 땅地이 아래에는 산山이 위치해 있다. 이런 괘상을 통해 보면, '높은 산이 낮은 땅 아래에 처하는 것' 혹은 '낮은 땅이 높은 산 위에 처하는 것'이 겸손함의 의미이다.

이는 권력이나 돈, 지위, 외모, 재능, 학력 등에서 더 많은 것을 갖고 있는 사람이 그렇지 못한 사람의 아래에 위치하고, 역으로 이를 더 적게 갖고 있는 사람이 더 많이 갖고 있는 사람의 위에 위치함을 뜻한다. 우월한 사람은 열등한 사람 앞에서 자신을 낮추고, 열등한 사람은 우월한 사람 앞에서 자신을 높이는 것이 겸손함이다. 이처럼 겸손함이란 권위주의적 성격과는 반대되는 성격 유형이다.

'분리된 자아'를 '나'라고 생각하는 현대인에게 있어서, 겸손함이란 근원적으로 불가능하다. 외양으로 겸손함을 꾸미더라도 그것은 오래갈 수 없는 꾸밈에 그칠 뿐 진정한 겸손함은 아니다. 그렇다면 변화한 노인은 어떻게 겸손할 수 있을까? 겸손함이란 '분리된 자아'의 감옥으로부터 해방된 '무아'의 상태에서만 가능하다. 변화한 노인은 '무아'를 자각했기 때문에 진정으로 겸손할 수 있다. 변화한 노인은 '무아'를 자각했기 때문에 더 이상 열등감이나 우월감의 지배를 받지 않는다. 그들은 자신과 상대편을 긍정하고, 깊이 존중하며 존경한다.

(4) 평화로운 노인

마음공부를 통해 변화한 노인의 마음은 평화롭다. 그는 조용히 문을 열고 닫을 수 있으며, 앉고 일어설 수 있다.[37] 그의 마음이 더 이상 욕망의 지배를 받지 않기 때문이다. 변화한 노인은 자신과 세계를 따뜻하게 미소 지으며 바라볼 수 있다. 그는 천천히 호흡하고, 한가롭게 차를 마시며, 아름다운 미소를 지을 수 있다. 그가 평화로운 걸음을 내디딜 때마다, 이 세상도 한 걸음씩 평화로워진다. 틱낫한은 이렇게 말했다. 마음공부를 잘하면, "여러분은 강하고 안정된 존재가 되어 진정한 평화로움 속에서 모든 일을 미소로 맞이할 수 있게 됩니다."[38] 더 이상 분노나 원망, 질투나 시기, 기대나 회한 같은 것들이 마음의 평화를 깨뜨릴 수 없는 경지에 들어선다.

변화한 노인에게는 근심이 없으며, 순간순간의 삶이 즐겁다. 노자는 이런 노인의 근심 없는 삶의 모습을 '안평태安平太'[39]라고 묘사했다. 즉 편안하고 태평하다는 것이다. 장자는 이상적인 노인에게는 근심이 없다

---

37 이 구절은 틱낫한 스님의 『Being Peace』(1987)에서 따온 것이다.
38 틱낫한N. H. Thich(2003), 허문영 옮김, 『죽음도 없이 두려움도 없이』, 나무심는사람.
39 『老子』, 「三十五章」.

고 말했다.[40] 보통 사람으로서는 참기 힘든 곤궁하고 어려운 상황에서도, 노인은 그 즐거움을 잃지 않는다. 안회가 누렸던 즐거움이 바로 그런 즐거움이다. 공자는 다음과 같이 안회를 찬탄했다.

"어질구나, 안회여! 한 그릇의 밥과 한 표주박의 물로 누추한 곳에 기거하는 것을 다른 사람들은 그 근심을 견뎌내지 못하는데, 안회는 그 즐거움을 변치 않으니, 어질구나, 안회여!"[41]

마음공부를 통해 변화한 노인의 마음은 한가롭다. 그에게는 언제나 여유가 있다. 그에게는 지금 이 순간의 삶이 바로 그가 도달하고자 하는 목적지이다. 이미 목적지에 도달한 그에게 서두를 일이란 없다. 그는 도와 하나가 되어,[42] 지금 이 순간에 깊이 머무는 수직적인 삶을 살아간다. 그는 한 번에 한 가지 일만을 천천히 하며, 자신이 하는 일에 온 마음을 기울인다.

(5) 지혜로운 노인

마음공부를 통해 변화한 노인은 사물을 있는 그대로 분명하게 볼 수 있는 지혜의 눈을 갖게 된다. 그는 탐욕이나 분노, 무지나 편견 등으로부터 벗어나서, 자신과 세계에 대한 올바른 이해에 도달한다. 변화한 노인은 존재의 깊은 잠으로부터 깨어나서, 일상적인 것으로 간주해온 주위 모든 것에서 그들의 참되고 경이로운 모습을 발견할 수 있다. 『금강삼매경金剛三昧經』에는 다음과 같은 구절이 있는데, 그 의미가 바로 이런 것이다.

---

40 『莊子』, 「大宗師」.
41 『論語』, 「雍也」.
42 『老子』, 「二十三章」.

나는 모든 곳에서我於一切處

언제나 모든 여래를 본다常見諸如來.[43]

들숨과 날숨, 나뭇잎, 구름과 하늘 등, 변화한 노인은 이 모든 것을 새롭고 생생하게 느낄 수 있다. 틱낫한은 이렇게 말한다.

"깨어 있는 마음이 밝게 빛날 때, 우리는 우리 안, 그리고 우리 주위에서 수많은 경이로움들과 만날 수 있다."[44]

"우리가 어느 곳에 있든지 어느 시간이든지 우리는 햇빛을, 서로의 존재를, 그리고 우리 호흡의 감각까지도 즐길 수 있다."[45]

마음공부를 통해 변화한 노인은 외적으로 보면 아무것도 변한 것이 없지만 모든 것이 변화한다. 그의 변화는 존재 차원의 변화이다. 마음공부 이전에 그는 에고가 자신의 주인이 되어 삶을 살아갔지만, 마음공부 이후 그는 셀프가 자신의 주인이 되어 새로운 삶을 살아간다. 두순杜順의 「화엄법계관문華嚴法界觀門」에는 작은 물결과 큰 바다의 비유가 나온다.[46] 마음공부 이전에 노인은 작은 물결로서의 삶을 살았다. 하지만 마음공부가 진행되면서, 노인은 차츰 작은 물결인 내가 큰 바다임을 깨닫게 되며, 작은 물결인 채로 큰 바다의 삶을 살아간다.

마음공부를 통해 변화한 노인은 모든 존재들 간의 근원적인 통일성을 깊이 자각한다. 그리하여 변화한 노인은 시간적·공간적으로 무한히 열려 있는 우주적인 존재로 자신을 인식한다. 그는 모든 존재를 깊이 바라본다. 그래서 자신과 이 세계의 경이로움에 깨어난다. 그는 한 순간

43 원효(2000), 은정희·송진현 역주, 『금강삼매경론』, 일지사.
44 틱낫한N. H. Thich(2002), 류시화 옮김, 『마음을 멈추고 다만 바라보라』, 꿈꾸는 돌.
45 N. H. Thich(1987), 『Being Peace』, Berkeley, California: Parallax Press.
46 대한불교조계종 교육원 편(2001), 『화엄종관행문』, 조계종 출판사.

에서 영원을 만나며, 한 점에서 무한을 느낀다.

(6) 자유로운 노인

마음공부를 통해 변화한 노인은 대자유인이다. 물론 이때 자유가 의미하는 바는 외적인 자유가 아니라 내적인 속박으로부터의 자유이다. 변화한 노인은 자유로운 정신을 갖고 있다. 마음공부를 통해 변화한 노인은 '분리된 자아'의 감옥을 벗어난 자유인이다. 그는 '분리된 자아'를 더 이상 자신의 정체성으로 삼지 않으며, '분리된 자아'에 대한 집착이 없다. 그러므로 그에게는 '내가 누구다.', '내가 무엇을 했다.' 하는 등의 생각이 없다.

마음공부를 통해 변화한 노인은 칭찬과 비난으로부터 자유롭다. 변화한 노인도 물론 칭찬받는 것을 좋아하고, 비난받는 것을 싫어한다. 하지만 그는 더 이상 칭찬과 비난에 얽매이지 않는다. 칭찬을 듣더라도 그것이 그의 마음을 크게 출렁이지 못한다. 비난은 그의 마음에 큰 상처를 주지 않는다. 그러므로 변화한 노인은 '남이 나를 어떻게 볼까?' 하는 생각이 없으며, 타인의 시선으로부터 자유를 누린다. 상대편에게 인정받고 싶은 욕구로부터의 자유를 누리는 것이다.

마음공부를 통해 변화한 노인은 욕망에 대한 집착으로부터 자유롭다. 그는 '모든 존재가 비어 있음空'을 깊이 인식하고 있다. 그러므로 그는 어떤 것에도 집착하지 않고, 무엇에도 속박되지 않으면서, 그것을 즐긴다. 현대 사회에는 텔레비전, 컴퓨터 게임, 프로 스포츠 등과 같은 것에 습관적으로 중독되어 속박된 삶을 사는 사람들이 많다. 그는 습관의 힘으로부터도 자유롭다. 그러므로 그는 자신의 삶의 주인이 되어 자유롭게 소요逍遙하는 삶을 즐긴다.

마음공부를 통해 변화한 노인은 삶에서 경험하는 실패나 좌절, 갖가지 고통과 불행으로부터도 자유롭다. 변화한 노인 역시 삶에서 이런 것들을 겪는다. 그러나 현대인과는 달리, 그는 이런 것들에 더 이상 압도당하지 않고 함몰되지 않는다. 오히려 변화한 노인은 이런 것들을 통해 배움을 얻고, 이런 것들을 자신의 성장 기회로 삼는다. 그러므로 변화한 노인은 영화로운 곳에 있어도 편안히 처하고,[47] 욕된 곳에 있어도 불편해하지 않는다.

(7) 유연한 노인

마음공부를 통해 변화한 노인은 마음이 유연하다. 『노자도덕경』에는 부드러움과 딱딱함의 대비가 여러 차례 등장한다. 거기에서, 부드러움은 생명의 특성이요, 딱딱함은 주검의 특성이다. 부드러운 것이 도道에 가까운 것이다. 오늘날 대다수 노인들이 나이 들어감에 따라 더욱 딱딱한 존재로 변모됨에 반해서, 마음공부를 통해 변화한 노인은 나이 들수록 더욱 유연한 존재가 되어간다.

공자는 육십에 이순耳順의 경지에 이르렀다고 말했다. 나이가 들면서, 자신과 다른 견해도 귀에 거슬리지 않게 되었다는 것이다. 이와 마찬가지로, 변화한 노인은 경직된 교조주의에 빠져들지 않고, 자신과 다른 관점이나 견해에 대해서도 유연한 태도를 갖는다. 그러므로 그는 자신과 세상에 대해서 관용의 정신을 가질 수 있다.

많은 현대인은 '자신이 옳다.'는 생각에 사로잡혀 있다. 그리고 이를 관철하고자 하는 노력으로 인해, 그들은 많은 고통을 받는다. 현대인은 민족의 우상, 국가의 우상, 자유의 우상, 민주의 우상, 평등의 우상, 돈의 우상, 쾌락의 우상, 인기의 우상 등을 만들어놓고, 이를 맹신한다.

---

47 『老子』, 「二十六章」.

세계를 적과 친구로 나누어, 길고 고통스러운 싸움을 벌인다. 그들 마음의 경직성은 자신과 세계에 많은 고통과 불행을 만들어낸다.

이에 반해서, 마음공부를 통해 변화한 노인의 마음은 부드럽다. 그는 언제나 '자신이 틀릴 수 있다.'는 생각을 갖고 있다. 그래서 그는 자신의 생각이나 주장을 고집하지 않으며, 늘 자신과 다른 의견에 귀를 기울인다. 또한 변화한 노인은 자신이나 상대편이 저지른 잘못에 너그럽다. 왜냐하면 그에게는 내적인 힘이 충만해 있어서, 어떤 잘못도 용서할 수 있는 능력이 있기 때문이다. 이 세상에 진정한 힘은 하나밖에 없다. 그것은 사랑의 힘이다. 사랑의 힘만이 용서할 수 있으며, 자신을 진정으로 낮출 수 있다. 변화한 노인은 자신 안에 잠들어 있던 '사랑의 존재'를 깨워서 활동할 수 있게 되었기에, 진정으로 힘 있는 사람이다. 그래서 그는 자신에게나 상대편에게 모두 관용적일 수 있으며, 관용적이다.

마음공부를 통해 변화한 노인은 자신이 갖고 있는 견해나 주장이 느닷없이 생겨났다가 어느 순간 사라져버리는 구름과 같은 것이라고 생각한다. 그들은 자신이 갖고 있는 견해나 주장이 자기 자신이 아님을 안다. 그들은 자신의 견해나 주장이 '분리된 자아'가 형성한 것이며, 대단한 것이라고 생각하지 않는다. 그래서 새로운 유토피아 사회에서는 견해나 주장이 다른 사람들이 만났을 때, 서로 마주 대함에 긴장이 없고 편안하다.

마음공부를 통해 변화한 노인이 갖고 있는 관용의 정신은 다른 영역에서도 발휘된다. 그는 자신과 다른 상대편의 특징을 용인하고 존중한다. 자신과 다른 성격이나 취미, 습관, 기호 등을 존중한다. 또한 자신의 것과 다른 종교, 문화, 신념, 관습 등에 대해서도 이를 존중한다. 변화한 노인은 결코 폭력적으로 획일화를 종용하지 않는다.

마음공부를 통해 변화한 노인은 나이가 들어갈수록 마음의 유연성이 더 커진다. 이것은 현대 사회에서는 대부분의 사람들이 나이가 들수록 마음의 경직성이 더 커지는 것과 대조적이다. 현대인은 '분리된 자아'를 자신이라 여기고, 나이가 들수록 '분리된 자아'의 손상은 커질 수밖에 없기 때문에, 이들의 마음은 더 완고해질 수밖에 없다. 하지만 변화한 노인은 나이가 들수록 '분리된 자아'의 껍질을 깨고 사랑의 존재로 변화한다. 나이가 들어, '분리된 자아'의 손상이 커질수록, '분리된 자아'의 구름을 뚫고 '참된 자기'의 태양이 그 빛을 발하기가 쉬워지기 때문이다.

(8) 도움을 베푸는 노인

마음공부의 결과, 변화한 노인은 조화로운 삶을 살아간다. 나와 너, 인간과 자연이 모두 하나라는 것을 깨닫고, 그는 도와 합치하는 삶을 산다. 그래서 변화한 노인은 자신을 포함한 모든 존재들과의 관계에서 그들의 본성을 해치지 않으며, 각각의 존재가 자신의 본성을 실현할 수 있도록 도와주는 삶을 산다.

변화한 노인에게는 이기심이 없다. 이기심의 근원은 '분리된 자아' 또는 '분리된 자아'의 확장으로서의 소속집단을 자기 자신이라고 생각하는 것이다. 이렇게 자기 자신을 인식하게 되면, '나를 이롭게 한다는 것'은 배타적으로 '분리된 자아'로서의 자신 또는 자신이 소속해 있는 집단의 이익을 추구하는 것을 의미하게 된다. 그래서 많은 현대인은 상대편에 대한 배려 없이 자신의 이익만을 추구하는 것이다. 그 결과, 현대 사회에는 이기주의 또는 집단이기주의가 팽배해 있다. 그리고 이기주의는 상대편에게는 물론이고, 자기 자신에게도 해를 끼치고 고통을 준다.

마음공부를 통해 변화한 노인의 자기 인식은 현대인과 다르다. 변화한 노인은 '분리된 자아'가 진정한 자기라고 생각하지 않는다. '분리된 자아'란 진정한 자기를 가리고 있는 구름과 같은 것이라고 생각한다. 그래서 변화한 노인은 '무아無我'의 각성을 통해 진정한 자기에 도달한다. 그러므로 변화한 노인은 자신의 '분리된 자아'만을 위하지 않는다. 그의 사랑은 끝이 없다. 태양이 그것이 가 닿는 모든 곳에 빛을 던지듯이, 사랑은 그가 마주치는 모든 것에서 발현한다.

그러므로 마음공부를 통해 변화한 노인은 이 세상 모든 존재를 이롭게 하고자 한다. 하나의 씨앗이 땅에 떨어져 싹을 내고, 아름다운 꽃을 피우며, 성숙해서 열매를 맺는다. 그는 주변에 향기를 전하고, 벌이나 나비에게 그리고 새들에게 양식을 준다. 변화한 노인의 삶도 씨앗의 삶과 같다. 노인의 삶은 그를 둘러싸고 있는 모든 존재에게 혜택을 준다. 그에게 있어서는 '나를 이롭게 함'이 곧바로 '너를 이롭게 함'이며, '너를 이롭게 함'이 바로 '나를 이롭게 하는 것'이다. '나'와 '너'는 궁극적으로 하나이기 때문이다.

4. 한국인의 심리적 고통과 마음공부

1) 한국인이 겪고 있는 심리적인 고통

위에서 설명한 바와 같이, 현대인 일반은 심리적인 고통을 겪고 있으며, 한국인은 더 심각한 심리적인 문제를 갖고 있다. 그 결과, 한국 사회에서는 다른 현대 국가들에서보다 더 다양하고 심각한 사회심리적인 병리 현상들이 나타나고 있다. 여기서는 무력감이나 열등감에 뿌리를 둔 한국 사회의 심리적인 고통의 양상들을 살펴보도록 하겠다.

첫째, 한국 사회에는 외국인 노동자나 이주 여성에 대한 편견과 차별이 심각하다. 현재 전 지구적인 차원에서 이질적인 인종과 민족 그리고 문화가 공존하는 다문화사회로의 전환이 이루어지고 있다. 이런 다문화사회로의 전환 과정에서, 외국인 노동자나 이주 여성에 대한 편견과 차별은 지구촌 대부분의 지역에서 일어나고 있다. 하지만 한국 사회의 경우 이런 문제가 유독 심각하다.

악덕 고용주로부터 부당한 대우를 받고 분노하는 외국인 노동자에 대한 보도가 끊이지 않는다. 필자가 필리핀을 여행하면서 만난 한 현지인은 한국에서의 노동 경험을 갖고 있었다. 그는 자신을 비인간적으로 다룬 한국인에 대한 심각한 적의와 증오심을 갖고 있었으며, 자신의 가족과 마을 사람들도 이런 적개심을 공유하고 있다고 했다.

이주 여성에 대한 차별과 학대도 심각한 수준에 이르러 있다. 2008년 3월 캄보디아 정부는 외국인과의 결혼을 일시 금지하는 조치를 취했었다. 캄보디아 정부의 조치는 특히 한국에 시집간 많은 캄보디아 여성들이 학대를 받고 있다는 보고서가 나온 뒤에 이뤄진 것이었다.[48] 특정 정부가 한국인과의 결혼을 법적으로 금지시킬 만큼, 한국 사회에서 이주 여성에 대한 차별과 학대는 심각하다. 혼혈아에 대한 차별도 아주 심하다. 대부분의 혼혈아들이 학교에서 집단 따돌림을 당하고, 초중등 교육 과정에서 학업을 포기할 만큼 차별은 심각하다.

이런 차별을 행하는 사람은 누구인가? 심한 무력감을 갖고 있는 사람이다. 「아메리칸 히스토리 X」라는 영화를 보면, 현대 미국 사회에서 흑인과 유색인에 대해 심한 차별을 자행하는 사람들이 그들로 인해 자신의 일자리를 위협받고 있는 하류층 백인임이 잘 드러난다. 그들은 심각한 무력감에 사로잡혀 있다. 외국인 노동자나 이주 여성, 혼혈아에 대해 차별을 자행하는 주체 역시 동일하다. 한국 사회에서 이런 차별이 심각하다는 것은 한국인이 커다란 무력감을 갖고 있음을 반증한다.

둘째, 한국인은 명품에 대한 집착과 열광이 강하다. 파리의 한 대형 백화점에서는 한국인의 명품 구매가 너무 많아서, 한국인만을 위한 명품 매장을 따로 개설했다고 한다. 한번은 라디오에서, 형편이 넉넉지 않은 여성들이 명품을 공동 구매하고, 이를 돌아가면서 한 번씩 사용한다는 이야기를 들었다. 롤렉스 시계 판매의 2분의 1 이상이 한국과 대만에서 이루어진다는 보도를 접한 적도 있다. 여하튼, 한국인이 유독 명품에 열광하는 것은 분명한 사실이다.

---

48 「캄보디아, 국제 결혼 잠정 금지」라는 제목으로 게재되어 있는 다음 사이트를 참조했다. http://blog.daum.net/007nis/14644449?srchid=BR1http%3A%2F%2Fblog.daum.net%2F007nis%2F14644449.

왜 이런 현상이 일어나는 것일까? 커진 구매력으로만 설명하기는 어렵다. 한국인이 아직 세계 최고 수준의 구매력을 갖고 있는 것은 아니다. 그 답은 한국인의 심층 의식에 자리 잡고 있는 무력감과 무의미감이다. 무력감과 무의미감이 클수록, 명품을 소유하고 소비함으로써 자신이 가치 있는 존재라는 것을 입증하고자 하는 욕구도 커지게 된다. 명품은 단순히 생활상의 필요를 충족시키기 위한 소비재가 아니라 자신의 존재 가치를 입증하는 중요한 수단이다. 그러므로 심각한 무력감을 갖고 있는 한국인은 다른 어느 국민들보다 명품 소비에 열광하는 것이다.

셋째, 한국 사회에는 해외 조기 유학 열풍이 강하다. 한국 인구는 5천만 명이 되지 않지만, 미국이나 캐나다 등에는 조기 유학을 온 한국인 학생이 넘쳐나고 있다. 한국 사회에서 조기 유학은 이제 더 이상 특별한 일이 아니다. '기러기 아빠'라는 신조어가 생기고, 조기 유학으로 인한 가정 파탄이 사회문제로 부각될 만큼, 강한 조기 유학 열풍이 한국 사회에 불고 있다.

한국 사회에 유난히 해외 조기 유학 열풍이 강하게 불고 있는 이유는 무엇일까? 그 원인의 하나는 한국인이 갖고 있는 무력감이다. 많은 한국 부모들은 조기 유학이 힘 있는 존재로 자녀가 자랄 수 있는 유력한 방법이라고 생각한다. 그러므로 자신이 갖고 있는 모든 자원을 투입해서 자녀의 조기 유학을 추구한다. 그 숨은 목표는 자녀가 힘 있는 존재로 성장함을 통해서 자기 내부에 있는 무력감을 해소하고자 하는 것이다.

넷째, 한국 사회에는 외모 지상주의가 팽배해 있다. 오늘날 한국 사회에서 성형수술은 보편화되어 있다. 많은 한국인은 살을 빼고, 날씬한 몸매를 만들기 위해 강박적인 노력을 기울인다. 다이어트 열풍이 한국

사회를 덮고 있다. 직장에서 신입 사원을 뽑을 때도 외모를 중시하고, 배우자를 선택할 때도 외모를 중시한다. 가수들의 경우에도 가창력보다 외모를 중시하는 경우가 많다.

외모 지상주의 열풍의 원인은 다양하다. 그중 하나는 외모를 통해 자신의 존재 가치를 확보하고자 하는 것이다. 그러므로 자신의 존재 가치에 대한 확신이 약할수록, 외모에 대한 추구는 강해진다. 이것이 현대 한국 사회에서 외모 지상주의가 팽배한 원인의 하나이다.

다섯째, 현대 한국인은 인기에 대한 집착이 강하다. 친구들 간에도 인기 있는 사람이 되고자 하고, 선생님도 인기 있는 선생님이 되고자 한다. 아이들의 희망 직업도 높은 인기를 누리는 직업에 대한 선호가 높다. 인기에 대한 집착이 너무 높은 나머지, 인기를 상실한 가수나 탤런트와 같은 연예인들이 자살을 하는 경우도 잦다.

인기란 자신의 외부에서 주어지는 자신에 대한 긍정적인 평가이다. 자신에게 있어 인기가 갖는 가치는 자기 스스로에 의한 자기 긍정이 낮을수록 더 커지게 된다. 현대 한국인은 심각한 무력감과 열등감을 내면에 갖고 있으므로 자기 자신에 대한 긍정이 낮다. 그러므로 현대 한국인은 인기에 대한 집착이 심하다.

위에서 서술한 현상 외에도, 집단 따돌림 현상, 경제 성장에 대한 열망, 강한 성취 욕구, 경쟁심의 비대화 등과 같은 많은 현상들 역시 그 원인의 일부를 한국인의 무력감과 열등감에서 찾을 수 있다. 이와 같이 무력감과 열등감은 다양한 사회심리적인 현상 발생의 근원으로 작용하고 있고, 발생한 사회심리적인 현상은 현대인의 삶을 고통스럽고 불행하게 만든다.

2) 왜 한국인은 심리적인 고통을 겪고 있나

한국인이 겪고 있는 심리적인 고통의 핵심은 무력감과 열등감이다. 이것은 현대인 일반이 갖고 있는 심리적인 문제이다. 단 한국인의 경우, 이런 심리적인 고통이 더 심각하다. 그 결과, 현대 한국 사회에는 위에서 논의한 다양한 병적인 사회현상들이 더 심하게 표출되는 것이다. 이 장에서는 현대인 일반이 이런 심리적인 문제를 갖게 된 원인과 한국인이 더 심각한 문제를 갖게 된 원인을 살펴보겠다.

(1) 왜 현대인은 심리적인 문제를 갖고 있는가

왜 현대인 일반은 무력감과 열등감을 갖고 있는가? 그 근본적인 원인은 현대 인간관이다. 근대 초에 이르러, '인간은 자신을 둘러싸고 있는 세계와 시공간적으로 분리·단절된 개체'라고 하는 개인으로서의 인간에 대한 관점이 형성되기 시작했다. 시간이 흐르면서 이것은 인간을 바라보는 하나의 관점이라기보다 인간에 대한 사실로 간주될 만큼, 지배적인 인간관으로 자리 잡았다.[49]

인간을 이런 존재로 간주했을 때, 인간은 원천적으로 유한하고, 무의미하며, 무력한 존재이다. 현대 인간관의 관점에서 보자면, 인간은 유한한 존재이다. 시간적인 측면에서 보면, 인간은 출생과 더불어 존재하기 시작하고, 죽음과 더불어 더 이상 존재하지 않는 존재이다. 공간적인 측면에서 보면, 인간은 자신의 피부 안쪽에서만 존재한다.[50]

현대 인간관의 관점에서 보면, 인간은 무의미한 존재이다. 자신이 생

---

49 홍승표(2008), 「유교사상을 통해 본 다문화사회」, 『철학연구』 107.
50 정재걸 외(동양사상과 탈현대 연구회, 2010), 『동양사상과 탈현대의 죽음』, 계명대학교 출판부.

거난 어떤 본래적이며 필연적인 이유도 없다. 인간은 지구라는 작은 행성에 우연하게 내팽개쳐진 핏덩이에 불과한 존재이다. 나의 존재에는 아무런 본래적인 의미가 없다. 인간은 무력한 존재이다. 영원한 시간과 무한한 공간 앞에서 미력한 개체로서의 나는 이 세계로부터 압도적인 영향을 받을 뿐 내가 이 세계에 영향을 줄 수 있는 방도는 없다.[51]

현대 인간이 갖고 있는 이런 태생적인 유한함, 무의미함, 무력함은 현대인의 사회심리에 직접적인 영향을 준다. 자기 존재의 유한함, 무의미함, 무력함에 대한 자각은 고통스러운 것이다. 그러므로 현대인 일반은 자기 존재의 유한함, 무의미함, 무력함으로부터 벗어나고자 하는 강박적인 욕구를 갖게 된다. 이런 강박적인 욕구에 의해 추동되는 삶이 '자아확장투쟁'으로서의 삶이다. 바로 이런 맥락에서, 자아확장투쟁으로서의 삶은 현대인의 일반적인 삶의 양식이 되어버렸다.

현대인은 돈, 인기, 외모, 직업, 지위, 권력, 명예, 소비, 소유, 학력 등에 대한 추구를 통해서, 자신의 유한함, 무의미함, 무력함에서 벗어나고자 한다. 하지만 모든 강박적인 노력이 그렇듯이, 이런 노력은 궁극적으로 성공하지 못한다. 현대인이 추구하는 것은 획득하기도 유지하기도 어렵다. 그뿐만 아니라 마침내 죽음의 순간이 오면 모든 성취는 물거품으로 돌아간다. 그래서 현대인은 외물에 대한 추구를 통해 행복을 얻고자 하지만, 실제로 그들은 고통과 불행을 떠안게 된다.

위에서의 분석과 같이, 현대인에게 무력감은 태생적인 것이다. 현대 인간관을 견지하는 한, 현대인은 무력감으로부터 해방될 수 없다. 그것은 늪과 같아서, 무력감으로부터 벗어나려고 하면 할수록 우리는 더 깊이 무력감에 빠져들게 된다. 이것이 '왜 현대인 일반이 무력감이라고 하

---

51 홍승표(2008), 「유교사상을 통해 본 다문화사회」, 『철학연구』 107.

는 심리적인 문제를 갖고 있는가?'에 대한 설명이다.

현대 한국인은 현대인이다. 현대 한국인은 현대인 일반이 갖고 있는 무력감을 갖고 있다. 그래서 무력감을 해소하기 위해 강박적인 노력을 기울인다. 이런 노력의 결과로 발생하는 문제가 현대 한국인의 심리적인 고통이다.

(2) 왜 한국인은 현대인 일반보다 더 심각한 심리적인 문제를 갖고 있는가

한국 사회를 관찰하면, 무력감에서 비롯되는 다양한 사회현상들이 여타 사회보다 심각한 수준으로 표출되고 있음을 알 수 있다. 이것은 현대 한국인의 경우 현대인 일반보다 더 심각한 심리적인 문제를 갖고 있다는 것을 의미한다. 왜 한국인은 현대인 일반보다 더 심각한 심리적인 문제를 갖게 되었는가? 20세기 이후, 일제 강점과 해방 후 미군의 진주에서 비롯된 한국인의 역사적인 경험에서 그 답을 찾을 수 있다.

일제의 한국 강점은 오늘날에 이르기까지도 해결되지 않은 심각한 열등감을 한국인의 가슴에 심어놓았다. 한국의 피식민지 경험은 다른 비서구 국가와 비교해볼 때 상대적으로 짧은 기간인 36년에 불과했다. 하지만 한국인은 피식민지 경험을 한 다른 지역인들보다 더 심각한 열등감을 떠안게 되었다.

그 주된 이유는 식민정책의 차이이다. 식민 지배를 했던 대부분의 서구 국가들은 분리주의 식민정책을 사용했다. 이들은 피식민 지역의 문화는 그냥 놓아둔 채로 경제적인 혹은 군사적인 지배를 했다. 이에 반해서, 일제는 동화주의 식민정책을 사용했다. 이들은 한반도를 경제적, 군사적, 정치적으로 지배했을 뿐만 아니라 문화적인 영역에서도 일본과의 동화를 강력하게 추진했다. 일제는 한국의 언어, 문자, 문화, 역사 모두를 말살하고, 이를 일본의 언어, 문자, 문화, 역사로 통일하고자 했다. 심지어 일제는 한국인의 성씨제도姓氏制度까지 강제적으로 폐지하려 했다.[52]

이 과정에서 일제는 한국의 언어, 문자, 문화, 역사가 열등함을 끊임없이 한국인의 의식에 주입시키고자 했다. 일제는 한국의 전통은 비과학적이며 후진적임을 강조했다 그 결과 한국인은 자신의 문화에 대한 뿌리 깊은 열등감을 갖게 되었고, 한국의 전통문화는 피식민 경험을 한 다른 비서구 국가와 비교하더라도 그 유례를 찾기 힘들 정도로 훼손되었다.

일제 강점기를 통해 지극히 부정적인 민족적 자의식을 갖고 있는 상태로 한국인은 해방을 맞았다. 해방과 더불어 미군이 남한 지역을 점유했고, 미국 문화가 물밀듯이 밀려들었다. 당시 미국은 세계 최강의 군사력과 경제력을 갖고 있었다. 당시 상황은 변변한 댐 하나도 없는 가운데 큰비가 와서 온 산천을 홍수가 휩쓸어버리는 것과 같은 것이었다. 아무런 거름 장치가 없는 상태에서 미국 문화가 한국 사회에 범람했다. 의복, 음악, 미술, 철학, 교육, 정치, 의료 등 모든 영역에서 서구적인 것이 득세하고 전통적인 것은 사라졌다. 그 결과, 우월한 서구와 열등한 한국이라는 이원론이 한국인의 가슴에 깊이 뿌리를 내렸다.

바로 이런 현대기의 역사 경험을 통해, 한국인은 다른 비서구 국가 국민들보다도 더 심각한 심리적인 문제를 갖게 되었다. 한국은 급속한 경제 성장과 민주화를 통해, 외적인 측면에서 볼 때 괄목할 만한 현대적인 성취를 이루어냈다. 하지만 내적으로 보면, 여전히 한국인은 역사적으로 형성된 열등감으로부터 자유롭지 않다.

---

52 최홍기(1987), 「한국문화의 자생적 전개」, 임희섭 편, 『한국사회의 발전과 문화』, 나남.

예를 들면, 한국인의 미의식은 서구 일변도이다. 아름다운 여성의 특징은 어떤 것일까? 팔등신의 몸매, 늘씬하고 긴 다리, 흰 피부, 오뚝한 코, 쌍꺼풀이 있는 커다란 눈, 광대뼈가 튀어나오지 않은 얼굴 등을 한국인은 아름다운 여성의 특징으로 간주한다. 그리고 이것은 모두 서구 여성이 갖고 있는 특징이다. 이런 미의 기준 자체를 팽개치지 않는다면, 한국인은 아무리 노력하더라도 외모의 영역에서 서구인에 대한 열등감을 벗어날 수가 없다.

이와 같이, 20세기 역사를 통해 한국인에게는 심각한 민족적인 열등감이 형성되었다. 그리고 이것이 왜 한국인의 경우 심리적인 문제가 현대인 일반보다 더 심각한가를 설명하는 이유이다.

3) 마음공부를 통한 한국인의 심리적인 고통의 해결 방안

무력감과 열등감에서 기인하는 다양한 사회심리적인 현상이 현대 사회에 팽배해 있다. 그리고 이런 사회심리적인 현상은 그 구성원들에게 고통과 불행을 안겨주고, 인간 소외를 심화시킨다. 한국 사회의 경우에는 역사적인 요인으로 인해, 위의 사회심리적인 현상이 더 강하게 나타나고, 그 폐해도 더 심각하다. 하지만 원인 부문에서 밝힌 바와 같이, 한국인의 경우 이런 사회심리적인 특징이 더 강하다는 것뿐이지, 현대인 일반이 이런 사회심리적인 특징을 갖고 있다. 그 근본적인 원인은 위에서 밝힌 바와 같이 현대 인간관이다.

현대 인간관은 인간이 본래 무력한 존재라고 가정한다. 이 때문에, 현대 인간관을 받아들이는 한, 현대인은 무력감을 해소하기 위한 몸부림으로서의 삶을 벗어날 수 없다. 그러나 많은 노력을 기울여서 자신이 힘이 있는 존재라는 또는 가치 있는 존재라는 것을 확인시켜주는 외물을 획득한다고 하더라도, 현대인이 갖고 있는 근원적인 무력감은 해소되지 않는다. 마치 산꼭대기까지 끌어올리면 다시 땅바닥으로 굴러떨어지는 시시포스Sisyphos 신화에 나오는 바위처럼, 아무리 퍼내어도 다시 차오르는 샘물처럼, 현대인의 무력감은 어떤 현대적인 노력을 통해서도 해결되지 않는다.

이와 같이, 현대 사회심리적인 문제의 근원이 현대 인간관이기 때문에, 현대 인간관의 테두리 내에서 현대 사회심리적인 문제를 해결하는 것은 논리적으로 불가능하다. 그러므로 현대 사회심리적인 문제 해결을 위해서는, 인간에 대한 새로운 관점을 정립하는 것이 필요하다. 현대 사회심리적인 문제의 근원이 되는 현대 인간관의 특징이 '시공간적으로 세계와 단절된 유한한 개체로서의 인간'이기 때문에, 새로운 인간관은 '영원한 시간과 무한한 공간과 하나인 우주적인 존재로서의 인간'에 대한 관점을 필요로 한다.

이 글이 동양사상에 주목하는 이유는 바로 이런 시대적인 요구를 충족시키는 우주적인 존재로서의 인간관을 동양사상이 풍부하게 내장하고 있기 때문이다. 유불도로 대변되는 동양사상에는 우주를 자신 안에 품고 있는 우주적인 존재로서의 탈현대 인간관이 풍부하게 내재되어 있다. 그리고 수천 년에 걸쳐 이런 의미에서 동아시아인들은 진정한 인간다움에 도달하기 위한 노력을 기울여왔다.

필자는 유불도 사상에 내포되어 있는 우주적인 존재로서의 인간에 대한 관점을 '통일체적 인간관'이라 명명했다.[53] 통일체적 인간관의 핵심은 인간은 영원한 시간과 무한한 공간을 자신 안에 품고 있는 우주적인 존재라는 것이다. 유가적인 관점에서 보면 모든 인간은 '인仁'을 품고 있고, 도가적인 관점에서 보면 모든 인간은 '도道'를 품고 있으며, 불가적인 관점에서 보면 모든 인간은 '불성佛性'을 품고 있다.

정재걸은 '나는 누구인가?'라는 질문에 '나는 곧 부처이다.'라고 답한다. 나는 본래 자유로운 존재이며, 본질적으로 평화롭고 행복한 존재라고 말한다.[54] 통일체적 인간관의 관점에서 보면, 인간은 본래 그 안에 온 우주를 담고 있는 충만한 존재이다. 인간은 유한한 존재도 아니고, 무력한 존재도 아니며, 무의미한 존재도 아니다. 인간은 무엇인가를 끊임없이 채워야 하는 결핍된 존재가 아니다. 인간에게 오직 필요한 것은 본래 충만한 존재인 자신을 자각하기 위한 노력이다. 그러므로 통일체적 인간관을 받아들이게 되면, 유한함과 무력함과 무의미함을 벗어나기 위한 몸부림에서 비롯되는 현대 사회심리적인 문제는 해결되는 것이 아니라 해소되어버린다.

한국인이 겪고 있는 심리적인 고통을 해결할 수 있는 방법은 한 가지이다. 그것은 '나'를 바라보는 관점의 혁명적인 전환을 이루는 것이다. 오직 우주적인 존재로서 나를 인식하게 되면 무력함이란 원래 존재하지 않았고, 무력감은 망상에 불과했음을 알 수 있다. 이리하여 우리는 무력감을 해소하기 위해 외물의 추구에 몰두하는 삶에서 해방되어, 지금 이 순간 속에 깊이 뿌리내리고, 삶을 사랑하고 즐기는 행복한 삶을 영위할 수 있다.

왜 현대인은 통일체적 인간관을 받아들여야 하는가? 그 이유는 통일

---

53 통일체적 인간관에 대해서는 홍승표의 저서 『깨달음의 사회학』(예문서원, 2002) 1부 2장 「통일체적 세계관」, 『노인혁명』(예문서원, 2007) 2부 1장 2절 「통일체적 인간관」, 『동양사상과 새로운 유토피아』(계명대학교 출판부, 2010) 1장 2절 「통일체적 인간관」, 이현지의 저서 『동양사상과 탈현대의 발견』(한국학술정보, 2009) 1부 2장 1절 「근대와 탈현대의 인간관」, 정재걸의 저서 『삶의 완성을 위한 죽음교육』(지식의 날개, 2010) 1장 2절 중 「우주적 나」에 정리되어 있는 내용을 참조하기 바란다.

54 정재걸(2007), 「나는 누구인가?-'唯識 30頌'의 경우」, 『교육철학』 32.

체적 인간관의 수용이 현대인이 겪고 있는 사회심리적인 고통을 해소시킬 수 있기 때문이다. 다시 말하자면, 지금 이 시점에서 유용하기 때문이다. 그렇다면 통일체적 인간관은 현대 인간관보다 옳은 것인가? 그렇지 않다. 양자는 인간을 바라보는 상이한 관점이다. 상이한 관점은 대상의 상이한 측면을 조명하고 드러낼 뿐이지, 객관적인 진위를 판명할 수 없는 것이다.

관점의 객관적인 진위를 입증할 수는 없는 것이지만, 특정 시점에서 관점의 유용성을 판정할 수는 있다. 중세 인간관이 지배력을 상실하고, 현대 인간관이 새롭게 지배력을 갖게 된 것도 그 시점에서 유용성의 차이에 의한 것이다. 지금 이 시점에서 현대 인간관을 버리고 통일체적 인간관을 수용해야 하는 이유도 동일한 것이다.

현대 인간관은 현대 문명 건설의 인간관적인 기초로 작용했다. 놀라운 현대적인 성취의 배경에는 현대 인간관이 자리 잡고 있다. 하지만 현대 인간관은 이제 역사 속에서 자신의 소임을 다하고 물러나야 할 시점에 이르렀다. 오늘날에 이르러서, 현대 인간관은 현대인의 고통과 불행의 근원으로 작용하고 있기 때문이다. 이 글에서 다루는 한국인의 심리적인 문제도 그중 하나이다.

중세 인간관의 바탕 위에서 인간의 부자유와 불평등의 문제를 해결할 수 없듯이, 현대 인간관의 바탕 위에서 인간의 무력감의 문제를 해결할 수 없다. 그러므로 동양사상의 바탕 위에 구성된 통일체적 인간관의 수용이 시대적으로 요청되고 있다. 인간관의 전환을 통해, 우리는 현대 사회심리적인 문제의 핵심인 무력감을 해소할 수 있다.

3장
『주역』과 마음교육

1. 『주역』과 마음교육

1) 배회하는 유령

하나의 유령이 전 세계를 배회하고 있다. 그것은 바로 우울증이라는 유령이다. 세계보건기구는 2030년까지 우울증이 심장 순환 질환과 에이즈를 넘어 세계에서 가장 중요한 질병 발생 요인이 될 것이라고 했다. 세계보건기구가 제작한 우울증에 대한 공익광고에서는 우울증이라는 검정개가 등장한다.[55] 검정개는 우리를 이 세상 모든 것으로부터 고립시키고 삶의 모든 즐거움을 빼앗아간다. 검정개는 우리의 자신감을 빼앗아가고, 세상을 온통 부정적으로 보게 한다. 검정개는 남의 시선을 지나치게 의식하도록 하고 남의 주목거리가 되는 것을 두렵게 만든다. 검정개는 다음 날도 오늘과 같이 끔찍한 날이 될 것임을 확신시키며, 산다는 것이 아무 의미가 없음을 되풀이하여 세뇌한다.

검정개가 나의 삶을 지배하게 되면 그 종착역은 두 가지뿐이다. 한 가지는 자살이다. 검정개가 자기의 내부에 있다고 생각하여 자신을 죽여 검정개를 함께 죽이는 것이다. 또 한 가지는 검정개가 자신의 밖에 있다고 생각하여 자신의 밖에 있는 모든 대상에 분노를 표출하는 것이

---

55 WHO 공익광고, '우울증이란 검정개.'

나. 그런 의미에서 자살과 '묻지 마 식' 살인은 우울증의 앞뒷면일 뿐이다. 왜 이렇게 되었을까? 무엇이 검정개로 하여금 우리의 삶을 지배하도록 했을까? 검정개는 왜 나타난 것일까?

문명사적으로 보면 검정개의 출현은 현대 문명의 필연적인 결과라고 할 수 있다. 공동체라는 끈끈한 연대 속에 있을 때 검정개는 우리에게 접근하기 어렵다. 그러나 현대 문명 속에서 우리는 자신을 분리 독립된 개체로서 자각한다. 나는 온 세계와 온 우주로부터 분리되어 있고 그것을 대상으로 인식한다. 게오르그 짐멜은 이것을 진정한 개인주의인 '질적 개인주의'라고 지적하였다.[56] 분리 독립된 개체로서의 진정한 개인주의는 개인과 개인 사이의 인격적 단절을 위한 물질적 조건을 통해 발현된다. 그것은 물론 익명성이 지배하는 대도시의 형성에 따른 것이며, 또한 이것은 생산 공간과 소비 공간을 하나로 통일시켜 잉여가치를 더욱 증대시키려는 산업자본의 결과물이다. 이런 분리 독립된 개체로서 살아가는 삶에서 자신만의 특이성 혹은 질적 고유성을 표현하려는 욕망은 질적 개인주의의 삶이 가져다주는 고독을 극복하려는 데서 작동한다고 볼 수 있다. 그러나 대도시에서의 욕망은 결코 충족될 수 없는 것이다. 그런 맥락에서 분리 독립된 개체로서 개인의 욕망은 바타유가 말한 금지와 금기의 대상에 대한 성적 열망으로서의 에로티시즘과 맥을 같이하는 것이다.

현대 문명에서 욕망의 실현은 오직 돈을 통해서만 가능하다. 그렇기 때문에 돈은 기독교의 하나님을 대신하는 종교성을 가진다. 돈은 내세가 아닌 현세를 보증하는 것이기 때문에 기독교보다 훨씬 더 강력한 종교라고 할 수 있다. 돈의 종교성은 우리의 내면에 만들어진 것이고 동시

---

56 강신주(2013), 『상처받지 않을 권리』, 프로네시스.

에 세계에 대한 실천을 낳는 능동적인 힘이다. 이런 맥락에서 돈의 종교성은 '구조화된 구조이자 동시에 구조화하는 구조'로서의 부르디외의 아비투스라고 할 수 있다. 아비투스는 어릴 때부터 만들어지는 조건화이다. 보드리야르가 지적하고 있듯이 현대 문명의 핵심에는 기술 개발에 따른 생산력의 비약적 발전이 아니라 인간의 허영과 욕망을 부추기는 소비 사회의 논리가 있다. 우리가 고유하다고 느끼는 욕망은 조건화된 것이고 현대 문명에서는 생산력의 일환으로 간주되고 포획된 것에 지나지 않는다. 그래서 우리는 유하와 같이 '바람 부는 날이면 압구정동에 가야 한다.'고 부르짖게 되는 것이다. 우리 사회에서 압구정동은 현대 문명이 만든 샹들리에, 인간을 포획하려고 마련된 욕망의 집어등이기 때문이다.[57]

2) 마음교육으로서의 『주역』

그렇다면 어떻게 우리는 검정개로부터 벗어날 수 있을까? 많은 사람들이 그 대안을 말하고 있다. 사랑이 바로 그것이다. 현대 문명이 만든 소비 사회에서 인간의 자유와 평등은 '소비의 자유이며 욕망의 평등'일 뿐이다.[58] 그러나 사랑은 아무런 대가 없이 상대방에게 무엇인가를 줄 수 있는 감정을 말한다. 이 때문에 사랑이란 감정은 자본주의로부터 가장 멀리 떨어져 있으면서 동시에 우리 인간에게 가장 가까이 있는 소망스러운 감정이라고 할 수 있다. 보드리야르는 가치를 사용가치, 교환가

---

57 강신주, 앞의 책.
58 강신주, 앞의 책.

치, 상징가치, 기호가치로 구별한 뒤 '상징'으로서의 사물이 가진 가치가 사물뿐만이 아니라 우리 자신을 현대 문명의 마수로부터 구원해줄 유일한 희망이라고 보았다. 상징가치는 사랑하는 사람에게 주는 선물로서의 가치를 말한다.[59] 바타유 또한 지구에 전달되는 태양의 에너지가 기본적으로 과잉이므로 그 에너지를 해소할 두 가지 방법, 즉 '불유쾌한 파멸'과 '바람직한 파멸'을 제시한다. 과잉 에너지를 바타유는 '저주의 몫'이라고 불렀는데 이는 일반경제의 논리에 따라 아무런 대가 없이 진행되는 무조건적인 소비나 소모를 말한다. 즉 불유쾌한 파멸이 전쟁이나 폭동 등의 유혈사태를 통한 과잉 에너지의 소비를 말한다면, 바람직한 파멸은 아무런 대가 없이 다른 사람에게 증여하는 일이라고 한다. 불교 용어로 하자면 무주상보시無住相布施를 해야 한다는 뜻이다.[60]

그러나 사랑은 저절로 생기는 것이 아니다. 모든 성인들이 사랑이 인간의 본성이라고 했지만 그 본성은 자연적으로 발현되지 않는다. 이것이 사랑의 모순이다. 사랑은 오직 분리 독립된 개체로서의 나를 극복해야만 가능하다. 공자는 자기를 이겨 예로 돌아가야만 사랑을 실현할 수 있다고 했고, 맹자는 이것을 샘을 막고 있는 바위를 치우는 것이라고 했다.

사랑은 오직 교육을 통해 가능하다. 그래서 현대 문명의 극복은 오직 교육을 통해, 사랑을 가르침으로써 가능하다. 그러나 분리 독립된 개체로서의 나를 극복하기 위해서는 '나'를 충분히 성숙시켜야 한다. 충분

---

59 강신주, 앞의 책.
60 마지막으로 강신주는 산업자본주의의 시간관을 극복하기 위해 니체의 영원회귀를 도입할 것을 주장한다. "바로 지금 그리고 이곳의 삶, 그리고 이 속에서 이루어지는 우리의 선택은 영원히 반복된다고 생각해야 한다. 이 논리에 따라 만약 현재 자신의 삶이 행복하지 않다면, 이 행복하지 않은 삶이 어떤 주기를 가지고 영원히 반복된다고 생각해야 한다는 것"이다.

히 익지 않은 열매는 나뭇가지에서 떨어질 수 없다. 이를 『주역』의 대장 괘를 통해 살펴보자.

대장은 장성함의 도이다. 교육적으로는 학생들의 자아정체감이 형성되는 시기, 즉 질풍노도의 시기에 이루어지는 교육의 길을 뜻한다. 자아정체감은 필연적으로 생길 수밖에 없다. 그것이 바르게 자랄 수 있도록 돕고 마침내 그것을 소멸시키도록 하는 것이 대장괘의 의미이다. 그래서 괘사에서는 "대장은 바르게 함이 이롭다."[61]라고 말한다. 또한 단전에서는 "대장은 큰 것이 장성하게 되는 것이다. 강으로써 움직이기 때문에 장성하니 '대장 이정大壯 利貞'은 큰 것으로 바르게 하는 것이다. 바르고 크게 함에 천지의 뜻을 볼 수 있다."[62]라고 말한다. 큰 것이 장성하게 된다는 것은 괘상에서 아래 양효 넷이 자라남을 말한다. 양효 넷은 자아정체감의 성장을 말하며 이의 성장을 강으로써 움직인다고 표현한 것이다. 또한 상전에서는 "상에 이르기를 하늘 위에 우레가 있는 것이 대장이니 군자가 본받아서 예가 아니면 실천하지 않는다."[63]라고 말한다. 이는 자아정체감의 소멸은 '자기를 극복하여 예로 돌아감克己復禮'을 통해서 가능함을 말한다. 안회가 인을 묻자 공자가 대답한 말이다. 나아가 공자는 구체적인 조목을 묻는 안회에게 "예가 아니면 보지도, 듣지도, 말하지도, 마음이 동하지도 말라."라고 한다. 이때 예란 천지자연의 질서와 같이 분리 독립된 나란 존재하지 않음을 말한다.

이어지는 효사에서는 자아정체감의 형성이 어떻게 진행되는지, 그 과정에 어떻게 교육적으로 개입할 수 있는지를 설명하고 있다. 먼저 초구에서 "발꿈치에 장성함이니 계속하여 흉함에 믿음이 있습니다."라고 말

---

61 『周易』, 「雷天大壯」.
62 『周易』, 「雷天大壯」, "彖曰."
63 『周易』, 「雷天大壯」, "象曰."

한다.[64] 발꿈치는 두 가지 의미가 있다. 한 가지는 시작 혹은 출발이라는 뜻이고 또 한 가지는 나아간다는 뜻이다. '나'라는 분리 독립된 개체가 있다는 생각은 처음에는 약간의 흥분과 타인에 대한 거부로 나타난다. 무슨 일이든 '싫어'라고 대답하는 아이가 그것이다. '계속하여 흉함에 믿음이 있다.'는 것은 틀림없이 흉할 것이라는 뜻이다. 즉 이런 모습이 더욱 확대되면 흉할 것이 틀림없다孚는 뜻이다. 그래서 이어지는 구이효에서는 "바르게 하면 길할 것이다."[65]라고 말한다. 길吉에는 원길元吉과 대길大吉, 그리고 정길貞吉이 있다. 원길과 대길은 모두 크게 길하다는 뜻이며, 정길은 조건적인 길함이다. 여기서의 조건은 자아정체감의 성장에 있어 문득 자기 자신을 돌아보는 계기를 뜻한다. '나'라는 자아정체감의 성장에 있어 그것에 대해 한 번씩 되돌아보라는 것이 구이효의 의미인 것이다.

구삼은 자아정체감이 극에 달한 모습을 그리고 있다. 즉 "소인은 장성함을 쓰고 군자는 멸시함을 쓰니 꾸준히 위태롭다. 숫양이 울타리를 치받으니 그 뿔이 걸리는 것과 같다."[66]라고 말한다. 소인은 장한 기운을 그대로 사용하고 군자는 상대방을 멸시함을 쓰니 모두 위태로운 모습이다. 여기서 망罔은 없는 것無으로 여겨 멸시한다는 뜻이며, 리羸는 장애물에 걸려 고생한다는 뜻이다. 구사는 구삼에 이어 자아정체감이 무르익을 대로 익은 모습을 그리고 있다. 그래서 효사에서는 "꾸준히 길하여 후회가 없을 것이다. 울타리가 뜯겨 걸려 고생함이 없으니 장성함이 큰 수레의 바퀴살에 있다."[67]라고 말한다. 울타리가 뜯긴 것은 숫

---

64 『周易』, 「雷天大壯」, "初九."
65 『周易』, 「雷天大壯」, "九二."
66 『周易』, 「雷天大壯」, "九三."
67 『周易』, 「雷天大壯」, "九四."

양이 계속 뿔로 들이박기 때문이요, 큰 수레의 바퀴살은 바퀴의 중심에서 나온 것이다. 그럼에도 꾸준히 길하여 후회가 없다고 한 것은 이제 충분히 무르익은 자아가 곧 떨어질 때가 되었기 때문이다.

육오효에 이르러 마침내 자아정체감이 소멸한다. 이를 효사에서는 "쉽게 양을 잃으니 후회가 없다."[68]라고 말한다. 상전에서는 이에 덧붙여 "상양우이喪羊于易는 상황이 마땅하지 않기 때문이다."[69]라고 말한다. 상황이 마땅하지 않다는 것은 자신의 생각이나 판단이 어긋남을 뜻한다. 자아정체감의 소멸은 어긋남에서 비롯된다. 자신이 그것이라고 생각하는 모습이 그렇지 않음을 깨닫는 순간, 자아정체감이 '홀연히 깨닫지 못하는 가운데忽然不覺其亡' 사라지게 된다.

마지막으로 상육은 자아정체감의 소멸에 따른 혼란을 말하고 있다. "상육은 숫양이 울타리를 들이받으니 물러날 수도 없으며 나아갈 수도 없어 이로운 바가 없으니 어려우면 길할 것이다."[70]라고 말한다. 내가 나라고 믿은 것이 사실상 내가 아님을 알게 될 때 나아갈 수도 물러날 수도 없다. 그러나 이런 어려움을 겪어야 분리 독립된 자아란 존재하지 않음을 분명하게 깨달을 수 있음을 말하고 있다. 이를 해설하여 상전에서는 "'불능퇴 불능수不能退 不能遂'는 헤아릴 수 없기 때문이요, 어려움을 겪어야 길한 것은 더 이상 허물이 커지지 않기 때문이다."[71]라고 말한다. 자아의 소멸은 이성의 작용이 아니라 영성의 작용이다. 그것은 이성을 통한 이해로는 결코 성취할 수 없다. 일단 자아가 소멸하면 더 이상 잘못을 저지를 수 없다. 잘못을 저지를 주체가 없기 때문이다.

---

68 『周易』, 「雷天大壯」, "六五."
69 『周易』, 「雷天大壯」, "象曰."
70 『周易』, 「雷天大壯」, "上六."
71 『周易』, 「雷天大壯」, "象曰."

이처럼 대장쾌는 오늘날의 자아존중감을 형성하기 위한 교육과 그것을 극복하는 교육을 잘 보여주는 쾌이다. 자아존중감은 필연적으로 형성될 수밖에 없는 것이고, 그리고 그것은 충분히 무르익어야만 소멸시킬 수 있는 것이다.

전현대 교육은 각자가 속한 집단이 우위에 있기 때문에 자아존중감의 성장을 극단적으로 억압했다. 개인의 희생을 통한 공동체의 번영이 최대의 미덕으로 간주되었던 것이다. 그러나 현대의 한 가지 축이 분리 독립된 개인의 형성이라고 하듯이 현대 교육은 개인의 자아존중감 형성을 가장 중요한 목표로 상정한다. 현대가 이상적으로 생각하는 것은 모든 사람이 서로 다름을 인정하고 함께 조화롭게 살아가는 사회이기 때문이다.

그러나 '나'를 '너'와 분리 독립된 개체라고 생각하는 한, 그 다름은 차이와 우열로 나타날 수밖에 없다. 즉 자신을 다른 사람보다 우월하다고 느끼는 사람이 있고 또 열등하다고 느끼는 사람이 있을 수밖에 없다는 뜻이다. 그 우월함과 열등함은 항상 상대적일 수밖에 없다. 오늘날 우리는 우월감과 열등감을 동시에 가지고 있는 모순된 자아감각으로 가득 찬 사람들을 어디에서도 만날 수 있다. 어디에서나 자신과 비교하여 우월한 사람과 열등한 사람을 만날 수 있기 때문이다. 백설공주의 계모는 비록 아름다운 용모를 가지고 있지만 자신보다 더 아름다운 사람을 견디기 어려웠다. 또 미다스 왕은 자신보다 더 많은 부를 소유한 사람을 견딜 수 없었던 것이다. 이처럼 타인과의 비교는 불행으로 가는 지름길이다.

자아존중감 형성은 그것의 소멸을 위해 반드시 필요한 과정이다. 현대 교육은 자아존중감 형성에 지대한 공헌을 했다. 이제는 이러한 바탕 위에 어떻게 그것을 소멸시킬 것인가를 탐구해야 할 때가 온 것이다. 대장괘는 이러한 자아존중감의 소멸을 위한 교육에 중요한 시사를 주고 있다. 육오효와 상육 효사에서 말하고 있듯이 자아존중감의 소멸은 이성적인 노력을 통해서 얻어질 수 있는 것이 아니다. 그것은 마치 선물과 같이 주어진다. 중요한 것은 세상살이의 어려움을 저항하지 않고 받아들이는 자세이다. 자아존중감의 소멸은 그런 역경을 저항 없이 받아들일 때 선물과 같이 주어진다.

『주역』은 다양한 방법으로 읽힐 수 있다. 내가 처한 상황에 가장 적절한 대처법을 찾는 책으로 읽힐 수도 있고, 도덕적 원리를 추출하기 위한 책으로 읽힐 수도 있다. 여기서는 『주역』을 마음교육으로 읽는 방법에 대해 설명해보겠다. 어떤 방식으로 『주역』을 읽든지 『주역』은 64개의 상황에 대한 대처법이다. 마음교육으로 『주역』을 읽는다는 것은 64개의 상황을 내 마음이 처한 상황으로 이해하는 것이다. 그런 맥락에서 『주역』의 가르침은 마음교육과 관련하여 크게 3가지 상황으로 요약할 수 있다.

3) 궁지가 곧 기회이다

『주역』은 궁지가 곧 기회라고 말한다. 현대 문명에서 많은 사람들은 큰 궁지에 처했을 때, 예컨대 암에 걸리거나, 직장을 잃거나, 배우자를 잃거나, 사업이 실패했을 때 좌절하고 만다. 그러나 우리가 살아가면서 이러한 궁지에 처했을 때가 사실은 신을 만나기 위한 가장 좋은 기회이다. 왜냐하면 신은 오직 에고가 사라진 마음에만 방문하기 때문이다. 오직 가난한 마음에만 신이 깃들 수 있기 때문이다. 『주역』에서 궁지가 곧 기회라는 것을 말해주는 대표적인 괘는 중수감괘重水坎卦, 수산건괘

水山蹇卦, 택지곤괘澤地困卦이다. 이제 각 괘를 통해 왜 궁지가 곧 기회인지 살펴보기로 하자.

감괘坎卦는 괘사에서 "거듭 빠지는 경우에는 믿음을 가지고 오직 마음의 형통함으로 행하면 가상함이 있을 것이다."[72]라고 말한다. 습감習坎은 거듭 빠지는 것이다. 전후 상하가 모두 험난하여 활로가 좀처럼 보이지 않는 상황을 말하고 있다. 그러나 군자는 위험을 회피하지 않으니, 성실함이 안에 있으면 위험이 밖에 있어도 마음이 제약을 받지 않기 때문이다. 그래서 단전에서는 험난한 때의 쓰임이 크다고 말하고 있다.

위험에 빠지면 대부분의 사람들은 허겁지겁하며 지푸라기라도 붙잡으려고 한다. 이를 효사에서는 먼저 위기에 처해 요행을 구하거나 경거망동하는 어리석음이라고 지적하고 있다. 초육의 효사에서 "초육은 습감에 거듭 구덩이로 빠져 들어감이니 흉할 것이다."[73]라고 말하고 있다. 또한 위험에 처해 자포자기하는 것도 잘못된 것임을 지적하고 있다. 이를 육삼효에서 "육삼은 오고 감에 빠지고 빠지며 위험에 또한 기대어 깊은 구덩이에 들어가니 쓰지 말아야 한다."[74]라고 말하고 있다.

그렇다면 위기에 처했을 때 어떻게 처신해야 할까? 위험에 처하면 중요한 것은 자기 자신을 최대한 낮추는 것이다. 육사의 효사에서 "육사는 통술과 대나무 제기에 담은 음식 두 그릇을 질장구를 써서 검약한 것을 창문으로 드리면 마침내 허물이 없다."[75]라고 한 것이 그것이다. 여기서 통술과 두 접시의 음식은 소박한 것을 말한다.[76] 이는 모두 위기

---

72 『周易』, 「重水坎」.
73 『周易』, 「重水坎」, "初六."
74 『周易』, 「重水坎」, "六三."
75 『周易』, 「重水坎」, "六四."
76 부는 질박한 그릇이고 약은 박례薄禮를 말한다.

의 상황에 다 갖추지는 못하지만 정성을 다하는 모습을 뜻한다. 중요한 것은 이렇게 정성을 다하는 자신의 모습을 떳떳이 드러내지 말고 창문으로 전달하라는 것이다. 이는 위기의 때에 최대한 자신을 낮추라는 경구이다. 위험할 때 자신을 낮추는 것은 결코 비굴이 아닌 것이다.[77]

이처럼 감괘는 위험의 도를 말하고 있다. 위험이란 무엇인가? 위험은 내가 극복할 수 없다고 생각하는 마음의 상태를 말한다. 그러나 극복할 수 없는 위험은 없다. 다만 자포자기하는 마음만이 있을 뿐이다. 그래서 감괘에서는 자포자기하는 어리석음을 효사爻辭를 통해 자세하게 지적하고 있다. 따라서 감괘에는 원형리정元亨利貞도 없고, 길吉함도 없는 것이다. 장자는 위험이 닥치면 '올 것이 왔구나.'라고 생각하라고 말했다. 위험은 우연이 아니고 필연이라는 것이다. 위험은 외부에서 주어지는 것이 아니라 스스로 자초한 것이라는 뜻이다. 위험의 시기는 중요하다. 우리는 위험을 통해 새롭게 태어날 수 있기 때문이다.

우리 주변에는 사랑하는 사람을 잃고, 큰 사고를 당해 불구자가 되고, 사업에 실패하는 등의 위험을 겪고 나서 오히려 새롭게 태어난 사람들이 많다. 이런 사람들의 공통된 특징은 돈과 권력과 명예를 추구하는 것이 아니라 인생의 새로운 가치를 발견했다는 데에 있다. 그래서 위험을 회피하려고 하지 말고 정면으로 대응하라고 감괘는 말하고 있는 것이다. 위험을 전체적으로 받아들일 때, 위험에 자신의 전체를 내맡길 때 과거의 나는 죽고 새로운 내가 태어난다. 그러니 위험이 내 삶에 얼마나 중요한 기회인가?

---

77 그래서 육사의 상전에서 "상에 이르기를 통술과 대나무 제기에 담은 음식 두 그릇은 굳센 것과 부드러운 것이 서로 만남이다象曰 樽酒 貳 剛柔際也."라고 부연하고 있다. 여기서 강剛은 구오를 말하고 유柔는 육사를 말한다. 겉으로는 부드럽지만 내면의 의지는 강한 겸손의 도를 나타낸 것이다.

현대 교육에서 아이들은 많은 위험에 노출되어 있다. 그러나 대개의 경우 우리는 위험을 어떻게 피할 수 있는지에 대해서만 가르치지 그 위험을 전체적으로 받아들이라고 가르치지는 않는다. 전체성이란 교육의 가장 핵심적인 원리 중 하나이다. 그리고 위험은 전체적이다. 우리는 학생들로 하여금 위험을 자기 성장을 위해 잘 활용하도록 가르쳐야 한다.

다음은 위기의 두 번째 괘인 건괘를 살펴보자. 먼저 괘사에서는 "건은 서남쪽이 이롭고 동북쪽이 불리하니 대인을 보면 이롭고 계속하여 길할 것이다."[78]라고 말하고 있다. 건은 어려움의 도를 말한다. 앞에는 거친 강물이 가로막고 뒤로는 높은 산이 버티고 서 있는 괘상이기 때문이다. 어려움은 이처럼 내 밖에서 닥치는 것처럼 보인다. 그러나 어려움은 사실 내 안에 있다. 그래서 어려움이 닥치면 본래의 나를 자각할 수 있는 좋은 기회가 되는 것이다. 후천 팔괘에서 서남은 곤방을 말하고 동북은 간방을 말한다. 건은 지금 내가 간방에 있음을 말하고 있다. 이때 간방의 험준한 산은 어려움을 해결해야 할 문제로 생각하는 것이고, 광활한 평야라는 것은 본래 어려움이라는 것이 없었음을 자각하는 것을 말한다. 즉 건괘는 우리가 대인의 도움을 받아 우리가 어려움이라고 생각한 것이 어려움이 아니고 본래부터 어려움이 존재하지 않았음을 자각할 때, 우리가 새로운 존재로 다시 태어날 수 있음을 지적한 괘라고 할 수 있다. 그래서 대상전에서 "상에 이르기를 산위에 물이 있음이 건이니 군자가 본받아서 자신을 돌이켜 덕을 닦는다."[79]라고 말하고 있는 것이다.

『맹자』에 "행하고도 얻지 못함이 있거든 모두 돌이켜 자기 자신에게

---

78 『周易』,「水山蹇」.
79 『周易』,「水山蹇」, "象曰."

서 구한다行有不得者 皆反求諸己."고 했다. 어려움의 근원을 내 밖이 아니라 자기 자신에게서 찾아야 함을 말하고 있는 것이다.

효사의 경우도 마찬가지이다. 초육에서 "초육은 가면 절룩거리고 오면 명예롭다."[80]라고 한 것에서 간다는 것은 어려움의 원인을 찾아 밖으로 나간다는 뜻이고, 온다는 것은 자기 자신에게로 돌아온다는 것이다. 즉 상전에서 말하는 반신수덕反身修德한다는 뜻이다.

구삼효에 대한 설명도 마찬가지이다. "구삼은 가서 절룩거리고 돌아오니 반대가 된다."[81] 즉 초육과 같이 어려움의 원인을 밖에서 찾다가 다시 자기 자신에게서 찾는 모습을 나타낸다. 어려움의 원인을 자기 자신에게서 찾을 때 우리는 비로소 마음이 편안해질 수 있다. 왜냐하면 밖에서 찾을 때 그 원인에 대한 원망과 적개심이 동반되기 때문이다. 반신수덕은 내면의 기쁨을 수반한다.[82]

건괘의 주효는 상육이다. "상육은 가면 절룩거리고 돌아오면 크게 길하니 대인을 봄이 이로울 것이다."[83] 즉 이제 어려움의 본질을 알게 되었다. 어려움은 밖에 있는 것이 아니라 내 안에 있는 것임을 깨달은 것이다. 여기서 대인이란 곧 스승이나 자기 자신의 본성을 가리킨다.[84] 여기서 귀함을 따른다는 것은 안과 밖, 마음과 물질, 영성과 이성에서 전자를 따름을 말한다. 내 안의 마음, 특히 영성을 따를 때 스스로 대인이 될 수 있는 것이다.

---

80 『周易』, 「水山蹇」, "初六."
81 『周易』, 「水山蹇」, "九三."
82 그래서 상전에서는 "왕건래반은 내면에 기쁨이 있다象曰 往蹇來反 內喜之也."라고 말하고 있다.
83 『周易』, 「水山蹇」, "上六."
84 이를 상전에서는 "'왕건래석'은 뜻이 안에 있음이요, '이견대인'은 귀함을 따르기 때문이다象曰 往蹇來碩 志在內也, 利見大人 以從貴也."라고 말하고 있다.

이처럼 건괘는 우리가 살아가면서 겪는 모든 어려움이 사실은 내 안에서 비롯된 것임을 말하고 있다. 험한 산과 거친 강물은 사실은 내가 만들어낸 것에 지나지 않는다. 그렇지만 처음부터 그것이 내 안에서 비롯되었음을 알기는 어렵다. 그래서 우리는 어려움을 벗어나기 위해 절룩거리는 걸음으로 이리저리 헤치고 나아가게 된다. 그리고 마침내 그 모든 어려움이 사실은 내가 만든 것임을 깨닫게 된다.

그때 비로소 자신이 극복하고자 하는 온갖 어려움이 사실은 자기 자신에게로 돌아오기 위한 것임을, 그리고 그토록 소망하고 갈구하던 대인이 바로 자기 자신임을 깨닫게 되는 것이다. 시드로우 백스터는 장애물과 기회의 차이가 그것에 대한 우리의 태도의 차이라고 말한 바 있다. 즉 모든 기회에는 어려움이 있으며 모든 어려움에는 기회가 있다. 어려운 환경에 닥쳤을 때, 뛰어난 태도를 지닌 사람은 최악의 상황을 최대한으로 이용한다고 한다.

오늘날 우리는 어려움에 봉착하면 그 원인을 항상 밖에서 찾는다. 배우지 못한 사람은 '나쁜 사람들이 나를 괴롭히기 때문'이라고 하고, 배운 사람들은 '구조적으로 권력과 부를 가진 사람들이 나를 착취하기 때문'이라고 한다. 이렇게 어려움의 원인을 밖에서 찾을 때 어려움을 극복하기 위한 에너지는 증오심과 적대감이 될 수밖에 없다. 그러나 괴물과 싸우는 왕자는 필연적으로 괴물이 될 수밖에 없다. 또한 증오심과 적대감이라는 에너지로 비록 어려움을 극복하였다고 하더라도 그 과정에서 필연적으로 또다시 증오심으로 무장한 적대 세력이 나타날 수밖에 없다.

진정한 변화는 증오심과 적대감이 아니라 사랑을 통해 이루어진다. 오늘날의 학교는 아이들에게 논리적으로 따지는 법만 가르치지 사랑을 가르치지는 않는다. 아이들에게 닥친 어려움을 해결하는 방법만을 가르치지, 어려움을 기회로 삼아 존재의 비약을 이루는 방법을 가르치지는 않는다. 소위 '문제 해결식 수업'이라고 하는 수업 방법에는 사랑이 없다.

마지막으로 택수곤괘를 살펴보자. 곤괘의 괘사에서 "곤은 형통하다. 바르게 하면 대인은 길하고 허물이 없을 것이다. 말이 있어도 믿지 않는다."[85]라고 말한다. 곤은 곤궁의 도이다. 곤궁에 무슨 도가 있을까 하고 생각할 수도 있지만 곤궁에도 도가 있다. 그래서 곤궁의 도를 따르면 막힘없이 통한다고 말하고 있는 것이다. 곤궁함에도 불구하고 대인이 길하고 허물이 없는 것은 자득自得하기 때문이다. 자득이란 스스로 얻는 바가 있다는 뜻이다. 즉 수행을 통한 존재의 상승을 이룰 수 있는 가장 빠른 길은 곤궁에 처하는 것임을 곤괘는 말하고 있다. 곤란함이 닥칠 때 온통 강한 힘이 엄습하는 것처럼 보인다. 그러나 곤란함 속에서도 그 형통한 바를 잃지 않아야 진정한 군자라고 할 수 있다. 『중용』에서 "군자는 현재의 처지에 따라 행하고 그 밖의 것은 바라지 않는다. 군자는 부귀한 자리에 있으면 부귀한 사람으로서의 도리를 행하고 빈천한 자리에 있으면 빈천한 사람으로서의 도리를 행하며 환난을 당했으면 환난을 당한 사람으로서의 도리를 행하나니 군자는 어디를 가더라도 자득하지 않음이 없다."라고 한다. 여기서 자득이란 충실함과 평화로움으로 말미암아 가지게 되는 정신의 자기 만족감을 말한다. 그래서 단전에서 "곤은 강이 덮은 것이다. 험하나 기뻐하여 곤함에도 그 형통한 바를 잃지 않는다면 오직 군자일 것이다. '정 대인길貞 大人吉'은 강으로써 함이요, '유언불신有言不信'은 말을 숭상하여 궁해지는 것이다."[86]라

---

85 『周易』, 「澤水困」.
86 『周易』, 「澤水困」, "彖曰."

고 하는 것이다.

그러나 곤궁이란 결국 나의 현상에 대한 한 가지 이해에 불과한 것이다. 대상전에서 "못에 물이 없는 것이 곤이니, 군자가 본받아서 명을 다해 뜻을 완수해야 한다."[87]라고 한 것은 못 아래 물이 있지만 물이 없는 듯이 보이는 것이 곤이니, 즉 곤란함이란 현상에 대한 잘못된 이해에서 비롯되는 것임을 지적하고 있다. 이런 잘못된 이해를 벗어나려면 조건화된 나에서 벗어나 본래의 나, 즉 나의 본성에서 사물을 볼 수 있어야 한다. 상전에서 명이란 곧 천명이니 나의 본성을 다해 뜻을 완수해야 함을 나타낸다.

이후 초육부터 주어지는 효사는 작은 곤궁부터 큰 곤궁에 이르기까지 여러 가지 사례를 통해 보여주고 있다. 그래서 마침내 곤궁의 극치인 구오효에서는 "구오는 코를 베이고 발뒤꿈치를 베임이니 붉은 무릎 깔개에도 곤란함을 겪는다. 그러나 서서히 기쁨이 있으리니 제사를 지내면 이로울 것이다."[88]라고 말하고 있다. 여기서 코를 베인다는 것은 사회적으로 매장당한다는 뜻이고 발뒤꿈치를 베인다는 것은 행동이 자유롭지 못하게 된다는 뜻이니 곤란함의 극치를 말한다. 자기 허물을 반성하기 위한 붉은 무릎 깔개에서도 곤란함을 겪는다는 것은 심리적으로도 막다른 궁지에 몰려 있음을 표현한 것이다. 그러나 이런 곤란함의 극이 바로 깨달음을 위한 결정적인 기회이니 어찌 기쁨이 아니겠는가? 이런 시기를 당해 제사를 지내듯 정성을 다하면 마침내 곤궁함에서 벗어날 수 있을 뿐만 아니라 더 큰 깨달음을 얻을 것임을 말하고 있다.

그렇다면 곤궁의 극은 무엇일까? 상육에서는 "칡넝쿨에 얽혀 위태롭

---

87 『周易』, 「澤水困」, "象曰."
88 『周易』, 「澤水困」, "九五."

게 매달려 있으니 후회가 일어난다고 말한다. 후회가 있으면 가서 길할 것이다."[89]라고 한다. 상육의 곤란함은 불교 설화에 나오는 코끼리에 쫓긴 나그네가 칡넝쿨을 타고 우물로 대피한 모습과 그 표현이 매우 유사하다. 이를 상전에서 해설하기를 "상에 이르기를 '곤우갈류困于葛藟'는 아직 감당할 수 없다는 뜻이요, '동회유회動悔有悔'는 길함으로 간다는 뜻이다."[90]라고 한다. 여기서 아직 감당할 수 없다는 것은 삶과 죽음을 넘지 못함이요, 후회가 일어나 회환이 있다는 것은 이제 그 원인을 알게 되었다는 뜻이다. 칼 힐티는 "고난은 미래의 행복을 뜻하며 그것을 준비해주는 것이다."라고 했고, 정신과 의사인 스코트 펙은 "우리는 오직 고난을 통해 정신적으로나 영적으로 성숙할 수 있다."라고 말했다. 이렇게 볼 때 고난이야말로 신이 우리에게 준 가장 귀중한 선물임을 알 수 있다.

수산건괘의 어려움과 택수곤괘의 곤란함의 차이는 전자는 극복해야 할 대상이지만 후자는 벗어날 출구가 없는 것처럼 보인다는 것이다. 말하자면 막다른 궁지에 몰려 있는 것이 곤괘의 의미이다. 상육 효사에 나오듯이 우리의 삶은 『불설비유경佛說譬喩經』에 나오는 '안수정등岸樹井藤'과 같다.

어떤 나그네가 벌판을 걷고 있었다. 그때 갑자기 미친 코끼리 한 마리가 나그네를 향해 돌진해왔다. 나그네는 코끼리를 피해 달아나다가 마침 우물이 있어 우물 옆에 있는 등나무를 잡고 우물 속으로 내려갔다. 위를 쳐다보니 코끼리가 나그네를 쳐다보고 있었다. 그런데 나그네가 잡고 있는 등나무를 검은쥐 한 마리와 흰쥐 한 마리가 번갈아가며

---

89 『周易』,「澤水困」, "上六."
90 『周易』,「澤水困」, "象曰."

쏠고 있었다. 바닥을 내려다보니 독사가 우글거리며 혀를 날름거리고 있었다. 그때 어디선가 벌 다섯 마리가 날아와 등나무에 집을 지었는데 그 벌집에서 꿀이 한 방울씩 떨어졌다. 나그네는 그 꿀을 받아먹으면서 자신의 위급한 상황을 잊은 채 더 많은 꿀이 떨어지기를 바라고 있었다.

이 비유에서 코끼리는 무상한 세월을, 등나무는 생명줄을, 흰쥐와 검은쥐는 낮과 밤을, 바닥의 독사는 죽음을, 그리고 벌 다섯 마리는 인간의 오욕락五欲樂을 가리킨다. 오욕락은 식욕, 성욕, 수면욕, 재물욕, 명예욕을 말한다. 이 비유가 의미하는 바는 무엇일까? 그것은 바로 내가 궁지에 몰려 있다는 것을 자각하라는 뜻이다.

궁지야말로 교육적으로 보면 새로운 존재로 다시 태어날 수 있는 절호의 기회이다. 불교의 수많은 선사들이 아끼는 제자를 가르친 방식이 바로 제자를 궁지에 몰아넣는 것이었다. 결코 풀 수 없는 화두를 주어 그에 집중하도록 하는 것이 그 대표적인 사례이다. 막다른 궁지에 몰린 제자는 마치 백척간두에 선 것과 같은 느낌을 받게 된다. 이제는 선택을 해야 한다. 그 자리에 그냥 서서 죽음을 기다릴 것인가, 아니면 한 발 내디디어 새로운 세상을 볼 것인가를 선택해야 한다.

4) 마음을 잘 관찰해야 한다

마음교육과 관련하여 『주역』이 주는 두 번째 교훈은 마음을 잘 관찰하라는 것이다. 이를 뇌지예괘와 풍지관괘, 그리고 중산간괘를 통해 살펴보기로 한다. 먼저 기미의 도를 나타내는 예괘를 살펴보기로 하자. 괘사에서 "예는 제후를 세우고 군사를 행함이 이롭다."[91] 라고 한다. 즉 기미를 살펴 미리 준비를 해야 한다는 뜻이다. 여기서 기미란 우리 마음의 미발未發과 이발已發의 경계를 말한다. 미발일 때는 아직 알 수 없고, 이발일 때에는 이미 늦다. 그래서 기미를 알아차리는 것이 중요하다. 제후를 세우고 군사를 행한다는 것은 이처럼 기미를 알아차리기 위해 미리 준비를 한다는 뜻이다. 덧붙여 상전에서는 "우레가 땅에서 나와 떨치는 것이 예니, 선왕이 본받아서 음악을 만들고 덕을 숭상하며, 성대히 상제께 천신하여 조상을 배향한다."[92]라고 한다. 예괘의 상은 땅 밑에 있는 우레이니 곧 지진을 형상한 것이다. 즉 지진의 기미를 알아차리는 것과 같이 마음의 일어남을 알아차리라는 뜻이다. 그리고 음악이란 곧 조화를 뜻한다. 지진이 일어남은 우리들의 일상적인 삶이 붕괴되고 혼란에 빠지는 것을 뜻하지만, 단전에서 말하고 있듯이 이 역시 자연의 큰 조화의 한 부분에 불과한 것이다. 상제께 천신하고 조상을 배향하는 것은 이런 조화를 받아들이겠다는 의식을 말한다.

그렇다면 어떻게 자신의 마음의 기미를 살필 수 있을까? 초육의 효사에서 "초육은 공명하는 예이니 흉하다."[93]라고 한다. 공명이란 마음이 일어남을 보고 그것에 따라가는 것을 말한다. 이것은 결코 기미를 알아차리는 것이 아니라, 그냥 마음에 휩쓸려 가는 것에 지나지 않는다. 그렇다면 공명이 아니라면 어떻게 지켜볼 수 있을까? 지켜봄의 시작은 격한 감정을 지켜보는 것이다. 그래서 육이효에서는 "돌보다 단단하나 하루를 넘기지 못하니 계속하여 길하다."[94]라고 말한다. 여기서 개는 단단하다는 뜻이니 곧 격하게 일어난 마음을 말한다. 노자가 "강풍은 아

---

91 『周易』, 「雷地豫」.
92 『周易』, 「雷地豫」, "象曰."
93 『周易』, 「雷地豫」, "初六."
94 『周易』, 「雷地豫」, "六二."

침나절 동안 줄곧 불 수가 없고 폭우도 하루 종일 지속되지 못한다飄風不終朝 暴雨不終日."고 했듯이, 격하게 일어난 마음도 지켜보면 곧 사라진다. 그렇기 때문에 지켜볼 수 있으면 계속하여 길하다고 말한 것이다. 그렇지만 우리 마음의 기미를 알아차리는 일은 그리 쉬운 일은 아니다. 이를 육삼효에서는 "육삼은 해가 돋는 예니 후회가 늦으면 후회가 있다."[95]라고 말한다. 우盱는 '아!' 하고 탄식함을 뜻한다. 도신姚信은 『시경詩經』을 인용하여 우盱는 해가 돋는 것을 뜻한다고 하였다. 그러나 결국 그 의미는 같다. 즉 지평선 위로 해가 솟아오르듯이 마음의 일어남을 알아차린다는 뜻이니 기미를 알아차리기에 분명한 감정이나 생각을 뜻하기 때문이다. 그럼에도 이를 알아차리지 못한 것을 후회하니, 후회가 늦다는 것은 알아차림이 늦음을 후회하는 것이다.

마음이 일어나는 원인은 결국 '나'라는 개체의 욕망에서 비롯된 것이다. 이를 구사효에서는 "친구들이 비녀를 얻는 것"이라고 표현하고 있다. 즉, "구사는 말미암는 예니 크게 얻는 바가 있다. 의심치 않아서 친구들이 비녀를 합할 것이다."[96]라고 말하고 있다. 말미암는다는 것은 마음이 일어나는 원인을 알아차린다는 뜻이다. 친구들이 비녀를 합한다는 머리카락처럼 갈래갈래 흩어진 마음을 하나로 모을 수 있다는 뜻이다. 마음속에 아무리 많은 상념이 일어나도 그 원인은 매우 단순하다. 바로 '나'라는 개체의 욕망이며, 그렇기 때문에 의심이 사라져 마음을 한곳으로 모을 수 있다는 뜻이다.

그렇지만 '나'라는 개체의 욕망에서 비롯된 마음속의 상념을 없애는 일은 불가능한 일이다. 이를 육오효에서는 "육오는 병이 계속되나 항구

---

95 『周易』,「雷地豫」, "六三."
96 『周易』,「雷地豫」, "九四."

히 죽지는 않는다."[97]라고 말한다. 여기서 병이란 기미를 알아차리지 못한 마음이 계속 일어남을 말한다. 이처럼 상념이 계속될 때는 비추는 마음이 사라진 것으로 생각될 수도 있다. 그러나 비추는 마음은 결코 사라지지 않는다. 이를 상전에서는 "항불사는 중中이 죽지 않음을 말한다."라고 하였다. 중中이란 곧 항조심恒照心을 말한다. 구름이 계속해서 일어나지만 지켜보는 마음인 태양은 결코 사라지지 않음을 지적한 것이다.

이렇게 기미를 알아차리는 노력을 계속하다 보면 마침내 잠을 잘 때도 지켜보는 마음이 작동하게 된다. 물론 그 경지에 도달하기는 무척이나 어렵다. 그래서 마지막 상육 효사에서 "상육은 어두운 예니 성이 무너짐이 있으나 허물이 없다."[98]라고 말하고 있다. 여기서 어둡다는 것은 잠을 잘 때를 말한다. 기미를 알아차리는 최고의 경지는 잠을 잘 때도 지켜보는 마음이 작동하는 것이다. 그렇지만 잠을 자는 동안 기미를 알아차리기는 정말 어렵다. 그래서 기미를 알아차리지 못해도 큰 허물은 없다고 한 것이다.[99]

다음은 풍지관괘를 통해 바라본다는 것이 어떤 의미가 있는지 살펴보기로 한다. 먼저 괘사에서 "관은 손을 씻고 제사를 올리지 않은 듯하니 믿음이 있고 우러러 볼 것이다."[100]라고 하였다. 정자전程子傳에서 말하고 있듯이 관盥은 제사 지내는 처음에 손을 씻고 향술을 땅에 붓는 것이며, 천薦은 날것과 익은 것을 올리는 때를 말한다. 제사를 올리지

---

97 『周易』, 「雷地豫」, "六五."
98 『周易』, 「雷地豫」, "上六."
99 그래서 상전에서도 "상에 이르기를 명예가 위에 있으니 어찌 오래가리오象日 冥豫在上 何可長也?"라고 하였다. 잠을 자는 동안 기미를 알아차리지 못해도 곧 아침이 오리니 잠에서 깨어나면 다시 기미를 알아차릴 수 있게 된다는 뜻이다.
100 『周易』, 「風地觀」.

않은 듯하다는 깃은, 제사를 다 마치고 긴장을 푼 것이 아니라 아직 제사 중임을 말한 것이다. 제사에서 술잔을 올리는 것은 나의 동작 하나하나에 나의 마음을 두는 대표적인 사례로 언급되곤 한다. 이처럼 자신의 행동을 깨어서 지켜볼 수 있을 때 그 동작 하나하나는 경건한 것이 되며 동시에 그것을 보는 사람에게 교육적인 효과를 미치게 된다.

『금강경』 제1분 법회인유분法會因有分에서 '붓다가 탁발에서 돌아와 공양을 마친 다음 의발을 치우시고 발을 씻으시고' 등과 같은 자질구레한 내용이 기록된 이유는, 붓다의 모든 행동이 깨어 있는 상태에서 이루어진 것임을 말하기 위함이다. 붓다는 매 순간 각성된 의식으로 산다. 어떤 몸짓을 할 때 붓다는 그 몸짓 자체가 된다. 미소 지을 때 붓다는 미소가 된다. 그렇기 때문에 붓다의 걸음, 앉음, 몸짓 하나하나를 지켜보는 것은 커다란 은총이다.

이제 지켜봄의 의미를 효사를 통해 살펴보기로 하자. 즉, "초육은 동관이니 소인은 허물이 없고 군자는 인색하다."[101]라고 하였다. 이 동관이란 어린아이의 시각을 말한다. 어린아이는 아직 분별심이 나타나기 이전의 눈으로 사람을 바라보기 때문에 순진무구하다고도 할 수 있지만, 군자가 그런 눈으로 바라본다면 잘못된 것임을 지적한 것이다. 그렇다면 군자가 바라본다는 것은 어떤 것이어야 할까? 육삼 효사에서 "육삼은 나의 삶을 봄이니 나아가고 물러난다."[102]라고 하였다. 성인을 본다는 것은 결국 자신의 삶을 되돌아보기 위한 것임을 지적한 효사이다. 성인을 보는 두 가지 관점이 있다. 한 가지는 양시와 같은 '성인과녁설'이고 또 한 가지는 양명이 말한 '성인개개심중설聖人箇箇心中說'이다. 성인

---

101 『周易』, 「風地觀」, "初六."
102 『周易』, 「風地觀」, "六三."

과녁설은 초보적인 수준에서 성인을 보는 것이다. 동관이나 규관이 여기에 해당된다. 그러나 성인은 내 밖에 있는 목표, 즉 내가 본받고 따라야 할 존재가 아니다. 성인은 내 마음속에 있다. 나의 본성이 곧 성인의 본성이기 때문이다. 그 본성에 따라 나아가고 물러나는 것이 진정으로 성인을 본받는 것이다.

다음에 육사효에서 "육사는 나라의 빛을 봄이니 왕에게 손님이 되는 것이 이롭다."[103]라고 하였다. 나라의 빛을 보았다는 것은 수행하는 과정에서 나름대로의 깨달음을 얻었음을 말한다. 이제는 성인을 멀리서 바라보는 것에 머물러서는 안 되고, 직접 성인을 만나 부딪쳐보아야 할 때가 되었음을 뜻한다. 효사에서 왕이란 곧 성인을 말한다. 이제 깨달은 자에게 다가가 선문답을 할 시기가 되었다. 물론 몽둥이로 두드려 맞고 손가락이 잘릴 위험도 있음을 각오해야 한다. 그리고 구오효에서 "구오는 나의 삶을 봄이니 군자는 허물이 없다."[104]라고 하였다. 구오는 성인이 되어서 자신의 삶을 되돌아보는 것을 말한다. 불교에서는 이를 오후수행惡後修行이라고 부른다. 한적한 곳에 가서 자신의 과거를 되돌아보아 그것을 정화하는 것이다. 티벳 불교의 중음수행은 생전에 자신의 삶을 정화하지 못한 사람들이 죽음과 새로운 탄생 사이에서 자신의 삶을 되돌아보고 정화하는 수행이다. 사후생을 경험한 수많은 사람들의 증언에도 나타나듯이, 죽음의 순간에 자신의 삶이 파노라마처럼 펼쳐지는 것을, 그 속에서 타인들이 느끼는 감정을 생생하게 경험하게 된다. 그렇다면 지켜봄의 끝은 무엇일까? 상구효에서 "상구는 그 삶을 보는 것이니 군자는 허물이 없다."[105]라고 하였다. 여기서 그 삶이란

---

103 『周易』, 「風地觀」, "六四."
104 『周易』, 「風地觀」, "九五."

모든 존재의 삶을 말한다. 성인은 공동체의 구성원뿐만 아니라 모든 존재의 삶이 행복한지 살펴볼 수 있어야 한다. 모든 존재가 각각의 위치에서 그 아름다움을 꽃피울 때 비로소 허물이 없다고 할 수 있는 것이다.

지켜봄의 마지막 괘로 중산간괘를 살펴보기로 하자. 간괘의 괘사에서 "그 등에 멈추면 그 몸을 얻지 못하며, 그 뜰에 들어가도 그 사람을 보지 못하니 허물이 없을 것이다."[106]라고 하였다. 간은 멈춤의 도를 말한다. 어디에 멈추어야 할까? 물론 지극한 선至善이다. 지극한 선은 물론 자신이 처한 시간적·공간적인 위치에 따라 다르다. 괘사에서 '그 등에 멈춘다.'는 것은 오감五感에 의한 욕망을 등진다는 뜻이며, '그 몸을 얻지 못한다.'는 것은 자신을 잊는 것忘我이니 멈춤의 지극한 모습이다. 그 뜰에 들어가도 그 사람을 보지 못한다는 것은 밖의 사물과 접하지 않아 안의 욕망이 일어나지 않음外物不接 內欲不萌을 말하니 멈춤의 도가 지극한 모양을 나타내고 있다. 대상전에서는 이를 보완하여 "상에 이르기를 산이 겹쳐 있는 것이 간이니 군자가 본받아서 생각이 그 위치를 벗어나지 않는다."[107]라고 말하고 있다. 생각이 위치를 벗어나지 않는다는 것은 시간적·공간적으로 생각이 지금·여기를 벗어나지 않는 것을 말한다. 곧 항조심恒照心의 발현을 통한 현존을 뜻한다. 그렇다면 구체적으로 생각을 어디에 멈추어야 하는지 효사를 통해 살펴보기로 하자.

"초육은 그 발꿈치에 머묾이니 허물이 없을 것이다. 길이 바르게 함이 이롭다."[108]라고 하였다. 발꿈치는 마음이 움직이기 시작하는 곳을 말한다. 그때 바로 알아차리고 마음을 멈추니 허물이 없다는 뜻이다.

---

105 『周易』,「風地觀」, "上九."
106 『周易』,「重山艮」.
107 『周易』,「風地觀」, "象曰."
108 『周易』,「重山艮」, "初六."

효사에서는 그런 방식으로 계속하면 항조심이 항상 발동할 수 있음을 지적하고 있다. 이후 육이효는 장딴지를 말하는데 이는 욕망이 이미 동한 후에 마음이 멈추는 것을 말하고 있다. 그리고 구삼은 욕망의 최고조에 도달한 상태를 지켜보는 것을 말하고,[109] 구사는 감정을 지켜보는 상태를 말하고 있다.[110]

다음에 지켜보아야 할 것은 말이다. 육오는 뺨에 멈추어야 함을 말하고[111] 상구에 이르러 마침내 멈춤의 도가 실현됨을 말하고 있다.[112]

이처럼 간괘는 우리에게 멈춤의 도를 가르치고 있다. 현대 교육은 오직 나아가는 방법만을 가르치고 있다. 좋은 성적과 좋은 학교와 좋은 직장을 향해 나아가도록 끊임없이 욕망을 부채질하는 것이다. 이것이 현대 교육의 모든 것이라고 해도 과언이 아니다. 현대 교육은 이런 나아감의 길에서 벗어난 사람들을 부적응자라고 부른다. 그러나 과연 그러한 나아감의 끝은 어디일까? 자신의 무덤이 아닐까? 넓은 묘지와 아름다운 조경과 좋은 석물로 자신의 무덤을 치장하고 싶어 그렇게 열심히

---

109 구삼은 그 허리에 멈춤이니 그 등뼈를 벌리는 듯하고 그 괴로움이 마음을 태우는 듯하다. 여기서 인夤은 등뼈를 말하고 훈심薰心이란 불을 때어 연기가 마음을 까맣게 그을리는 것을 묘사한 것이다. 마음이 욕망에 동한 지 한참 되었다. 그럼에도 마침내 지켜보는 마음이 작동하여 그 욕망을 멈추니 참기 어려운 고통을 말하고 있다.

110 육사는 그 몸에 멈춤이니 허물이 없을 것이다. 여기서 몸은 상반신, 특히 가슴을 말한다. 가슴은 희로애락의 감정이 나오는 곳이다. 이런 감정의 발현이 지켜보는 마음에 의해 멈추었으니 무슨 허물이 있겠는가?

111 육오는 그 뺨에 멈추어 말에 차례가 있어 후회가 없어진다. 보輔는 보輔와 같다. 즉 뺨이라는 뜻이다. 뺨은 곧 말이 나오는 곳이니 말을 할 때 지켜볼 수 있으면 결코 후회할 말을 하지 않게 된다는 뜻이다. 또 상전에서 "상에 이르기를 '간기보艮其輔'는 중으로서 바르기 때문이다."라고 하였는데 이는 효의 위치로 따지면 육오는 중이기는 하나 정은 아니다. 여기서 중이란 마음이 '지금' '여기'에 있어 바르게 될 수 있음을 말한다.

112 상구는 두텁게 멈춤이니 길할 것이다라고 한다. 이는 멈춤의 도가 실현된 것을 말하고 있다. 이제 언제 어디서나 항조심이 발현되고 있으니 어찌 길하지 않을 수가 있겠는가? 이를 상전에서는 "돈간지길敦艮之吉은 두터움으로 마치기 때문이다."라고 하였다. 이는 예수가 십자가에서 '다 이루었다.'라고 말한 것과 같다.

나아가는 것일까? 우리는 가끔씩 멈추고 자신을 돌아보아야 한다. '나는 어디서 왔다가 어디로 가는가?' 하고 물어야 한다.

중요한 것은 생각이 근본적으로 마음의 본성에서 자연스럽게 일어나는 것임을 이해하는 것이다. 지켜본다는 것은 마음에서 일어나는 어떤 관념이나 이미지에 초점을 맞추는 것이 아니다. 그런 생각이 일어나면 그것에 휘말리지 않은 채 그 생각이 저절로 흘러가도록 내버려두는 것이다. 그때 우리는 저절로 일어난 그 생각이 우리의 개인적인 결정에 따라 이루어진 선택이 아님을 알 수 있다.

멈춤을 가르친다는 것은 생각의 흐름을 지켜보도록 한다는 뜻이다. 생각이 일어나면 아이들의 놀이를 지켜보는 지혜로운 노인처럼 대해야 한다. 그것을 억지로 억압하거나 그것에 개입하려는 것은 어리석은 일이다. 생각이 일어나면 마음을 통해 흘러가도록 그대로 두어야 한다. 그리고 가끔 생각들 사이에 빈틈이 보이면 그 빈틈을 살펴보아야 한다. 이런 연습을 통해 일상적인 삶에서 알아차림이 증가하면 상념의 흐름이 점차 느려진다.

인도의 신비가인 메헤르 바바Meher Baba는 빠르게 흘러가는 마음이 병을 가져온다고 했다. 큰비가 오기 전에 구름이 순간순간 모양을 바꾸며 빠르게 흘러간다. 그와 같이 예상치 못한 큰일을 당하거나 갑자기 두려움이 엄습하면 마음속에는 온갖 상념들이 거칠고 빠르게 일어난다. 이럴 때 빨리 펜과 백지를 마련하여 일어나는 마음을 기록해본다. 그러면 점차 마음의 속도가 느려진다. 천천히 흐르는 마음은 항상 건강하다.

5) 탈조건화를 통해 '나'로부터 벗어나라

    분리 독립된 개체로서의 '나'라는 생각에서 벗어나려면 '나'라고 하는 생각이 어떻게 형성되었는지 아는 것이 필요하다. 다시 말해 언제 어떤 상황에서 '나라고 하는 생각이 드러나는가를 살펴보아야 한다. 탈조건화란 이런 조건화된 '나'를 자각하는 행위를 말한다. 매 순간 조건화된 나를 알아차리는 것이 곧 조건화에서 벗어나는 유일한 방법이라는 것이다. 이러한 가르침을 주역의 소축괘와 화뢰서합괘를 통해 살펴보기로 하자.

    먼저 소축괘는 덕을 쌓는 방법이 곧 '나'라고 하는 조건화를 탈조건화하는 것임을 지적한 괘라고 할 수 있다. 소축괘의 괘사에서는 "소축은 형통하니 구름만 가득하고 비가 오지 않는 것은 내가 서쪽 들판으로부터 하기 때문이다."[113]라고 말하고 있다. 우리가 흔히 도와 덕의 관계를 볼 때 도道는 한 번에 깨달을 수 있는 것이지만, 덕德은 조금씩 쌓아가는 것이다. 따라서 덕의 공부는 점진적이고 더디다. 구체적으로 말하면 덕을 쌓아간다는 것은 '나'라고 하는 조건화된 마음을 탈조건화하는 일이다. 우리는 누구나 조건화된 '나'를 가지고 있다. 그 조건화된 내가 진정한 내가 아니라 나는 우주적인 존재라는 것이 도라면, 그러한 조건화된 나를 조금씩 탈조건화하는 것이 바로 덕이라고 할 수 있다. 소축괘는 이런 조건화된 나를 탈조건화하는 과정을 잘 나타내주고 있는 괘이다.

    탈조건화의 과정은 무척이나 더디다. 조금의 진척도 없는 듯이 느껴지기도 한다. 어떤 분야를 막론하고 공부를 하다 보면 더 이상 진척이

---

113 『周易』, 「風天小畜」.

없는 상황이 도래한다. 공부를 하는 사람의 입장에서 이런 상황은 괘사에서 밀운불우密雲不雨와 같이 답답하다. 이런 상황에 처한 사람은 자신의 노력이 과연 올바른 방향인지 다시 한 번 검토해보아야 한다. 소축이란 작은 것에 큰 것을 담는다는 의미가 있다. 즉 불가능한 것을 시도하는 어리석음을 버리라는 의미이다. 그러나 소축괘의 또 한 가지 의미는 이러한 어리석은 노력이 반드시 필요하다는 것이다. 왜냐하면 이러한 어리석음을 통해 비로소 막다른 골목을 인식하게 되고 크게 도약할 수 있는 계기를 마련할 수 있기 때문이다. 마치 애벌레가 고치 속에서 경험하는 답답함이 바로 나비로 변신할 수 있는 막다른 골목임을 인식하는 것과 같은 이치이다.

'나무가 비를 부른다.'는 말이 있다. 우리는 나무와 무관하게 대기의 흐름에 따라 비가 내리는 것으로 생각한다. 그러나 풀 한 포기는 모든 우주와 연결되어 있다. 열대 우림雨林이란 말을 잘 생각해보면 비雨와 숲林은 서로 연결되어 있음을 알 수 있다. 즉 비가 많이 내려서 울창한 숲을 이루는 것이 아니라, 울창한 숲이 비를 부르는 것이다. 우리가 사막에 나무를 심고 물을 주어 숲을 이루게 하면, 그 나무들이 비를 부를 것이다.

탈조건화란 결국 사막에 나무를 심는 것과 같다. 나무를 심고 물을 주지 않으면 나무는 말라 죽을 것이다. 그러나 물을 주고 잘 가꾸면 어느 때인가 나무가 비를 불러 사막은 무성한 숲이 될 수 있을 것이다. 그래서 '하늘은 스스로 돕는 자를 돕는다.'고 하는 것인지도 모른다.

다음은 화뢰서합괘를 통해 구체적으로 '나'라는 생각을 없애는 과정을 살펴보기로 하자.

괘사에서 "서합은 형통하니 옥을 씀이 이롭다."[114]라고 하였다. 서합에서 서噬는 씹는 것이고 합嗑은 합하는 것이다. 씹어서 합해야 음식물을 소화하기에 이롭다는 것이다. 서합괘는 아상을 없애는 수행 과정을 나타낸 것이다. 분리되고 독립된 '나'라고 하는 상을 없애기 위해서는 이를 씹어 잘게 부수어야 한다. 감옥獄을 사용한다는 것은 아상을 없애는 것이 그만큼 어렵고 따라서 그 과정이 감옥에 가두는 것과 같이 엄격해야 함을 말한 것이다. 이를 단전에서는 "단에 이르기를 턱 가운데 물건이 있기 때문에 서합이라 이르는 것이니 씹어 합해야 형통하다. 강과 유가 나뉘고, 움직여서 밝고, 우레와 번개가 합쳐서 빛나니 유가 중도를 얻어 위에서 행하여지기 때문이다. 비록 위가 마땅하지 않더라도 옥을 씀이 이로울 것이다."[115]라고 하였다. 양 어금니 사이에서 자아감각의 딱딱한 것과 부드러운 것이 나뉘고 턱이 움직일 때마다 자아감각이 사라져 세상을 보는 눈이 밝아지는 과정을 나타낸 것이다. 이는 마치 우레와 번개가 합치는 것과 같이 요란하고 갑작스럽다. 또한 강한 번개가 칠 때의 밝음과 같은 깨달음이 온 세상을 비추게 된다. 이와 유사한 상황을 우리는 "위대한 도에는 문이 없다大道無門."는 게송과 『무문관無門關』이라는 화두집으로 유명한 무문혜개(無門慧開: 1183~1260) 선사의 글에서 찾아볼 수 있다. 그는 조주趙州의 "개에게는 불성이 없다狗子無佛性."라는 화두를 가지고 수행하는 모습을 다음과 같이 묘사하였다.[116]

360의 뼈마디와 8만 4천의 털구멍을 포함한 전신에, 이 의심 덩어리疑團를 일으켜 '무無'자에 참여하라. 밤낮으로 떨쳐 일으켜 허무의 덩어리를 짓지 말고 있다거나 없다거나 하는 덩어리도 짓지 말라. (그렇게 하면) 마

114 『周易』, 「火雷噬嗑」.
115 『周易』, 「火雷噬嗑」, "象曰."
116 한형조, "무문관 탐방", 『현대불교신문』 1997년 4월 6일자.

치 뜨거운 쇳덩이熱鐵丸를 삼킨 것과 같아서 토하고 또 토해도 나오지 아니한다. 종전의 잘못된 앎과 깨달음을 다 탕진하고 오래오래 무르익어純熟 자연스럽게 안과 밖이 하나로 된다면, 벙어리가 꿈을 꾼 것과 같이 단지 스스로만 알 수 있을 뿐으로 갑자기 탁 트이면 하늘이 움직이고 땅이 놀랄 정도에 이른다. (그때가 되면) 관우 장군의 큰 칼을 탈취하여 수중에 넣은 것과 같아서 부처를 만나면 부처를 죽이고 조사를 만나면 조사를 죽여 삶과 죽음의 백척간두에서 대자재大自在를 얻어 육도사생六道四生의 한가운데를 향해 유희삼매할 것이다.

위의 인용문에서 깨달음의 순간을 '갑자기 탁 트이면 하늘이 움직이고 땅이 놀랄 정도에 이른다.'라고 했듯이, 자신의 전 존재를 던진 의심과 이의 타파는 매우 극적이며 또한 돌발적인 것이다. 깨달음의 체험은 지금까지 방죽에 갇혀 있던 물이 둑이 갑자기 무너져 흘러내리는 것과 같다. 즉, 마음의 작용을 구속하는 메커니즘이 사라져 마음이 거침없이 자유롭게 작용하여 숨어 있던 역동성을 유감없이 발휘하는 것이다. 또 나의 시야를 가리고 방해하던 모든 것이 사라지고 새로운 천지가 눈앞에 전개된다. 그 천지는 한없이 넓어져 시간의 궁극에까지 도달하며 지금까지 시간과 공간에 한정되어 있던 것들이 이 경지에 일단 들어서면 엄청난 활동의 자유를 체득한다. 그래서 마음의 활동 가능성은 그 한계를 가늠할 수 없게 된다.

그러나 이러한 깨달음을 얻었다고 하여 존재 자체가 바로 변하는 것은 아니다. 존재의 변화는 이런 깨달음을 일상생활을 통해 꾸준히 실천하는 것을 통해 이루어진다. 이를 효사를 통해 구체적으로 살펴보기로 하자.

'나'라는 아상을 없애는 것은 작은 것에서 시작해야 한다. 그것을 서합괘의 효사에서는 발꿈치를 멸하는 것이라고 말하고 있다.[117] 발꿈치는 우리 몸에서 그리 중요한 부분이 아니다. 아상을 없애는 것은 작은 것에서부터 시작해야 함을 말하는 것이다. 그리고 발꿈치의 또 한 가지 의미는 우리 몸을 움직이는 단서라는 것이다. 즉 아상을 없애는 것은 마음의 움직임을 주시하는 것에서부터 시작한다는 뜻이다.[118]

다음 육이 효사에서는 자아존중감의 상징인 코를 멸하는 것을 말하고,[119] 육삼은 뼈를 멸하는 과정을 설명하고 있다.[120] 이러한 나를 없애는 수행 과정에서 주의해야 할 단계가 있다. 그것을 구사효에서는 금화살을 얻는 것으로 설명하고 있다.[121] 그리고 육오효에서는 아상의 근본

---

117 초구는 형틀을 신겨 발꿈치를 멸하니 허물이 없다.

118 이를 상전에서는 "상에 이르기를 이교멸지는 움직이지 못하게 함이다."라고 부언하고 있다. 즉 마음의 움직임을 멈추라는 뜻이다. 우리 마음은 끊임없이 내달린다. 공자가 "잡으면 보존되고 놓으면 잃어서, 나가고 들어옴이 정한 때가 없으며, 그 방향을 알 수 없는 것은 오직 사람의 마음을 두고 말한 것입니다."라고 했듯이 우리 마음은 멈추기 어렵다. 그래서 맹자는 무시無時로 출입하는 마음을 쓸어 모아 움직이지 못하게 하는 것이 중요하다고 했다. 즉 "사람이 닭과 개가 도망가면 찾을 줄 알되, 마음을 잃고서는 찾을 줄을 알지 못하니 학문學問하는 방법은 다른 것이 없다. 그 방심放心을 찾는 것일 뿐이다."라고 했다.

119 육이는 살을 씹어 코를 멸하니 허물이 없을 것이다. 살은 발뒤꿈치보다는 중요한 부분이다. 왜냐하면 살은 내가 나라고 생각하는 나의 모습을 드러내는 껍질이기 때문이다. 여기서 코를 멸한다는 것은 자아존중감을 소멸시키는 것을 말한다.

120 육삼은 말린 고기를 씹다가 독을 만남이니 조금 인색하나 허물이 없을 것이다. 여기서 석육腊肉은 말린 고기를 말한다. 말린 고기는 뼈에 붙은 고기, 즉 자肺 같다. 뼈란 아상의 핵심을 말한다. 뼈에 붙은 마른 고기를 씹었다는 것은 아상을 없애는 마지막 단계 직전까지 왔다는 뜻이다. 그러나 아직은 뼈에 붙은 마른 고기를 씹을 정도로 이가 튼튼하지 못하다. 즉, 수행력이 따르지 못한다는 뜻이다. 독을 만난다는 것은 바로 이 점을 말하고 있다. 즉 자신의 능력에 부치는 노력을 말하고 있는 것이다. 그렇지만 그 노력이 가상하기 때문에 조금 인색하나 허물이 없다고 했다.

121 구사는 마른 고기를 씹어서 금 화살을 얻으니 어렵고 바르게 함에 이로우면 길하다. 여기서 금 화살이란 과녁을 적중시킬 수단을 말한다. 이제 수행력이 증진되어 뼈에 붙은 마른 고기를 씹을 정도에 이르렀다. 그리고 마침내 아상을 없애는 수단인 금 화살을 얻었다. 그러나 금 화살은 그 자체가 목표가 아니고 뼈와 골수에 적중시킬 수 있는 수단에 불과한 것이다. 이때가 중요하다. 많은 수행자들이 금 화살을 얻고서 그것을 궁극적인 깨달음으로 착각한다. 그러나 금 화살은 마지막 깨달음을 얻기 위한 수단에 불과하다. 수행의 고삐를 늦추지 않고 매진해야 할 시기가 바로 이때이다.

에 도달하여 조심해야 할 것을 말하고[122] 마지막으로 아상 소멸에 이르지 못한 자가 나이가 들어 수행하는 제스처만 취하는 어리석음을 유의할 것을 말하고 있다.[123]

이처럼 서합괘는 아상을 멸하는 도를 제시한다. 아상이란 무엇인가? 나라고 하는 분리, 독립된 개체가 존재한다는 생각이다. 현대 문명은 더 이상 나뉘지 않는 분리, 독립된 개체를 개인이라고 하며, 이런 개인에게 하늘로부터 부여한 인권이 있다고 하는 전제하에 출발했다. 그리고 현대 교육에서는 이를 이어받아 학습자의 자아존중감self-esteem 확립을 교육의 중요한 목표로 제시하였다.

그러나 최근 이런 자아존중감 교육에 심각한 문제가 있다는 주장이 제기되고 있다. 즉 자아존중감이 타인을 배려하지 못하는 인간을 기르고 있는 것이 아닌가 하는 의문이 제기되고 있는 것이다. 연구 결과에 따르면 이런 자아존중감 교육으로 인해 자기가 다른 사람들보다 더 특별하고 중요하다고 여기는 학생들은 대부분 타인에게 너그럽지 못하고 자신에 대한 비판도 참지 못하게 된다고 한다.

---

122 육오는 마른 고기를 씹어 황금을 얻으니 바르고 위태롭게 여기면 허물이 없다. 육오에 이르러 마침내 아상의 근본에 이르렀다. 그런데 왜 바르고 위태롭게 여기라고 하는 것일까? 아직 뼈를 씹는 데까지는 이르지 못했기 때문이다. 뼈와 그 속에 있는 골수까지 없애야 비로소 아상을 완전히 없앴다고 할 수 있기 때문이다. 불교에서는 깨달음을 유여열반有餘涅槃과 무여열반無餘涅槃으로 나눈다. 유여열반은 깨달음을 얻었지만 아직 몸이 남아 있기 때문에 육체적인 필요를 충족시켜야 함을 말하고, 무여열반은 죽음으로써 완전히 대자유를 얻은 상태를 말한다. 아상이란 육체가 남아 있는 한 완전히 없애기는 어렵다. 물론 육오는 아직 유여열반에도 이르지 못했다. 그래서 바르고 위태롭게 여기라고 한 것이다.
123 상구는 형틀을 씌워서 귀를 멸하면 흉할 것이다. 상구는 시기적으로 이제 아상의 뼈와 골수를 멸해야 할 시기가 되었음을 말한다. 그런데도 귀를 씹는 것은 무언가 잘못된 것이다. 귀에도 물론 뼈가 있고, 그 뼈는 부드러워 씹기가 쉽다. 육오에서 아상의 근본에 이른 자가 다시 귀를 없애려 한다는 것은 남에게 보이기 위한 제스처에 불과하다. 그래서 흉하다고 한 것이다.

자아존중감은 자아에 대한 긍정적인 이미지를 심어주는 것이다. 그러나 분리, 독립된 개체로서의 자아에 대한 긍정적인 이미지는 타인과의 비교에서 이루어질 수밖에 없다. 즉 타인과의 비교에서 자신이 우월하다는 느낌을 가져야 자신에 대해 긍정적인 이미지를 가질 수 있다는 것이다. 그래서 학부모들은 아이가 학교에 들어가게 되면 아이의 '기를 살리는' 일에 매진하는 것이다. 그러나 타인과의 비교에서 얻게 되는 우월감은 결코 오래갈 수 없다. 자신이 모든 면에서 우월할 수는 없기 때문이다. 그래서 우월감은 열등감을 항시 동반하게 되는 것이다.

서합괘는 이런 잘못된 자아관을 없애기 위한 방법을 잘 보여주는 괘이다. 나는 결코 분리 독립된 개체가 아니다. 나는 모든 존재와 서로 연결되어 있는 존재이다. 내 안에는 우주 삼라만상의 모든 요소가 들어 있다. 그래서 우리 모두는 우주적인 존재인 것이다.

그러나 아이들은 성장하면서 '나'라고 하는 분리 독립된 개체가 존재한다는 잘못된 자아관을 가지게 된다. 서합괘에서는 이러한 자아관을 잘게 씹어 부수는 방법을 제시하고 있다. 아상을 없애는 출발은 마음의 움직임을 주시하는 것이다. 마음의 움직임 속에서 '나'라고 하는 상념이 어떻게 작용하는지 살피는 것이다.

6) 감응을 통한 변화

현대 문명 속에서의 변화는 제도나 구조를 변화시킴으로 가능하다고 말한다. 그래서 수많은 개혁, 변혁, 혁신, 혁명 등이 일어났고 또 일어나고 있다. 그러나 변화는 제도나 구조가 변화함으로써 이루어지는 것은 아니다. 변화는 오직 감응을 통해 일어난다. 이는 주역의 함괘가 잘 설명하고 있다.

괘사에서 "함은 형통하고 바르게 함이 이로우니 여자를 취하면 길할 것이다."[124]라고 말하고 있다. 함괘는 『주역』「하경下經」의 출발이며 감응의 도를 나타낸다. 그리고 감응의 출발은 남녀관계에서 비롯되기 때문에 남녀의 도를 나타낸다고도 할 수 있다. 함괘의 다음 괘인 항恒괘가 부부의 도를 나타내고, 다음 괘인 둔遯괘는 부자의 도, 그리고 대장大壯괘는 군신관계의 도를 보여준다. 『주역』 하경의 출발이 감응의 도라고 하는 것은 의미심장하다. 상경이 천지자연의 질서와 조화를 나타낸 것이라면 하경은 인간의 도를 설명하고 있다. 그 출발이 바로 마음과 마음이 서로 감응하는 함괘인 것이다.

이를 단전에서는 "단에 이르기를 함은 감응이니 부드러운 것이 위에 있고 강한 것이 아래에 있어 두 기운이 감응하여 서로 더불어 머물러 기뻐하고 남자가 여자에게 낮춤이다. 이런 까닭에 형통하고 바르게 지킴이 이로우니 여자를 취함이 길한 것이다. 천지가 감응하여 만물이 화생하고 성인이 인심을 감동시켜 천하가 화평하니 그 감동하는 바를 관찰하면 천지만물의 정을 볼 수 있을 것이다."[125]라고 구체적으로 부연하여 말하고 있다. 인간사회의 변화와 발전은 투쟁과 갈등이 아니라 마음과 마음의 감응을 통해서 이루어짐을 말하고 있는 것이다. 남자가 여자를 얻는 것은 힘을 통해 상대를 굴복시키는 것이 아니라 여자의 마음을 감동시켜야 가능한 것이다. 무력을 통한 투쟁과 갈등은 또 다른 투쟁과 갈등을 낳지만 감동은 화합과 조화를 낳기 때문인 것이다.

함괘에서는 거시적으로 탈현대의 변화가 어떻게 이루어져야 하는지

---

124 『周易』,「澤山咸」.
125 『周易』,「澤山咸」, "象曰."

를 묘사하고 있다. 즉, 탈현대는 갈등과 투쟁이 아니라, 가슴에서 가슴으로 이어지는 감동을 통해 건설될 수 있음을 말해주고 있다. 미시적으로는 이성 중심의 현대 교육이 어떻게 변화해야 하는지를 설명하고 있다. 즉 상생相生과 조화調和를 통한 성장은 교사와 학생의 교감交感을 통해 이루어져야 함을 말하고 있는 것이다.

교감은 사랑하는 관계에서만 일어날 수 있다. 사랑하는 연인들은 서로에 대해 민감하게 깨어 있다. 그래서 사랑하는 사람들은 주위의 풍경에 대해서도 민감하게 반응한다. 탈현대 학교는 학생과 학생 사이에서, 그리고 교사와 학생 사이에서 사랑이 민감하게 깨어 있는 곳이 되어야 한다. 또한 탈현대의 학교는 즐거우면서도 경건하고 엄숙한 곳이 되어야 한다. 학교는 우리의 이웃을 내 몸과 같이 사랑하는 것을 배우는 장소가 되어야 하고, 인간과 자연에 대한 개방된 감수성으로서의 인仁을 배우는 장소가 되어야 하며, 무엇보다도 살아 있음의 의미를 깨닫는 곳이 되어야 한다. 교사는 가을에 낙엽이 떨어질 때 학생들이 그 노래를 들을 수 있도록 해야 한다. 그리고 비가 올 때 학생들이 비를 맞으며 춤출 수 있도록 해야 한다.

또한 교사는 학생들이 종이 속에서 구름이 떠 있는 모습을 볼 수 있도록 해야 한다. 구름 없이는 물이 없고, 물 없이는 나무가 자랄 수 없으며, 나무가 없이는 종이를 만들 수 없기 때문이다. 또한 종이 안에 햇빛도 있고, 나무꾼도 있고, 나무꾼이 먹은 빵이 있고, 나무꾼의 아버지도 있음을 보도록 해야 한다. 이런 교육을 통해 학생들은 분리된 자아를 비울 수 있고, 전 우주에 가득 찰 수 있다.

2. 마음교육의 관점과 방법

1) 관점을 바꾸어라

마음교육이란 존재 변화를 목적으로 하는 것인데, 이를 위해서는 자신과 세계를 바라보는 관점의 코페르니쿠스적인 전환이 필요하다. 택화혁괘澤火革卦에서는 이런 관점의 혁신적인 전환을 잘 설명하고 있다. 마음교육의 측면에서 보면, 혁괘는 '분리된 개체로서의 나'로부터 '우주적인 존재로서의 나'로 나를 바라보는 관점을 어떻게 혁신할 것인가에 대한 가르침을 담고 있다. 자신을 바라보는 관점의 전환은 매우 중요한 일이지만 동시에 무척 어려운 일이다. 자신과 주변을 살펴보면, 작은 습관 하나 바꾸는 것도 쉽지 않다는 것을 쉽게 알 수 있다. 그래서 혁괘 괘사에서는 "혁은 날을 마쳐야 이에 믿는다."[126]라고 했다. 즉 나를 바라보는 관점의 변화가 무척 어려운 일이기 때문에 실제로 변화가 이루어진 후에야 그것을 믿게 된다는 말이다.

나를 바라보는 관점의 전환은 이렇게 어려운 것이다. 그러나 일단 전환을 이루고 나면 이보다 좋은 일이 없다. 그래서 괘사에서 혁은 "크게 형통하다元亨."라고 말한 것이다. 그러나 또한 나를 바라보는 관점의 전

---

126 『周易』, 「澤火革」.

환을 이루는 데 있어서 바르게 하는 것利貞이 중요하다. 마음교육의 관점에서 보면, 혁괘의 효사들은 어떻게 하는 것이 바르게 나를 바라보는 관점의 전환을 이루는 것인가에 대한 서술이다.

초구 효사는 "황소의 가죽으로 묶는 것이다."[127]이다. 『설문說文』에 "혁은 짐승의 가죽에서 그 털을 버리고 가죽만 남게 변화시킨 것이다獸皮治去其毛革更之."라고 했다. 또 「잡괘전雜卦傳」에서는 "혁은 옛것을 버리는 것革 去故也"이라고 했다. 모두 과거의 것을 '버린다去'는 뜻이다. 마음교육의 측면에서 볼 때, 버려야 할 과거의 것이란 무엇일까? 그것은 바로 나 자신과 세계를 '시간과 공간적으로 분리된 개체'로 바라보는 현대적인 관점이다.

어떻게 버려야 할까? "황소 가죽으로 묶어鞏用黃牛之革" 버려야 한다. 황소 가죽은 지극히 질긴 것이다. 황소 가죽으로 묶는다는 것은 지극히 질긴 것으로 옴짝달싹 못하게 단단히 묶는 것을 의미한다. 무엇을 묶어야 할까? 그것은 바로 나와 세계를 바라보는 관점의 변화에 저항하는 자기 자신의 마음이다.

초구 상전象傳에서는 "'공용황우鞏用黃牛'는 무언가 할 수 있도록 해서는 불가하다."[128]라고 했다. 이는 나와 세계를 바라보는 관점의 전환을 이루는 과정에서 불쑥불쑥 올라오는 변화에 저항하는 목소리가 무언가를 할 수 있도록 해서는 안 되기 때문이다.

육이 효사에서는 괘사에서와 같이 "날을 마쳐야 바야흐로 변화함已日乃革之"을 말한다. 이는 다시 한 번 나를 바라보는 관점의 변화가 어려움을 환기시켜주는 말이며, 성급히 "나는 이제 변화했다."라고 말해서

---

127 『周易』, 「澤火革」, "初九."
128 『周易』, 「澤火革」, "象曰."

는 안 됨을 경계하는 것이다.

구삼 효사는 "가면 흉하고 계속하여 위태로우니 혁신의 말 세 번에 믿음이 있다."[129]이다. 여기서 다시 한 번 나 자신과 세계를 바라보는 관점 전환의 어려움을 지적하고 있다. 마음교육의 측면에서 볼 때, '간다征'는 것은 무엇일까? 이것은 나를 바라보는 관점을 혁신하려는 노력이 어려움에 부딪혀 마침내 이를 포기하는 것을 뜻한다. 그래서 가면 흉하고 계속해서 위태로운 것이다. 그렇다면 어떻게 해야 할까? '혁언삼취革言三就'가 그 해답이다. '혁언삼취'란 끊임없이 자신에게 '새롭게 태어나라'고 속삭여주고, 용기를 북돋아주는 것을 말한다.

구사 효사는 "후회가 사라질 것이다. 믿음으로써 명을 바꾸니 길하다."[130]이다. 마침내 어렵고 힘든 과정을 거쳐서 관점의 전환을 이루는 결정적인 관문을 통과한 것이다. 그래서 후회가 사라지고 믿음으로써 명을 바꾸니 길한 것이다.

구오 효사는 "대인이 호변이니 점을 치지 않더라도 믿음이 있다."[131]이다. 호변이란 호랑이가 털갈이를 하여 새롭게 태어남을 말한다. 마침내 결정적인 관점의 전환을 이룬 것이다. 그러니 점을 칠 필요가 없다. 길흉이란 '분리된 개체로서의 나'의 차원에서만 존재하는 것이며, 분리된 개체로서 나의 껍질을 벗어버리고 새롭게 태어난 나는 더 이상 점을 칠 필요가 없으며 깊은 믿음이 있는 것이다.

상육 효사는 "군자가 표변하고 소인은 낯만 고치니 가면 흉하고 바른 데 거처하면 길할 것이다."[132]이다. 이는 변화에 대한 마지막 경계사

---

129 『周易』, 「澤火革」, "九三."
130 『周易』, 「澤火革」, "九四."
131 『周易』, 「澤火革」, "九五."
132 『周易』, 「澤火革」, "上六."

이다. 변화를 이룸에는 깊은 무의식의 세계에 이르기까지 근본적인 변화를 이루어 불퇴전의 위치에 도달하는 사람도 있지만, 의식의 표면에서만 변화를 이루어 언제나 다시 예전으로 돌아갈 위험이 잠복해 있는 경우도 있다. 그러나 이제 후자의 경우라 하더라도 이미 결정적인 고비를 넘어섰으니, 꾸준히 바르게 노력한다면 길할 것이라고 혁괘는 말하고 있다.

2) 점진적으로 노력하라

『주역』에서는 마음교육에 있어서 두 개의 기둥을 제시하는데, 앞서 설명한 혁괘와 점괘漸卦가 바로 그것이다. 혁革에 의해 나와 세계를 바라보는 관점의 전환을 이룬다면, 그 다음 단계는 존재 차원에서 점진적인 변화를 이루어가는 것이다. 점괘에서는 바로 이런 점진적인 존재 변화를 설명하고 있다.

혁이란 눈에 보이는 변화이다. 그러나 점은 눈에 보이지 않는 변화이다. 그것은 향기가 몸에 배듯이 조금씩 진행된다. 곤괘坤卦 문언전文言傳에서 공자가 '내자점의來者漸矣'라고 했듯이 엄청난 일은 매일 조금씩 쌓여서 이루어진다. 대인이 호변虎變하고 군자가 표변豹變하는 것도 이러한 점의 결과인 것이다.

점괘 괘사는 다음과 같다. "점은 여자가 시집가는 것이 길하니 바르게 함이 이롭다."[133] 현재와는 달리 전통 사회에서 시집가는 일은 지극히 복잡하고 점진적으로 진행되는 일이었다. 한 단계 한 단계를 차례로

---

133 『周易』, 「風山漸」.

밟아 새로운 생활에 적응하는 과정이 점진의 대표적인 모습이었던 것이다. 그래서 마음교육에서의 점진적인 존재 변화를 점괘에서는 여자가 시집가는 일에 비유한 것이다. 이렇게 점진적으로 쌓아가는 노력이니 그 결과가 길하다. 또한 그 노력을 바르게 해야 진정한 자기 변화를 이룰 수 있다는 것이다利貞. 점괘 효사에서는 마음교육을 통해 점진적인 존재 변화를 이루어가는 과정을 서술하고 있다.

초육 효사는 다음과 같다. "기러기가 물가에 나아감이니 어린아이가 위태롭게 말을 하나 허물이 없을 것이다."[134] 마음교육을 통해 점진적인 존재 변화를 이루어가는 데 있어서, 가장 중요한 것은 나아가는 방향을 올바로 설정하는 것이다. 기러기가 육지로 나아가는 것은 기질에는 맞지 않지만, 올바른 목표를 설정했으므로 허물이 없는 것이다. 기러기가 물가로 나아가듯이, 무릇 마음교육을 하는 사람은 존재 변화의 목표를 바로 세우고 올바로 나아가는 것이 중요하다.[135]

육이 효사는 "기러기가 바위에 나아가 먹이를 맛있게 먹으니 길할 것이다."[136]이다. '기러기가 먹이를 맛있게 먹음'이란 마음교육의 차원에서 보면 무엇을 의미하는 것일까? 그것은 존재 변화를 위한 마음교육을 즐거운 마음으로 수행하는 것이다.[137] 즐거운 마음가짐으로 마음교육을 수행하는 것은 마음교육을 올바로 하는 것이고 그 결과는 길할 것이다.

구삼 효사는 "기러기가 육지에 나아감이니 남편은 나아가 돌아오지 않고 부인은 잉태하였으나 기르지 못하여 흉할 것이다. 도적을 막는 것

---

134 『周易』, 「風山漸」, "初六."
135 이현지·이기홍(2012), 「『논어』의 중용사상과 마음공부」, 『동양사회사상』 26.
136 『周易』, 「風山漸」, "六二."
137 김경숙(2005), 「마음공부법의 교육적 적용」, 제주교육대학교 석사학위논문.

이 이롭다."¹³⁸이다. '기러기가 육지로 나아감'이란 나아가지 말아야 할 방향으로 나아가는 것이다. 그러므로 흉한 결과를 초래한다. 마음교육의 측면에서 보자면, 이것은 무엇을 의미하는 것일까? 존재 변화를 위한 마음교육의 방향이 잘못되어 있음을 의미한다.

존재 변화를 위한 노력은 흔히 '현재의 부족한 나'를 벗어나 '미래의 완전한 나'에 도달하고자 하는 노력으로 길을 잘못 들어서기가 쉽다. 이것은 '분리된 개체로서의 나'의 틀 안에서 '우주적인 나'에 도달함을 추구하는 것이어서 결코 목표에 도달할 수 없는 것이다. 즉 '우주적인 나'에 도달함으로써 '나는 드디어 우주적인 나에 도달했다.'는 분리된 개체로서의 나의 자존감을 높이는 것이 존재 변화의 목표가 되는 것이다. '분리된 나'를 높이기 위한 목적에 의거해서 '우주적인 나'에 도달할 수 있는 길은 없다.¹³⁹ 그러므로 기러기가 육지를 향해 아무리 날아가도 길할 수 없듯이, 마음교육의 목표가 잘못된 채로 아무리 열심히 노력해도 어떤 존재 변화도 이룰 수 없는 것이다.

육사 효사는 "기러기가 나무에 나아감이니 혹시 그 각을 얻으면 허물이 없을 것이다."¹⁴⁰이다. 기러기는 물갈퀴가 있어 다른 새들처럼 나뭇가지에 앉지 못한다. 그러므로 기러기가 나무에 나아가고자 하는 것은 자기 기질에 맞지 않는 선택을 한 것이다. 그러니 옳지 않은 것이다. 그럼에도 불구하고 "혹 그 각을 얻으면或得其桷" 허물이 없다고 한 것은 나뭇가지에 날아오르고자 한 뜻이 좀 더 멀리 보기 위함이기에, 비록 기질에 맞지 않는 선택을 했더라도 순하고 공손하게 행동하면 도반의 도움을 얻어 허물이 없을 것이라는 것이다.

---

138 『周易』, 「風山漸」, "九三."
139 홍승표(2012), 「노자老子의 도道와 마음공부」, 『동양사회사상』 26.
140 『周易』, 「風山漸」, "六四."

마음교육의 측면에서 보면, 육사 효는 자신의 기질에 맞는 공부의 중요성을 강조하고 있다. 사람마다 기질의 차이가 있다. 그러므로 존재 변화라고 하는 공통된 목표를 향해 가는 사람들이라고 하더라도 자신의 기질에 맞는 공부 방법을 택하는 것이 중요하다. 자신의 에고가 위축되어 있는 사람은 자신을 긍정하고 북돋아주는 방법이 효과적이며, 기고만장해 있는 사람은 자신을 억눌러주는 방법이 좋다.

구오 효사는 "기러기가 언덕에 나아가니 아내가 3년간 잉태를 못하다가 마침내 이기지 못하니 길할 것이다."[141]이다. 언덕이란 높은 것이다. 기러기는 마침내 자신이 도달하고자 한 목표에 도달한 것이다. 목표에 도달하기까지 온갖 어려움을 극복한 모습을 아내가 3년 만에 원하던 아이를 가졌음에 비유하고 있다.

마음교육의 측면에서 보면, 이는 오랜 노력 끝에 마침내 존재 변화를 이룬 것에 해당한다. 존재 변화란 갖은 노력 끝에 3년 만에 원하는 아기를 갖는 것과 같이 어려운 일이다. 그러나 그 과정이 아무리 험난하더라도 인생에서 우리가 진정으로 목표로 삼아야 할 것은 오직 존재 변화밖에 없다. 또한 존재 변화를 이루고 나면, 우리는 영원한 자유, 평화, 기쁨을 얻을 수 있으며, 사랑하는 사람에게 기쁨을 선물할 수 있는 존재가 될 수 있다.

상구 효사는 "기러기가 육지에 나아가니 그 털이(라도) 의례에 사용할 수 있어 길할 것이다."[142]이다. 구삼 효사에서와 같이 기러기는 육지로 나아간다. 그러나 길하다. 왜일까? 상구에서 육지로 나아감은 구삼에서의 육지로 나아감과 모양은 같지만 그 의미가 다르기 때문이다.

---

141 『周易』, 「風山漸」, "九五."
142 『周易』, 「風山漸」, "上九."

어떻게 다를까? 구삼에서는 나아가지 말아야 할 곳으로 나아가 자신이 바른 목표를 잃고 혼란에 빠지는 것이지만 상구에서의 육지로 나아감은 아직 혼란에 빠져 있는 이웃에게 도움을 주기 위한 것이다. 마음교육에서 말하자면, 이는 십우도十牛圖의 입전수수入廛垂手와 같은 것이라고 할 수 있다.

3) 상념을 지켜보라

어떻게 마음교육을 할 것인가? 중부괘에서는 마음공부의 과정에서 상념이 일어날 때 이를 어떻게 처리해야 하는지 보여준다. 일반적으로 상념이 일어나면 그것을 억제하여 일어나지 않도록 해야 하며, 그래야 무념무상에 도달할 수 있다고 생각한다. 그러나 그런 방식으로는 결코 상념에서 벗어날 수 없다. 마음공부의 과정에서 상념을 끊으려 할수록, 상념은 더 강한 힘으로 내 마음을 파고든다.

상념에서 벗어나는 가장 좋은 방법은 그 상념을 지켜보는 것이다. 경주 화랑고등학교에서는 '마음공부법'이라는 교과를 두어 학생들에게 마음대조 일기를 쓰도록 하고 있다. 여기서 중요한 것은 경계의 발견과 그것을 기록하는 것이다. 경계란 일어나는 마음의 단서를 살펴보는 것이다. 즉 마음이 일어나도록 만드는 대상과 그 일어나는 마음을 동시에 살펴보는 것이다. 이런 과정을 계속하게 되면 자신의 마음의 정체를 알게 된다. 결국 우리 마음이란 자극과 반응이라는 단순한 기제에 불과함을 알게 된다는 뜻이다.

21세기를 정보화 사회, 정보 사회, 혹은 지식기반 사회 등 다양한 이름으로 부르고 있다. 이런 사회에서 교육은 가상공간 속에서 체험할 수 있을 것이다. 학생들은 아마존의 환경을 공부하기 위해 가상공간에서 실제보다도 더 생생한 아마존의 자연을 체험할 수 있을 것이다. 또 조선시대의 정치사를 알기 위해 피비린내 나는 사화土禍를 사이버 공간에서 직접 경험할 수도 있을 것이다.

그러나 이러한 사이버 공간에서의 체험이 '아마존의 자연환경'이나 '조선시대의 사화'라는 책을 읽고 생각하는 것과 같은 것일까? 얼핏 생각하면 사이버 공간 속의 체험은 직접 경험과 같기 때문에 간접 경험인 책보다 훨씬 효과적일 것이라고 생각하기 쉽다. 그러나 책과 사이버 체험의 차이점은, 전자가 우리의 마음을 내부로 향하도록 한다면 후자는 외부로 향하도록 한다는 데 있다. 따라서 이런 가상공간 속의 체험이 어떤 방식으로든 내 마음속에 거꾸로 비쳐지지 않는 한, 그것은 숲 속의 뱀과 같이 '헛것'에 지나지 않을 수가 있다. 백 년 묵은 여우가 아름다운 여자로 변신하여 우리의 정기를 빼앗아가듯이, 자신의 마음을 관觀하지 않는 사이버 체험은 우리의 마음을 더욱더 허하게 만들 뿐이다.

사이버 공간 말고도 21세기는 사람들의 정기, 마음을 뺏는 환경들로 가득 차게 될 것이다. 이러한 환경에서 마음을 잃지 않고 지키기 위해서는 자신의 마음을 보는 공부가 무엇보다도 필요하다. 그래서 21세기를 '마음교육의 시대'가 될 것이라고 주장하는 사람들이 점차 증가하고 있다. 중부괘는 이러한 마음교육의 방법을 잘 설명해주는 괘라고 할 수 있을 것이다. 그럼 중부괘 괘효사를 중심으로 마음공부의 방법을 살펴보도록 하겠다.

중부괘 괘사는 "마음에 믿음이 있으면 돼지와 물고기도 길하니 큰 내를 건넘이 이롭고 바르게 함이 이롭다."[143]이다. 중부는 믿음의 도이다. 괘상에서 가운데가 텅 비어 있는 것이 바로 마음을 나타낸다.

마음은 비어 있는 듯이 보이지만 온갖 작용을 한다. 믿음이 있을 때는 모든 것을 포용하지만 믿음이 없어 산란할 때는 바늘 하나 꽂을 곳도 없다. 돼지와 물고기는 모든 생명체를 표현한 것이니 마음에 믿음이 있으면 온 세상이 밝게 보임을 말한다. 큰 내를 건넘이 이롭다는 것은 이러한 믿음이 있을 때는 어떤 일을 해도 힘들게 느껴지지 않기 때문이다. 그리고 바르게 함이 이롭다는 것은 이런 마음의 작용을 항상 지켜보아야 한다는 뜻이다.

중부괘에서 말하는 믿음이란 무엇에 대한 믿음일까? 내 마음의 한가운데서 항상 지켜보는 마음을 말한다. 믿음으로써 바르게 함이 이롭다는 것中孚以利貞은 지켜보는 마음이 항상 작동하도록 해야 한다는 뜻이다. 마음의 중심에서 지켜보는 마음이 곧 하늘이니 이를 하늘에 호응한다고 말한 것乃應乎天也이다.

초구 효사는 "편안하게 길함이니 다른 것이 있으면 편안하지 않다."[144]이다. 이는 우리 마음의 본래 상태를 말한 것이다. 다른 것이란 상념을 말한다. 우리의 본래 마음은 편안하다. 뜻이 변하지 않았다는 것虞吉은 지켜보는 마음에 대한 믿음이 있어 상념이 일어나지 않았다는 뜻이다. 그러나 상념이 피어오르기 시작하면 불편해진다.

구이 효사는 "구이는 우는 학이 그늘에 있으니 그 자식이 화답한다. 나에게 좋은 술잔이 있으니 그대와 함께한다."[145]이다. 서로 간의 마음에 믿음이 있는 아름다운 관계를 그늘에 있는 학과 그 자식의 관계, 혹은 좋은 술잔을 얻게 되자 술을 나누는 친구 사이의 관계로 표현하고 있다. 부처의 눈에는 부처만 보인다고 했듯이 내 마음의 부처를 믿는 사

---

143 『周易』, 「風澤中孚」.
144 『周易』, 「風澤中孚」, "初九."
145 『周易』, 「風澤中孚」, "九二."

람은 다른 사람의 마음속에서 부처만을 발견할 뿐이다.

육삼 효사는 "적을 사로잡으니 혹은 북을 두드리고 혹은 피로해하고 혹은 울고 혹은 노래 부른다."[146]이다. 적이란 곧 마음공부의 과정에서 떠오르는 상념이니 육삼은 상념의 작용을 설명하고 있다. 상념은 양극단을 오간다. 북을 두드리는 것이나 노래를 부르는 것은 흥에 고취되어 있는 모습이고, 피로해하고 우는 것은 그와 정반대의 상태를 말한다. 상념에 사로잡히는 것은 중中, 즉 지금 여기를 잃었기 때문이다.

육사 효사는 "달이 거의 보름이니 말을 잃었으나 허물이 없을 것이다."[147]이다. 달은 어둠을 밝혀주는 물건이니 곧 내 마음의 중심에서 환히 비추는 마음을 뜻한다. 어둠 속에서 말을 잃었으면 찾기가 어렵지만 보름달이 환히 비추니 찾기가 어렵지 않을 것이다. 말을 잃었다는 것은 위와 류가 끊어졌음을 말한다馬匹亡 絶類上也. 여기에서 위上란 곧 지켜보는 마음이고 류類란 상념의 고리를 말한다. 상념이 일어나는 과정을 자세히 살펴보면 모두 고리로 연결되어 있다. 말을 잃었다는 것은 곧 상념의 고리를 잃었다는 뜻이다. 한 생각에서 다음 생각으로 이어질 때 그것을 연결하는 것이 생각의 고리이다. 생각의 고리는 평소에는 잘 확인하기 어렵다. 오직 지켜보는 마음이 계속 작동해야 그 고리를 살필 수 있다.

구오 효사는 "믿음이 있어 마치 연결된 듯하니 허물이 없을 것이다."[148]이다. 이는 이제 지켜보는 마음에 대한 믿음이 확고하여 그것이 끊임없이 작동하게 되었음을 뜻한다.

상구 효사는 "닭이 하늘로 오르니 계속하여 흉할 것이다."[149]이다. 한

---

146 『周易』,「風澤中孚」,"六三."
147 『周易』,「風澤中孚」,"六四."
148 『周易』,「風澤中孚」,"九五."

음翰音은 닭을 말하니 닭이 하늘로 오르는 것은 주제넘은 짓을 가리키는 말이다. 상념의 고리를 지켜볼 수 있게 되었다고 곧 깨달음을 얻은 것은 아니다. 지켜보는 마음이 계속 작동한다는 것은 불교 수행으로 비견하면 자량위資糧位, 즉 계속 수행할 수 있는 양식을 얻게 되었음을 말한다. 종달새가 한 번 하늘 높이 솟구쳐 올랐다고 해서 보리밭을 벗어날 수 있는 것은 아니다.

4) 허물을 환영하라

소과괘는 작은 잘못으로 억울한 일을 당하는 경우 어떻게 마음을 다스려야 하는가를 잘 보여주고 있다. 예수가 모든 인간은 죄인이라고 했듯이 우리는 누구나 허물을 지으면서 살아간다. 삶 자체가 허물이기 때문이다. 부처가 어느 날 제자들에게 오늘 귀한 손님이 오니 잘 모시라고 했다. 그런데 어떤 사람이 와서 부처의 얼굴에 침을 뱉고 차마 하기 어려운 욕설로 부처를 모욕했다. 그 사람이 한참 만에 욕설을 마치자 부처는 "이제 다 하셨습니까? 나는 당신을 오랜 기간 기다렸습니다."라고 말했다.

만약 누구에게 억울한 일을 당한다면 우리는 이를 자신에 대한 모욕이라고 생각하지 말고 에고의 감옥을 벗어날 수 있게 해주는 귀한 손님으로 맞이해야 한다. 모욕이란 결국 에고의 상처와 붕괴를 나타내는 것이기 때문이다. 따라서 내가 작은 잘못으로 억울한 일을 당하게 되면 '올 것이 왔구나.'라고 생각하면서 자신의 내면에 일어나는 변화를 잘

---

149 『周易』, 「風澤中孚」, "上九."

살펴야 한다. 그림 소과괘의 괘효사를 중심으로 작은 허물로 인해 억울한 일을 당했을 때의 마음공부 방법을 살펴보도록 하겠다.

소과괘 괘사는 다음과 같다. "소과는 형통하고 바르게 함이 이로우니 작은 일은 할 수 있으나 큰일은 불가하다. 날아가는 새가 남기는 울음이 마땅히 위로 향하지 않고 아래로 향하면 크게 길할 것이다."[150]

소과는 작은 허물을 처리하는 길이다. 날아가는 새가 남기는 울음소리는 원망하는 마음을 가리킨다. 그리고 그 울음이 위로 향한다는 것은 그 원망을 밖으로 나타냄을, 아래로 향한다는 것은 자신에게로 돌리는 것을 말한다. 작은 허물이 큰 허물大過과 다른 점은 큰 허물은 세상 사람들 누구나 다 아는 허물이지만, 작은 허물은 자신만이 아는 허물이라는 것이다. 그렇기에 오히려 작은 허물이 더 위험하다. 우리는 그 것을 은폐하려고 너무 많은 에너지를 소비하기 때문이다. 그런 작은 허물이 형통한 것은 자신만이 아는 허물이 있을 때 자신의 마음을 살피기 좋기 때문이다.

초육 효사는 "나는 새가 흉하다."[151]이다. 초육은 새가 날기 시작하는 효이다. 난다는 것은 작은 허물에 대한 상념이 일어나기 시작한다는 뜻이다. 작은 허물 자체는 문제 될 것이 없지만 그 허물에 대한 상념은 그 허물과 관계없이 끊임없이 나를 괴롭힌다. 그러므로 흉하다고 했다. 『중용中庸』에 "작은 것보다 잘 보이는 것이 없고 숨기고자 하는 것보다 잘 드러나는 것이 없다莫見乎微 莫顯乎隱."라고 했다. 물질의 세계에서는 큰 것과 드러난 것이 잘 보이지만 마음의 세계에서는 작은 것과 숨기는 것이 더 잘 드러나기 때문이다.

---

150 『周易』, 「雷山小過」.
151 『周易』, 「雷山小過」, "初六."

육이 효사는 "할아버지를 지나 할머니를 만난다. 임금에는 미치지 못하나 신하를 만나면 허물이 없을 것이다."[152]이다. 할아버지와 할머니란 허물의 원인을 찾는 상념을 말한다. 임금은 심왕心王을 말하고 신하는 심소心所를 말한다. 심왕이란 우리의 마음을 말하고 심소는 그 마음의 작용을 뜻한다. 허물의 원인을 찾는 상념이 일어날 때 모든 상념이란 결국 우리 마음이 가립假立한 것에 불과하다는 것, 즉 심왕의 작용이라는 것을 알면 모든 상념이 끝이 난다. 그러나 거기에 미치지 못하더라도, 허물의 원인을 찾는 상념의 발생과 전개가 단순히 마음의 작용心所이라는 것만을 알아도 상념에 따른 고통은 훨씬 경감된다.

구삼 효사는 "지나침이 없이 그것을 방지해야 하니 따르다가 혹 그것을 해치면 흉할 것이다."[153]이다. 마음교육의 측면에서 보면, 그것이란 허물에 대한 상념이다. 상념에 대해 휘둘리지도 말고 억압하지도 않는 것이 지나침 없이 방지하는 것이니 이는 매우 어렵다. 가장 나쁜 것은 상념을 일으키는 자신을 해치는 것이니 자살과 같은 극단적인 선택을 말한다.

구사 효사는 "허물이 없을 것이다. 지나치지 않고 만나고 가다가 위태로우면 반드시 경계하라. 쓰지 않으면 영원히 바를 것이다."[154]이다. 마음교육의 측면에서 보면, 이는 상념을 처리하는 바른 방법을 말한 것이다. 상념이 일어나면 그냥 지나치지 말고 그런 상념이 일어났구나 하고 알아차려야 한다는 뜻이다. 그리고 상념을 쫓아가다가 위태로우면 그 위태로움을 알아차려야 한다. 위태롭다는 신호는 감정적 변화가 일어나는 것을 통해 알 수 있다. 쓰지 않는다는 것은 구삼과 같이 상념을

---

152 『周易』, 「雷山小過」, "六二."
153 『周易』, 「雷山小過」, "九三."
154 『周易』, 「雷山小過」, "九四."

일으키는 자신을 해치는 짓을 하지 않는다는 뜻이다.

육오 효사는 "빽빽한 구름만 있고 비는 오지 않으니 서쪽 교외로부터 오기 때문이다. 공이 작살로 구멍에 있는 그것을 잡는다."[155]이다. '빽빽한 구름만 있고 비는 오지 않음密雲不雨'이란 답답한 심경을 가리킨다. 즉 마음에 있는 문제가 해소되지도 않고 오랜 기간 지속됨을 말한다. 서쪽은 건조한 바람이 부는 곳을 말하니 나의 허물을 지적하는 무리들이 있는 곳이다. 공이란 주인공이니 지켜보는 나를 말하고, 구멍이란 내 마음속에 은폐된 곳이며, 작살이란 주시하는 마음을 가리킨다. 즉 작은 허물을 두려워하는 상념을 발견하여 의식으로 끌어내는 것을 말하고 있다.

상육 효사는 "그것을 만나지 않고 지나치니 나는 새가 떠나는 것과 같아 흉할 것이다. 이를 일컬어 재앙이라고 한다."[156]이다. 마음교육의 측면에서 보면, 상육 효사에서 말하는 그것이란 곧 상념을 말한다. 지켜보는 마음이 상념을 알아차리지 못하니 이는 되돌리기 어려운 상황으로 상념이 전개되는 것을 말한다. 이처럼 상념에 휘둘리는 것을 곧 재앙이라고 한다.

---

155 『周易』, 「雷山小過」, "六五."
156 『周易』, 「雷山小過」, "上六."

3. 가족 갈등과 마음공부

1) 다툼의 원인을 밝히기보다는 해결하라

가족은 매우 친밀한 공동체이며, 일상생활에서 상호 미치는 영향이 크기 때문에 다툼과 반목이 발생할 위험성에 노출되어 있다. 다툼과 반목의 발생은 가족관계에 파괴적인 영향만 미치는 것일까? 가족생활에서 다툼과 반목이 발생할 때, 어떻게 대처하는 것이 바람직할까? 여기서는 그 해답을 『주역』의 천수송天水訟괘와 화택규火澤睽괘에서 찾아보고자 한다.

가족은 다른 집단에 비해서 자신의 이익을 추구하는 경향이 약하다. 하지만 가족 구성원이 서로가 밀접하게 연관되어 있기 때문에 가족생활에서 빈번하게 다툼이 일어난다. 송訟은 다툼의 도를 말한다.[157] 송괘 괘사에서 "대인을 보면 이롭고 큰 내를 건너는 것은 이롭지 않다."[158]라고 한다. 다툼이 일어났을 때는 사사로운 이익에 집착하지 않는 '대인'이 있다면 다툼의 문제를 잘 헤쳐나갈 수 있다. 그리고 다툼이 있을 때, 가족에게 있어서 '큰 내를 건너는 것'은 이혼이나 가출 등을 말한다. 이

---

157 김석진 역주(1997), 『주역전의대전 상』, 대유학당.
158 『周易』, 「天水訟」.

런 극단적인 선택을 하는 것은 이롭지 않다. 다툼 자체를 문제 삼기보다 다툼을 어떻게 지혜롭게 해결할 것인가에 더 관심을 기울여야 한다.

상전에서 송괘의 지혜를 본받은 군자는 "일이 만들어질 때에 그 시작을 도모한다."[159]라고 한다. 부모들은 자기 기대에 미치지 못하고 자기 뜻대로 안 되는 자녀 때문에 불행할 수 있다. 하지만 그 아이가 태어났을 때를 생각하면, 지금 자녀와의 사이에 생긴 다툼쯤이야 하찮은 문제로 느낄 수 있을 것이다.

이때 사소한 일로 발생한 가족 간의 다툼을 질질 끌고 변명을 늘어 놓음으로써 심각한 문제로 만들지 말라고 한다. 그래서 초육初六에서 "일하는 바를 길게 하지 않으면, 조금 말을 들으나 마침내 길하리라."[160]라고 했다. 작은 다툼이 큰 문제가 되는 이유는 다툼의 원인을 상대에게서 찾으려고 하기 때문이다. 상대에게서 원인을 찾으려다 보면 다툼을 질질 끌게 되고, 자신의 잘못이 아니라고 변명을 늘어놓다 보면 상대를 공격하게 되어 다툼이 더 커지게 된다.

상구는 다툼으로 얻은 것은 오래가지 못한다는 것을 말한다.[161] 현대 사회는 경쟁을 부추기고 경쟁력이 그 사람의 존재 가치인 것처럼 본다. 심지어 가족 간에도 자신의 욕구나 이익에 충실하고 자기 것을 잘 챙겨야 한다는 생각이 만연하다. 그러나 그렇게 해서 얻은 것이 오래가지 못한다는 것을 송괘 상구는 말하고 있다.

만약 자기 것을 챙기는 데 유난히 빠르고 다툼에 능한 가족 구성원이 있다면, 어떻게 받아들여야 할까? 우리는 그를 상처 있는 사람으로 보고 포용해야 한다. 진정한 가족은 다툼을 일으키는 가족 구성원을

---

159 『周易』, 「天水訟」, "象曰."
160 『周易』, 「天水訟」, "初六."
161 『周易』, 「天水訟」, "上九."

원망하고 문제 삼기보다는 그의 상처에 관심을 기울이고 함께 아파할 것이다. 진정한 가족은 그 상처를 통해서 함께 성장할 수 있다.

그렇다면, 가족 내 반목이 발생했을 때는 어떻게 마음공부를 하는 것이 바람직한지 살펴보자. 규睽는 어긋나는 때의 도를 말한다.[162] 우리는 가족의 뜻이 하나로 합쳐지지 않는 경우를 쉽게 만난다. 이런 경우 '우리는 맞지 않아! 이렇게 사소한 것에도 입장이 다르다니, 우리는 안 되겠어!'라고 극단적으로 생각하기 쉽다. 그런데 규괘는 작은 일에서 어긋나는 것은 길하다[163]고 했다.

규괘는 가족생활에서 경험하는 작은 어긋남이 오히려 삶의 내용을 더욱 풍부하게 경험할 수 있도록 하는 계기가 됨을 말하고 있다. 만약 가족생활에서 생각이나 입장의 어긋남 즉 차이가 없다면, 삶은 매우 무미건조해질 것이다. 나와 입장이 다른 가족 구성원을 불평하거나 비판하는 것이 아니라 다름을 인정할 수 있는 능력만 갖춘다면, 작은 일에서 어긋남은 오히려 삶의 활력소가 된다. 가족은 가장 일상적인 일들을 함께 공유해야 한다. 이때 서로 다른 생각이나 입장은 관계를 풍요롭게 해주는 촉매제 역할을 할 수 있다. 그 어긋남을 관계의 촉매제로 만들 것인지, 독약으로 만들 것인지는 바로 나에게 달려 있다.

상전에서 규괘를 관찰한 군자는 '같되 다르게 함同而異'[164]의 지혜를 행한다고 했다. 같되 다르게 한다는 것은 다름을 인정하는 것을 바탕으로 한다. 이는 관계 맺음의 가장 높은 경지라고 할 수 있다. 사람들은 가족이나 연인 관계처럼 친밀한 사이에는 모든 것이 같아야 한다고 생각한다. 그런 생각에서 더 나아가 같은 생각과 입장을 상대에게 강요하

162 김석진 역주(1997), 앞의 책.
163 『周易』, 「火澤睽」.
164 『周易』, 「火澤睽」.

기도 한다. 상대에게 자신의 입장을 강요하는 순간 폭력이 되고, 관계는 깨지기 십상이다.

가족과 연인은 사랑을 토대로 하는 관계이다. 사랑은 나와 같은 것만을 인정하고 확장하는 것이 아니다. 사랑은 생각과 입장이 어긋나는 것을 그대로 인정하고 받아들일 때 무럭무럭 자란다. 가족과 연인 관계에서 같되 다르게 한다는 것은 사랑의 공동체라는 근본적인 목적은 같이 하면서, 각자의 작은 차이점 즉 취향, 성격, 기질 등은 그대로 존중하는 것이다.

우리가 가족과 연인으로 인해 화내는 작은 어긋남은 우주적인 존재로서의 나의 삶에서 보면 정말 아무것도 아니다. 가족생활은 매우 밀접하기 때문에 사사로운 일까지 자신의 기준으로 평가하고 영향을 미치려고 하기 쉽다. 그러나 가족이라는 큰 사랑을 먼저 자각한다면 자기를 화나게 하는 작은 일에 미소 짓기가 쉬워질 것이다.

2) 위기를 본질 회복의 기회로 만들라

모든 인간관계에서 갈등의 출발점은 소통의 부재라고 할 수 있다. 가족은 친밀성이 강조되는 집단이기 때문에 서로의 감정에 대한 이해도가 높고 공감대의 형성이 용이하다고 할 수 있다.[165] 그러나 실제로 가족 구성원 간의 의사소통의 부재가 가족 갈등의 결정적인 요인으로 작용하며, 소통 부재가 심화되면 가족은 위기에 직면하게 된다. 여기서는 가족의 소통 부재에 대한 마음공부의 방법을 천지비괘天地否卦에서 찾

---

165 이현지(2009), 『동양사상과 탈현대의 발견』, 한국학술정보(주).

아보고, 가족이 위기에 직면했을 때의 마음공부의 방법을 산풍고괘山風蠱卦를 중심으로 보겠다.

비否는 막힌 형국의 도道를 말한다.[166] 비괘에 처한 가족의 상황은 가족 간에 대화도 통하지 않고 서로 원망하면서, 외적으로는 문제가 없는 것처럼 포장하는 모습이다. 이런 때에는 어떻게 대처해야 할까? 비괘에서는 이런 막힌 상황은 서로 소통하지 않음으로써 발생한다고 한다.[167] 다시 말해서, 가족이 서로 교감하지 못한다는 것은 가족 구성원들이 각자 자신의 에고ego를 확장하는 삶을 살아가기 때문이다. 예를 들어, 자녀의 성공을 통해서 자신의 에고를 높이려고 했던 부모는 기대에 미치지 못하는 자녀 때문에 불행할 수 있다. 이때 부모는 자녀에 대한 자신의 기대만 생각할 뿐, 자녀에 대한 근본적인 존중과 사랑은 망각하고 있는 것이다.

부모와 자녀의 관계에서 서로 신뢰를 잃어버리고 원망하게 되면, 부모는 자녀 때문에 불행하고, 자녀는 자신을 인정하지 않는 부모 때문에 불행하게 된다. 막힘을 풀기 위해서는 자기로부터 신뢰와 사랑을 회복하려는 근본적인 노력이 필요하다.

이에 상전에서는 비괘의 도를 본받은 군자는 "덕을 검소하게 하고 어려운 것을 피해서, 녹으로써 영화롭게 하지 말 것이다."[168]라고 한다. 비괘의 지혜를 받아들이는 부모는 '덕을 검소하게 하여' 자신의 주장을 자녀에게 강요하기보다는, 자녀를 통해서 자신의 에고를 확장하려 했던 자신을 자각해야 한다. 부모가 스스로 자각하기 시작하면 자녀가 원하는 것과 자녀의 장점으로 눈을 돌릴 수 있어, 자녀 스스로가 자신을 계

---

166 김석진 역주(1997), 앞의 책.
167 『周易』,「天地否」, "象曰."
168 『周易』,「天地否」, "象曰."

발하도록 도와줄 수 있다.

소통이 잘 되지 않는 현대 가족이 문제의 극에 도달하면, 드디어 사랑의 공동체로 새롭게 태어날 수 있는 때를 맞이하게 된다. 가족 해체와 같은 위기에 직면하지만, 사랑의 공동체라는 가족의 뿌리를 튼튼하게 한다면 위기를 잘 헤쳐나갈 수 있다. 구오 효사에서는 이것을 "뽕나무 밑둥에 묶어둔다."[169]라고 표현했다. 그러므로 막혀 있는 때에 직면하여, "아, 끝이구나!" 하고 절망할 필요는 없다. 왜냐하면, 가족의 위기는 가족의 본질을 회복할 수 있는 기회가 될 수 있기 때문이다.

가족의 위기가 가족의 본질을 회복할 수 있는 기회가 된다는 이유는 무엇일까? 낡은 것이 무너지고 새로운 것이 시작하는 때의 도를 말하는 고괘蠱卦[170]를 통해서 그 답을 찾아보자. 고괘는 현대 가족의 상황을 그대로 말하고 있다. 현대 가족은 가족의 해체와 위기에 직면해 있다. 1999년 개봉한 「아메리칸 뷰티」는 이런 현대 가족 위기를 잘 보여주고 있다. 현대 가족은 겉으로는 물질적으로 풍요로운 삶을 누리고 있으며, 가족관계도 평등해졌고, 가족 구성원의 욕망을 채울 수 있는 화려한 집합체로 보인다. 그러나 속으로는 서로에 대한 믿음이나 사랑이 고갈된 채 자신의 욕망을 충족시키는 데에만 관심이 있는 썩어 있는 관계이다. 이런 현대 가족은 파멸의 벼랑 끝에 서 있다고 할 수 있다. 이제 낡은 현대 가족은 무너지고 새로운 탈현대 가족의 탄생이 요구된다.

새로운 것을 시작할 때는 신중함이 필요하다고 한다. 괘사에서는 '선갑삼일 후갑삼일先甲三日 後甲三日'[171]의 지혜를 말하고 있다. 탈현대 가족으로의 변화가 아무리 당위적으로 요구되는 것이라고 하더라도 가족

---

169 『周易』, 「天地否」, "九五."
170 정재걸(2008), 「산풍고괘山風蠱卦의 교육학적 해석」, 『동양사회사상』 18.
171 『周易』, 「山風蠱」.

간에 존중과 사랑이 무너지는 상황을 만들어서는 안 된다. 탈현대 가족의 목표를 주장하는 과정에서 가족이 사랑의 공동체로 거듭날 수 있도록 전후 사정을 잘 살피고, 가족 구성원의 입장을 고려하는 지혜가 필요하다. 가족처럼 친밀한 관계일수록 서로를 배려하고, 서로의 감정을 존중해야 한다.

고괘의 모양은 산 아래 바람이 있어서, 바람이 산을 만나서 휘몰아치는 어지러운 상황을 말한다.[172] 이런 고괘의 모양을 보고, "군자는 본받아서 백성을 진작시키고 덕을 기르는 것이다."[173]라고 한다. 현대 가족이 해체의 위기에 직면했을 때, 우리는 위기에 직면한 군자가 되어서 가족이 사랑으로 하나가 될 수 있도록 진작시키고 사랑으로 더욱 돈독한 관계가 되도록 해야 한다. 어떤 위기에 직면하더라도 가족이 사랑으로 하나가 된다면 휘몰아치던 바람도 언젠가는 지나갈 것이다.

3) 그대로 인정하고 용서하라

가족 갈등을 해소할 수 있는 마음공부의 방법으로 수용과 용서를 중심으로 살펴보자. 곤은 땅의 도인 수용성을 말하고 있다. 현대 가족은 곤의 도를 본받아서 지극한 수용이라는 가족생활의 지혜를 배울 수 있다. 상전에서 곤의 도를 본받는 군자는 "두터운 덕으로 만물을 싣는다."[174]라고 한다. 수용이란 분별하는 마음을 내려놓고 있는 그대로 받아들인다는 것을 의미한다. 가족생활을 하다 보면 좋은 일도 생기고

---

172 김석진 역주(1997), 앞의 책.
173 『周易』,「山風蠱」, "象曰."
174 『周易』,「重地坤」, "象曰."

나쁜 일도 발생한다. 이때 우리는 좋은 일은 지속되기를 바라고 나쁜 일은 일어나지 않기를 바란다. 하지만 좋은 일에 대한 집착과 나쁜 일에 대한 두려움이 행복한 가족생활을 방해할 수 있다.

초육은 "기미를 알아차리면 격한 감정에 휘둘리지 않게 된다."[175]고 한다. 가족과 같이 정서적인 유대가 잦은 생활에서는 상대방의 기분이 자신의 삶에 직접적인 영향을 미친다. 노화로 삶이 무기력한 부모님은 자식에게 즐거움을 선물해주기 힘들다. 이때 자식은 그런 부모님의 기분에 영향을 받는 자신을 알아차려야 한다. '왜 우리 부모님은 삶을 즐기지 못할까?'라는 생각이 떠오르는 순간 그것은 나의 생각일 뿐임을, 그냥 일어난 것일 뿐임을 알아차려야 한다. 그 순간 자신을 보지 않고, 부모님을 보면 삶이 온통 먹구름이 낀 것처럼 우울해질 수 있다.

수용이란 전면적인 인정이며, 수용하고 있는 자신을 자각함으로써 완성된다. 진정한 수용이란 수용할 만한 것을 골라서 받아들이는 것이 아니라, 누구도 쉽게 수용할 수 없는 것을 그대로 인정하고 받아들이는 것이다. 집 밖에서는 번듯하게 내세울 것 없고 부족한 사람이라도, 가족 내에서는 자녀들의 사랑과 존경을 받는 아버지와 어머니일 수 있고 귀여운 아들과 딸이 될 수 있는 것이 바로 가족의 수용성의 힘이다.

곤괘 육삼에서는 "이룸은 없어도 마침은 있다."[176]라고 한다. 진정한 수용은 그 했음을 내세우지 않는다. 그러므로 잘 마칠 수 있다. 가족은 매우 친밀한 관계이므로 작은 불만과 불평이 쉽게 발생하고, 그것 때문에 서로를 공격하고 상처를 주는 일이 빈번하게 발생한다. 예를 들어, 어머니는 자식들의 철없는 푸념과 불평을 듣고도 그 일을 들추어내어

---

175 『周易』, 「重地坤」, "初六."
176 『周易』, 「重地坤」, "六三."

옳고 그름을 따지지 않는다. 그리고 자신이 자식들의 푸념과 불평을 받아줬다고 내세우지도 않는다. 이것은 참는 것이나 체념이 아니다. 그런 어머니의 넉넉한 수용성이 서로가 삶의 힘이 되는 가족관계를 가능하게 한다.

갈등을 해소하려고 할 때, 수용만큼 중요한 마음공부의 방법은 용서이다. 뇌수해괘雷水解卦는 가족 갈등에 직면해서 용서의 의미를 생각하도록 해준다. 해괘는 '흩어지는 것'으로 '일이 술술 풀리는 때'를 말한다.[177] 해는 모든 일이 술술 풀리는 때이므로 그 자체가 길하다. 어려움에 직면했던 일이 풀리는 때에 처리해야 할 문제가 있다면 관대하고 간이하게 해야 한다. 어려움에 직면했던 가족은 상처가 있다. 그 상처를 덮어두기보다는 일찍 푸는 것이 바람직하다.

이미 일이 잘 풀리고 있는데, 새삼스럽게 문제의 원인을 상대에게서 찾으면서 지나간 상처를 키워서는 안 된다. 반면 있는 상처를 외면하는 것도 옳지 않다. 상대에게서 문제의 원인을 찾으려는 시선을 나에게로 돌리고, 풀어야 할 일을 빠르게 수습하는 것이 바람직하다. 그렇게 하면, 진정한 통일체로서의 가족관계를 회복할 수 있다.

경제적 어려움에 빠졌다가 가족이 한마음으로 노력하여 형편이 나아지기 시작한 가족의 예를 생각해보자. 가족 구성원들은 비로소 어려운 시절의 긴장을 조금씩 풀게 된다. 이때 가족은 사랑의 공동체를 회복하면 행복할 수 있다. 어려운 시절 서로에 대해서 품고 있던 원망이 있다면, 빨리 풀어야 한다. 서로를 탓하거나 원망하는 공격적인 방법이 아니라, 너그러운 마음으로 포용해야 한다. 상처를 어루만지는 포용을 통해서 가족은 성숙한 공동체가 될 수 있다. 우리가 나를 포함한 상대에게

---

177 김석진 역주(1997), 앞의 책.

나누어야 할 것은 사랑밖에 없다.

군자는 해괘를 본받아서 허물을 용서해주고 죄를 감해준다[178]고 했다. 가족이 어려운 상황에서 벗어나 일이 풀리는 때에는 서로의 허물을 용서해주고 잘못을 이해해주는 것이 도이다. 일이 풀리는 운이 왔는데도 허물을 용서하지 못하고 상처를 키우는 것만큼 어리석은 일은 없다.

어떤 허물도 용서할 수 없는 것이 없으며, 어떤 잘못도 이해해주지 못할 것이 없다. 다만 용서하지 못하겠다는 아집, 이해할 수 없다는 독단이 있을 뿐이다. 이런 아집과 독단을 버리지 못한다면, 아무리 술술 일이 풀리는 가족이라고 하더라도 결국은 위태로운 상황에 처한다. 일이 잘 풀리는 때라고 해도, 자신을 내세우거나 목소리를 높이면 파국을 초래한다. 가족의 일이 잘 풀릴수록 공을 나에게 돌리지 말고, 사랑을 공유하는 가족의 존재에 감사할 수 있어야 한다.

4) 나를 비우라

갈등을 해소하는 궁극적인 방법은 감응과 감화이다. 가족은 사랑의 공동체를 목표로 한다.[179] 이에 가족에게 있어서 감응과 감화는 중요한 의미를 가진다. 그러므로 진정한 감응과 감화를 위한 마음공부의 지혜를 살펴보도록 하자. 함咸은 느끼는 것이다. 서로 감응하는 것은 형통한다. 서로 감응한다는 것은 사랑함을 말한다. 현대 사회에서 가족과 남녀관계의 사랑의 도는 무엇일까? "함은 형통하고 바르게 함이 이로우

---

178 『周易』, 「雷水解」, "象曰."
179 이현지(2010), 「『주역』과 탈현대 가족 여가의 '즐거움'-뇌지예괘의 즐거움에 대한 도를 중심으로」, 『동양사회사상』 21.

니 여자를 취하면 길하다."[180] 감응하는 도는 바르게 하면 이로움이 있다. 여자를 취하면 길하다고 한 것은 남녀의 교감만큼 감응을 잘 설명할 수 있는 것이 없기 때문이다. 주자朱子는 음란한 부부간, 아첨하는 군신 간, 사특하고 편벽된 상하 간은 바르지 못한 감응의 사례라고 말한다.[181]

함괘로 가족을 바라보면, 가족이 사랑의 공동체가 되어 바르게 교감해야 함을 말한다. 현대 사회의 가족과 남녀는 어떨까? 현대의 이상적인 부부상은 연인과 같은 부부, 열정적인 사랑의 관계를 추구하는 것이다. 또 현대의 가족상은 친구 같은 부자관계, 욕구를 충족시켜주는 가족관계이다. 이런 관계에 집착하면 바르게 교감할 수 없으므로 현대 가족은 깨지기 십상이다.

괘상에서 서로 감응하기 위한 지혜로 자기를 비우고 상대를 받아들여야 함을 말한다.[182] 가득 차면 아무것도 받아들일 수 없다. 가족은 관계가 견고한 것으로 보이기 때문에 가득 채워진 자신을 주장하는 경우가 많다. 자기만 주장하다 보면, 가장 견고한 것 같았던 가족도 파국을 맞이하게 된다.

우리는 사랑한다고 하면서 상대를 자기가 원하는 대로 바꾸려고 한다. 그러나 그것은 사랑이 아니다. 내 마음에 자기주장을 가득 담고서는 상대방을 받아들일 수 없기 때문이다. 즉, 그렇게 해서는 교감이 불가능하다. 가족이라는 이유로, 사랑한다는 이유로, 상대를 내 기준에 맞추려고 하는 것은 불행을 초래하는 지름길이다. 우리의 마음에서 나를 완전히 비워내고 상대를 받아들일 자리를 마련해두었을 때, 진정한

---

180 『周易』,「澤山咸」.
181 김석진 역주(1997), 앞의 책.
182 『周易』,「澤山咸」, "象曰."

사랑을 할 수 있다.

아무리 가까운 가족관계에서도 자기만을 주장해서는 사랑을 공유할 수 없다. 자식을 자기 소유물로 착각하고 자기의 기준대로 키우려는 부모는 자녀와 사랑을 나눌 준비가 되어 있지 않은 것이다. 정자는 함괘 괘상을 해석하면서 "헤아려서 수용하고 합할 것을 가려서 받아들이는 것은 성인의 도가 아니다."[183]라고 했다. 자기가 온통 분별심으로 가득 차 있다면 진정한 교감을 이룰 수 없다. 사랑은 분별심을 허용하지 않는다. 사랑은 있는 그대로의 너를 인정하고 받아들이는 것이다.

그렇다면, 감화란 무엇을 말하는가? 손巽은 공손히 받아들이는 모습으로 감화의 도를 말한다.[184] 감화는 탈현대 사회의 가족에게 어떤 의미를 가질까? 감화는 탈현대 사회에서 가족 운영 원리로 활용될 수 있다. 전현대 사회의 가족 운영 원리는 성별과 연령 등의 위계적인 질서에 복종하는 것이었으며, 현대 사회의 가족 운영 원리는 가족 구성원 내의 평등을 지향하는 것이었다. 그러나 통일체적 세계관을 토대로 한 탈현대 사회의 가족 운영 원리는 감화라고 할 수 있다.

괘사에서 "손은 조금 형통하다. 가는 바를 둠이 이롭고 대인을 봄이 이롭다."[185]라고 했다. 감화란 점진적으로 이루어지기 때문에 소형小亨이라고 한다. 가족 구성원이 감화하면, 가는 바를 두어 변화를 추구하면 이롭다. 이때 변화의 의미를 먼저 자각한 대인이 가족 구성원 가운데 있으면 이롭다.

단전에서 "거듭된 바람으로 천명을 펼치니 강함이 부드럽게 중정하여 뜻이 행해진다. 부드러움이 모두 강에 순응한다."[186]라고 했다. 감화

---

183 김석진 역주(1997), 앞의 책.
184 김석진 역주(1997), 앞의 책.
185 『周易』, 「重風巽」.

는 태풍과 같은 큰 바람으로 한 번에 이루어지는 것이 아니라, '거듭된 바람'으로 가능하다는 것을 말하고 있다.

구이는 "바람이 상 아래에 있으니"[187]라고 했다. 감화의 뜻은 세웠으되 지나치게 낮추고 수용적인 가족의 모습이다. 감화는 맹목적인 수용을 말하는 것이 아니다. 재력과 권력이 센 가족에게 아첨하기 위해서 뜻을 따르거나, 사랑하기 때문에 내 가족이라면 어떤 행동을 해도 허용하거나, 갈등이 두려워서 가족 간에 남처럼 냉랭하게 지내는 것은 현대 가족에 나타나는 맹목적인 수용의 사례이다. 이런 상황에서는 구이에서 말한 '점과 굿을 사용하는' 것과 같은 어떤 외적인 도움을 받아서 벗어나야 한다.

감화를 통해서 가족생활의 변화를 도모하는 가족은 길하다. 이런 길한 가족을 구오는 "계속하여 길하고 후회가 사라지니 불리함이 없다."[188]라고 했다. 그러나 "삼일 전에 생각하고 삼일 후에 시행하면 길할 것이다."라고 했듯이, 잘나갈 때일수록 가족 구성원의 마음을 두루두루 살피고 세심하게 배려해야 한다.

상구에서는 "바람이 상牀 아래 있고 그 자질을 잃으면 계속하여 흉하다."[189]라고 했다. 상구는 제일 윗자리에 있으면서 지나치게 수용적인 가족의 어른이다. 진정한 가족의 감화는 가족 구성원들이 각자의 위치에서 충실할 때 이루어진다. '바람이 상 아래에 있는 것'과 같이 그 위位를 상실하면 감화는 불가능하다.

---

186 『周易』,「重風巽」, "象曰."
187 『周易』,「重風巽」, "九二."
188 『周易』,「重風巽」, "九五."
189 『周易』,「重風巽」, "上九."

4장
유가와 마음교육

1. '복기초復其初'의 의미와 마음교육

1) 유학儒學의 복기초

주자는 사서四書에 주석을 붙이는 일에 평생 심혈을 기울였다. 그 결과 주자 이후 사서는 유학 공부에 있어 오경에 앞서는 지위를 차지하게 되었다. 사서 중에서 물론 가장 중요한 것은 『논어』이며, 논어 첫 구절이 바로 "학이시습지 불역열호學而時習之 不亦悅乎."이다. 이 구절에 대한 주석에서 주자는 학學이란 본받는다效는 뜻이며 그 본받음의 목적은 그 시초를 회복함復其初이라고 했다.[190]

학이란 말은 본받는다는 뜻이다. 사람의 본성은 모두 선하나 깨달음에는 선후가 있으니, 뒤에 깨닫는 자는 반드시 선각자의 하는 바를 본받아야 선을 밝힐 수 있어 그 시초를 회복할 수 있는 것이다.

그 시초란 무엇인가? 그리고 배움의 목적이 왜 그 시초를 회복하는 것일까? 이러한 궁금증이 일어날 만도 한데 과문한 탓으로 아직 그에 대한 글을 찾을 수 없었다. 그 시초는 무엇일까? 그 시초는 물론 인간

---

190 『論語』, 「學而」.

이 태이난 직후의 이린아이 때를 말한다. 즉 배움의 목적은 어린아이로 되돌아가는 것이라는 주장이다. 이는 물론 맹자의 적자지심赤子之心에서 비롯된 것이다. 즉 맹자는 대인大人이란 적자의 마음을 잃지 않은 자라고 했는데[191] 그 시초로 돌아가야 함은 바로 이러한 어린아이의 마음으로 돌아가야 한다는 뜻이다. 아마 이러한 당연한 결론 때문에 복기초에 대한 논의가 없었는지도 모른다.

맹자의 적자설은 곧 성선설과 같다. 즉 인간은 태어날 때 오직 순선한 마음만을 가지고 태어난다는 것이다. 그것을 어떻게 알 수 있는가? 맹자는 웃으며 무엇을 손에 잡을 수 있는 정도의 아이孩提之童라도 부모를 사랑할 줄 알고 형을 공경할 줄 안다고 주장하였다. 정말 그런가? 그리고 더 나아가 맹자는 "사람들이 배우지 않고도 능한 것은 양능良能이요, 생각하지 않고도 아는 것은 양지良知이다"[192]라고 하였다. 여기서 '배우지 않고도'라는 말은 그 선험성을 나타내고, '생각하지 않고도'라는 말은 그 직각성을 나타낸다. 그의 우산의 나무에 대한 주장牛山之木[193]을 보면 루소의 성선설과 완전히 같다.

맹자께서 말씀하셨다. "우산의 나무가 일찍이 아름다웠었는데, 대국의 교외이기 때문에 도끼와 자귀로 매일 나무를 베어가니, 아름답게 될 수 있겠는가? 그 일야日夜에 자라나는 바와 우로雨露가 적셔주는 바에 싹이 나오

---

191 『孟子』, 「離婁章句下」, 그리고 『周易』, 「乾卦」, 문언전文言傳에도 대인에 대한 설명이 있다. "대저 대인은 천지와 그 덕을 합하고 일월과 그 밝음을 합하며 사시와 그 순서를 합하고 귀신과 그 길흉을 합한다. 하늘보다 먼저 하더라도 하늘이 그를 어기지 아니하며 하늘보다 늦게 할 경우에는 하늘이 운행하는 상황을 받든다. 하늘도 어기지 않는데 하물며 사람에 있어서랴, 하물며 귀신에 있어서랴."
192 『孟子』, 「盡心章句上」.
193 『孟子』, 「告子章句上」.

는 것이 없지 않건마는, 소와 양이 또 따라서 방목되므로, 이 때문에 저와 같이 탁탁濯濯하게 되었다. 사람들은 그 탁탁한 것만을 보고는 일찍이 훌륭한 재목이 있은 적이 없다고 여기니, 이것이 어찌 산의 성性이겠는가?

그러나 맹자와 루소는 그 처방에 있어 전혀 반대의 길을 간다. 루소는 에밀을 데리고 깊은 산속에 있는 성으로 데리고 간다. 에밀의 순선한 본성이 사회로부터 오염되지 않도록 격리시키는 것이다. 그렇지만 맹자는 그런 주장을 하지 않는다. 오히려 오염된 세상 속에서 그 순선한 마음이 움직이지 않도록 단련할 것을 요구한다. 그의 부동심설不動心說이나 호연지기설浩然之氣說이 바로 그것이다.[194] 아마 맹자는 루소의 '현명한 야만인'이 불가능하다는 것을 간파했는지도 모르겠다.[195] 물론 어디에서도 맹자는 적자의 마음이 보존될 수 없다고 명시적으로 밝힌 적은 없다.

맹자는 적자의 마음 즉 본심을 보존하기 위해서는 욕심을 줄이라고 했다.[196] 맹자가 예로 든 욕심은 처첩이나 아름다운 집과 방, 그리고 다른 사람들에 대한 과시 등이다. 맹자는 이러한 욕심으로 본심을 잃게 된다고 하였다.[197]

---

194 물론 '잊지도 말고 조장하지도 말라勿忘 勿助長.'라는 주장을 억지로 끼워 맞추면 루소의 소극적 교육negative education과 비슷하다고 할 수 있다.

195 아메리카 인디언들은 루소가 말하는 현명한 야만인의 표본인지도 모르겠다. 인디언들은 태어날 때의 맑고 깨끗한 마음을 늙어 죽을 때까지 잃지 않으려고 노력하였다. 자신의 마음이 자연-이를 '위대한 정령'이라고 한다-에서 벗어나게 되면 인디언들은 홀로 평원의 오솔길로 나아가 그곳에서 자신을 돌아보고 명상에 잠긴다. 인디언들은 어려서부터 홀로 고요한 곳으로 나아가 위대한 정령과 만나고 마침내 자기 자신과 만나는 공부를 지속했다. 홀로 자기 자신과 만나는 시간을 오래도록 갖지 못하면 그 영혼이 중심을 잃고 비틀거리게 된다. 그래서 하루 이틀이 아니라 적어도 열흘씩 인디언들은 최소한의 먹을 것을 가지고 부족 사람들과 멀리 떨어진 삼림이나 평원에 나가 자기 자신의 목소리에 귀를 기울였다. 류시화(2003), 『나는 왜 너가 아니고 나인가』, 김영사.

(전략) 자신을 위해서는 죽어도 받지 아니하다가 이제 집과 방의 아름다움을 위해서 받으며, 자신을 위해서는 죽어도 받지 아니하다가 이제 제 처첩이 받들어주는 것을 위해서 받으며, 전에 자신을 위해서는 죽어도 받지 아니하다가 이제 알고 있는 궁핍한 자들이 나에게 얻어가는 것을 위해서 받는 것이니 이 또한 그만둘 수 없는가? 이것을 '그 본심을 잃었다'고 하는 것이다.

욕심을 욕망하는 마음이라고 한다면 맹자의 욕심은 인간의 욕망을 세 가지로 구분한 에피쿠로스 학파를 연상시킨다. 즉 에피쿠로스 학파에서는 인간의 욕망을 의식주와 같이 생존에 꼭 필요한 자연발생적 욕망, 성욕과 같이 자연발생적이기는 하지만 생존에 꼭 필요한 것이 아닌 욕망, 그리고 사치나 명예욕, 소유욕과 같은 사회발생적 욕망으로 구분하였다. 아마 맹자는 두 번째와 세 번째의 욕망이 인간의 본심을 상실케 하는 것이라고 생각했는지도 모르겠다.

인간이 생존하는 데 욕망은 필연적인 것이다. 어린아이도 배고프면 먹을 것을 찾고, 졸리면 잠을 자려 한다. 이러한 일차적인 욕망에 이어 성장하면서 생각하고 헤아리는 능력이 발달하고, 이러한 능력이 자기중심적이고 이기적인 방향으로 작용하는 데서 이차적인 욕망이 생긴다. 『예기』에는 사람이 태어나서 고요한 것이 천성이고 외물에 감응하여 움직이는 것이 욕망이라고 하였다. 우리의 인식이 외물에 감응하면 그것

---

196 『孟子』, 「盡心章句下」에서 "마음을 기르는 것은 욕심을 줄이는 것보다 더 좋은 것이 없다. 그 사람됨이 욕심을 적게 가지면 비록 본심이 보존되지 아니한 것이 있다 하더라도 적을 것이고, 그 사람됨이 욕심을 많이 가지면 비록 본 마음이 보존된 것이 있다고 하더라도 적을 것이다."라고 한다.

197 『孟子』, 「告子章句上」.

을 좋아하거나 싫어하는 감정이 생긴다. 그리고 이러한 감정이 스스로의 안에서 절제되지 못하고 인식이 외물에 끌려다녀 스스로 반성할 수 없을 때 천성이 없어진다고 하였다.[198] 이를 '물화物化'라고 한다. 물화란 외물이 사람에 감촉하는 것이 다함이 없고 사람의 호오好惡에 절제가 없을 때 외물이 들어와 사람이 그 외물로 변화해버리는 것을 말한다. 물화된 인간은 천성을 잃고 끝없이 사욕에 이끌려 다닐 수밖에 없는 것이다. 사람이 태어나서 외물에 감응하는 것은 필연적인 것이다. 그렇다면 적자赤子의 마음도 필연적으로 잃을 수밖에 없는 것일까?

배움의 목적이 다시 어린아이의 마음으로 돌아가는 것이라면 성장이란 어떤 의미가 있는 것일까? 묻고, 생각하고, 분별하고, 행하는問思辨行 배움의 모든 활동은 어떤 의미가 있는 것일까?

그리고 도대체 어린아이의 마음이란 어떤 것일까? 맹자나 주자는 과연 어린아이의 마음이 어떻다고 생각했을까? 그들은 과연 자신의 어린아이 시절을 기억하기는 했을까? 볼테르는 태어난 지 얼마 되지 않았을 때를 회상하며, 부모가 사교 행사에만 나가는 바람에 자신은 불성실한 유모에게만 맡겨져 부모가 돌아오기 직전까지 하루 종일 똥오줌 속에서 뒹군 불쾌한 기억을 토로하였지만[199] 주자나 맹자는 자신의 어린아이 시절을 제대로 기억하지 못했을 것이다. 단지 갓 태어난 어린아이를 보고 방긋 웃는 미소를 보고 그 천진스러운 상태를 우리가 도달해야 할 목표로 설정했을지 모른다.

---

198 『禮記』, 「樂記」.
199 우파니샤드에는 볼테르보다 더 이전의 기억을 가지고 있는 성자의 이야기가 나온다. "어머니 뱃속에 있으면서 나는 세상의 신들이 어떻게 태어나게 되었는지 알게 되었다. 뱃속에는 수백 개의 쇠로 된 듯 단단한 보호막들이 나를 꽉 붙잡고 있었다. 나는 거기서 재빠른 매와 같이 밀치며 밖으로 나왔다." 이것은 성자 바마데바가 어머니 뱃속에 누워 있던 때를 기억하며 말한 것이다.

유학에서 최고의 성인으로 인정받는 공자는 자신의 최종 발달 단계를 자신이 욕망하는 대로 해도 법도에 어긋남이 없는 상태從心所欲 不踰矩라고 하였다. 이것은 복기초와 어떤 관련이 있을까? 배움의 목적이 어린아이로 돌아가는 것이라면 성인의 최종 도달단계가 바로 어린아이의 마음과 같은 것이란 말인가? 또 법도란 어떤 것을 말하는 것일까? 공자가 살던 당시의 사회적 규범을 말하는 것일까? 나이 70세에 자신의 욕망대로 행해도 전혀 문제가 될 것이 없다는 말은 욕망이 없었다는 말은 아닐까? 요즘 심심하면 70~80대 노인이 어린아이를 성추행했다는 기사가 나타나는 만큼 그리고 「죽어도 좋아」라는 영화처럼 노인들의 성욕구의 해소가 사회적 이슈가 되는 만큼 나이가 든다고 자연히 욕망이 사라지는 것은 아니다. 그 욕망의 발현이 자연적으로 전혀 문제가 되지 않는다는 뜻일 것이다. 그래서 라즈니쉬는 노인들의 성욕은 젊어서 그 성욕이 충분히 발산되지 못했기 때문이라고 했다.

맹자도 나이 40이 되어 부동심不動心을 얻게 되었다고 하였다. 부동심이란 어떤 경우에도 마음이 동요되지 않음을 말한다. 이러한 부동심은 복기초와 어떤 관련이 있는가? 만약 단순히 종심소욕이나 부동심이 결과적으로 어린아이의 마음과 그 모습이 같다는 의미라면 유학에서의 복기초는 단지 상징적인 의미 이상은 아닐 것이다.

2) 노장老莊의 복기초

복기초라는 말은 유학의 고유한 개념이 아니다. 주자가 성리학이라는 거대한 학문체계를 정립하면서 노장의 이념을 빌려온 것이다. 복기초는 『노자』 제28장에 처음 보인다.

그 수컷을 알고 암컷을 지키면 천하의 골짜기가 된다. 천하의 골짜기가 되면 항상 덕이 떠날 줄 몰라 어린아이로 다시 돌아가는 것이다.[200]

이 글에 대해 여러 가지 해석이 있겠지만 여기서 어린아이는 뒤에 이어지는 무극으로 돌아감復歸於無極과 질박함으로 돌아감復歸於樸과 대응된다.[201] 즉, 어린아이의 상태란 무극이고 질박함이며, 그것은 노자가 추구하는 도道와 같은 것이다. 그렇다면 노자가 어린아이로 돌아가야 한다고 주장하는 근거는 무엇일까? 노자는 우리가 어린아이로 돌아가야 하는 이유를 세 가지로 열거하고 있다. 먼저 어린아이는 아무것도 아는 것이 없어서 마음이 온전하고 분별심이 없다. 내가 바깥 사물을 잊으면 바깥 사물도 나를 잊는다. 그래서 어린아이는 독충이 독을 뿜지 못하고 난폭한 짐승이 달려들지 못하며, 포악한 날짐승이 움켜잡지 못한다.[202] 둘째, 어린아이는 정이 충만하고 지극하다. 그래서 뼈는 매우 약하고 근육은 극도로 부드럽다. 손은 아무 힘이 없으나 쥔 손은 단단하여 억지로 펴기 어렵다. 또 정이 지극하기 때문에 음양의 교합을 알지 못하지만 생식기가 일어나는 것이다.[203] 그리고 셋째, 어린아이는 조화로운 기운이 지극하다. 어린아이는 종일 큰 소리로 울어도 목이 쉬지 않는다.[204] 어린아이가 바깥 사물을 잊는 것은 성인의 신神에 해당되고, 부드러운 것은 성인의 정精에 해당되며, 목이 쉬지 않는 것은 성인의 기氣

---

200 『老子』, 「二十八章」.
201 이어지는 구절은 다음과 같다. 그 흰 것을 알고 검은 것을 지키면 천하의 법칙이 된다. 천하의 법칙이 되면 늘 덕이 어긋나지 않아 무극으로 다시 돌아간다. 그 영화를 알고 욕됨을 지키면 천하의 골짜기가 된다. 천하의 골짜기가 되면 항상 덕이 충족하여 질박함으로 복귀한다.
202 『老子』, 「五十六章」.
203 『老子』, 「五十六章」.
204 『老子』, 「五十六章」.

에 해당된다.[205] 즉 어린아이의 정기신精氣神은 성인의 정기신과 동일한 것이기 때문이다. 그리고 노자는 정과 신은 기를 통해 형성된다고 하였다. 그래서 그는 기를 오로지 하여 부드럽게 하면 능히 어린아이가 될 수 있다고 했던 것이다.[206] 이는 후대의 정기기론에서 정과 기를 축적함으로써蓄氣 그리고 신은 기를 운용함으로써運氣 이루어진다고 하는 것의 기원이 된다.

『털없는 원숭이』라는 책으로 유명한 동물학자 모리스는 동물계에서 가장 성공한 인간이라는 종은 유아기의 신체 특징을 가장 많이 보존한 동물이라고 하였다. 특히 생물학적으로 더욱 발전된 여자가 훨씬 더 어린아이의 신체 특징을 많이 유지하고 있다고 하였다.[207] 아마 그래서 노자는 여성을 더욱더 도에 가까운 것으로 묘사하였는지 모른다.

노자에게 있어서 어린아이란 비유적인 의미가 크다. 그리고 노자에게 있어서 돌아감이란 도의 근본 성격이고反者 道之動, 돌아간다는 것은 그 본래의 밝음으로 돌아가는 것復歸其明이므로 도에 대신하여 어린아이를 들었는지도 모르겠다. 그렇지만 노자에게서 어린아이의 상태가 어떤 것이고 어떻게 해야 어린아이로 돌아갈 수 있는지 구체적으로 확인하기는 어렵다.

복기초라는 말은 『장자』에서 좀 더 구체화되어 표현된다. 『장자』의 선성편에서 복기초란 말이 두 번 나온다. 먼저 나오는 구절은 다음과 같다.

세속적인 공부로 본성을 닦아 그 시초로 돌아가려 하고, 세속적인 생

205 오진탁 역(1990), 『감산의 노자풀이』, 서광사.
206 『老子』, 「十章」.
207 데스먼드 모리스(1991), 김석희 옮김, 『털없는 원숭이』, 정신세계사.

각으로 욕망에 어지럽히면서 그 밝음을 다 밝혀 구하는 것을 어리석음에 가린 인간이라고 한다. 옛날에 도를 다스리는 사람은 고요함으로 앎을 키웠다.[208]

다음에 나오는 구절은 다음과 같다.

그런 뒤(혼돈에서 수인씨·복희씨가 나오고 신농 황제가 뒤를 잇고 당우가 나타나게 되자) 사람들은 본성을 버리고 마음만을 따르며 (본성과 본성이 아니라) 마음과 마음이 서로 인식하고 알게 되어 천하를 안정시키기 어렵게 되었다. 그 뒤 글로써 부연하고 박식함을 더하게 되었다. 문은 질을 소멸시키고 박은 마음을 탐닉케 하였다. 그 뒤부터 사람들은 혼란에 빠지기 시작하여 그 성정으로 돌아가서 그 시초를 회복할 수 없었다.[209]

장자의 복기초는 두 가지 의미를 가지고 있다. 그 한 가지는 제도와 문명이 발생하기 이전의 소박한 상태로 돌아가야 한다는 뜻이다. 『장자』 도척편에 다음과 같은 기록이 있다.

옛날에 금수는 많고 사람을 적을 때 이때 사람들은 모두 나무 위에서 살며 금수를 피했다. 낮에는 도토리와 밤을 모으고 저녁에는 나무 위에서 쉬었다. 그래서 명에 이르기를 이들을 유소씨의 백성이 있다고 하였다. 옛날에는 백성들이 의복을 모르고 여름에 장작을 많이 쌓아 겨울에 땠다. 그래서 명에 이르기를 삶을 아는 백성이라고 불렀다. 신농의 시대에

---

208 『孟子』, 「繕性」.
209 『孟子』, 「繕性」.

누우면 편안하고 일어나면 여유로웠으며 사람들이 그 어미는 알아도 아비는 알지 못했다. 사슴과 함께 살고 경작하여 먹고 직조하여 입었다. 서로 해치는 마음이 없었다. 이것이 지극한 덕이 융성했던 세상이다. 유소씨의 백성 시대를 거쳐, 삶을 아는 백성 시대를 거쳐 신농씨의 시대로 왔다. 정말 이 시기의 사람들이 오늘날 이 세상에서 살 때 자신들의 시대를 지극한 덕이 융성했던 시기라고 할까?[210]

그리고 또 한 가지는 맹자나 주자와 같이 갓난아기의 마음으로 돌아가야 한다는 뜻이다.

앎이 생겨도 그 앎으로 작위하지는 않았다. 이를 앎으로 고요함을 키운다고 한다. 이처럼 앎과 고요함은 서로를 키우는 것이므로 그 본성으로부터 조화와 이치가 나타난다. 무릇 덕이란 조화이고 도란 이치이다. 모든 것을 포용하는 덕이 인이고 도에 이치가 아닌 것이 없는 것이 의이다. 의가 밝아져 사물과 친해지는 것이 충이며 마음속이 순수하고 성실하여 본래의 실정으로 돌아가는 것이 악이다. 믿을 수 있는 행동과 얼굴과 몸으로 절문에 따르는 것이 예이다.[211]

문명 이전의 소박한 상태도 물론 갓난아기의 마음과 다를 것이 없다. 지극한 덕이 이루어졌던 문명 이전의 사회에서는 사람이면 누구나 다 덕을 갖추고 있었다. 이를 동덕同德이라고 한다(『장자』, 「마제馬蹄」). 그래서 사람들은 추우면 옷을 입고 배고프면 먹고 졸리면 잠을 잤다. 새나 짐

---

210 『莊子』, 「盜跖」.
211 『孟子』, 「繕性」.

승과 함께 살고同與禽獸居 다 같이 무지하여 그 덕이 떠나지 않고同乎無知
其德不離 다 같이 욕심이 없어 이를 소박함이라고 하였다同乎無慾 是謂素朴.
그렇지만 이러한 동덕의 사람들은 각기 떨어져 있어 무리를 이루지 않
는다一而不黨. 이를 하늘의 방임天放이라고 한다. 장자는 사람들이 무리
지어서 사는 것을 샘물이 말라 물고기가 땅 위에 모여 축축한 숨으로
적셔주고 거품으로 적셔주는 것과 같다고 한다泉涸魚相與處於陸 相呴以濕 相
濡以沫. 문명사회에서 우리가 서로를 위한다고 하는 일이 물고기가 진탕
에서 뻐끔거리며 기포를 내뿜는 것과 같다는 뜻이다. 나는 너에게 너는
나에게 의미 있는 존재가 되기보다는 넓은 세상에서 서로를 잊고 유유
하게 사는 것이 낫다不如相忘於江湖는 것이다.

장자는 어린아이童子를 하늘과 한 무리가 된 사람이라고 했다. 하늘
과 한 무리가 된 사람은 하늘과 조화되어 천락天樂을 누리게 된다.

대저 천지자연의 덕에 밝다는 것, 이를 모든 일의 근본이라고 한다. 하
늘과 조화되는 것은 천하를 균등하게 조절하기 때문이다. 사람과 조화되
면 인락人樂이라고 하고, 하늘과 조화되면 천락天樂이라고 한다.[212]

하늘의 즐거움을 아는 자는 살아 있을 때는 자연 그대로 행동하고
죽어서는 사물의 변화에 따른다. 물화는 사물의 변화를 따르는 것이다
知天樂者 其生也天行 其死也物化. 참된 본성이 마음에 있는 자는 정신이 동하
여 밖으로 나타난다眞在內者, 神動於外. 그래서 참된 본성으로 슬픈 자는
소리를 내지 않아도 슬프고 참된 본성으로 노하는 자는 그것이 드러나
지 않아도 위엄이 있고 참된 본성으로 친한 자는 웃지 않아도 화합이

212 『莊子』, 「天道」.

된다. 진眞이란 나에게 주어진 성의 온전함이다.

장자가 어린아이의 마음으로 돌아가야 한다고 할 때 그 어린아이의 마음은 몇 가지 특징을 갖는다. 먼저 갓난아기의 마음은 근심이 없다. 근심은 두려움에서 생기고 그 두려움은 알지 못함에서 비롯된다. 우리 마음은 끊임없이 번민에 시달린다.[213]

사람의 마음은 억누르면 위로 솟구치고 위아래로 움직이다가 쇠잔해지네. 부드럽고 연약한 것이 단단하고 강퍅해져 날카롭게 상처를 내고 새긴다네. 그 열은 불과 같이 뜨겁고 차가울 때는 얼음처럼 뭉친다네. 그 빠르기가 고개를 숙였다가 드는 동안 사해를 두 번 덮을 정도이네. 움직이지 않으면 심연처럼 고요하나 움직이면 하늘만큼 떨어져버리네. 그것이 바로 사람의 마음일세.

그 마음은 하늘과 땅 사이에 매달려 있는 것 같고, 자주 불이 일어나 마음속의 평화로움을 태워버린다.[214] 가만히 생각하면 우리의 삶은 근심과 함께 시작된다人之生也 如憂俱生. 근심은 바로 다음 순간에 무슨 일이 생길지 모르기 때문에 생겨난다. 아니 모르기 때문이 아니라 무슨 일이 생길지 알려고 하기 때문에 비롯된다. 의도하고 기필하고 고집하기 때문에 나타난다. 이를 장자는 둔천지형遁天之刑이라고 한다. 둔천지형은 우리가 자연에서 벗어나려고 하기 때문에 받는 형벌이라는 뜻이

---

213 『莊子』, 「在宥」.
214 마음은 하늘과 땅 사이에 매달려 있는 것 같다. 우울하고 번민하고 가라앉고 어지러워 불이 일어나는 것이 심히 자주 있으며 사람들의 마음속의 평화를 태워버린다. 사람에게는 이익을 쫓고 손해를 피하려는 두 가지 함정이 있어 도망칠 수가 없다. 그래서 마음이 천지간에 매달려 있는 듯이 불안한 것이다.

다. 인류의 지혜가 발달함에 따라 그리고 개개 인간이 성장함에 따라 필연적으로 받게 되는 형벌이다. 그래서 우리의 앎은 최종적으로 알지 못함으로 귀결되어야 한다. 박학, 심문, 신사, 명변이라고 하는 앎의 추구에서 그 최종 종착역은 알 수 없다는 것이다. 알 수 없다는 곳에 도달할 때 우리는 모든 것을 내어 맡길 수 있다. 이를 제지현해帝之縣解라고 한다. 하늘에서 묶어 매단 밧줄에서 풀려나는 것이다. 생사를 모두 자연에 맡길 때 비로소 우리는 절대자의 속박에서 벗어날 수 있다.

장자에게 있어 '내어 맡김'이 어린아이의 가장 중요한 특징이다. 아이들은 밑에서 받아준다고 하면 아무리 높은 곳에서도 그냥 뛰어내린다. 장자는 도에 내어 맡김을 술 취한 사람에 비유해서 설명한다. 즉 술에 취한 사람은 수레에서 굴러떨어져도 조금 다치기만 하지 죽지는 않는다. 아마 멀쩡한 사람이라면 죽을 수도 있는 상황일 것이다. 그 이유는 술에 취한 사람은 술에 자신을 온통 내어 맡기기 때문이다. 골절은 다른 사람과 같지만 해를 입는 것이 사람들과 다름은 그 정신이 온전하기 때문이다. 수레를 탄 줄도 모르고 떨어진 것도 역시 모른다. 죽음과 삶, 놀라움과 두려움이 그 마음속에 들어갈 수 없어 사물에 부딪쳐도 두려움이 없다. 그가 술에서 온전한 것을 얻음이 오히려 이와 같은데 황차 하늘로부터 온전한 것을 얻음이랴? 성인은 하늘에 자신을 감추기 때문에 그를 능히 상하게 할 수 없다. 복수하려는 자는 막야鏌鋣나 간장干將과 같은 명검을 부러뜨리지 않는다. 남을 해치려는 마음이 있는 자도 바람에 날리는 기왓장을 원망하지는 않는다. 이런 까닭으로 천하는 평화롭고 고르다. 따라서 공격하는 전쟁과 같은 난亂이 없고 사람을 살육하는 형벌이 없는 것은 이 도에 연유하는 것이다. 술에 자신을 내어 맡기는 것이 이 정도라면 하물며 도에 자신을 온통 내어 맡기는 것은 어떻겠는가?[215] 술 취한 사람이 많이 다치지 않음은 술에서 온전한 것을 얻었기 때문이다. 술에서 온전한 것을 얻었다 함은 술에 자신을 완전히 맡겨버렸다는 뜻이다. 하늘로부터 온전한 것을 얻음이란 하늘에 내맡김이다. 하늘에 모든 것을 내주는 것을 기도祈禱라고 한다.

근심이 없기 때문에 아이들은 항상 즐겁다. 부귀, 명예, 아름다운 옷, 편안한 몸, 아름다운 여자, 좋은 음악, 아이들이 이런 것 때문에 즐겁겠는가? 마치 어린아이가 온갖 위험이 도사리고 있는 숲으로 아장아장 걸어가듯이 미지의 것에 내어 맡겨야 한다.

3) 무아無我로서의 복기초

앞에서 학이시습지 불역열호를 논의의 출발점으로 삼았음을 기억하기 바란다. '늘 때에 맞게 익히는時習' 것은 어린아이의 마음으로 돌아가기 위해서이고 그 결과는 '기쁘다'는 것이다. 유학에서는 즐거움에 대해 두 가지 상반된 색채가 존재한다. 한 가지는 즐거움을 썩 내키지 않아 하는 듯한 분위기이다. 세상에 대한 우환憂患 의식이 가득한 심각한 모습이 성인의 모습으로 그려지는 것은 그래서일 것이다. 반면 즐거움을 긍정하고 더 나아가 즐거움이 성인의 본연의 마음이라는 입장도 있다. 송명宋明 대 유학자를 두 그룹으로 분류하여 보면 정이천과 주자가 전자이고 정명도와 왕양명이 후자라고 할 수 있다. 비록 「학이學而」에 주석을 붙여 복기초의 의미를 부여하였지만 주자는 진정으로 복기초의 의미를 이해하였다고 보기 어렵다. 진정으로 복기초의 의미를 이해한 인물은 명도와 양명이라고 할 수 있다.

---

215 『莊子』,「達生」.

「학이」편은 공자의 즐거움을 표현한 구절이라고 할 수 있다. 『논어』에서 즐거움을 표현한 또 한 구절이 있다. 즉 공자의 수제자인 안회가 가난 속에서도 즐거움을 잃지 않음을 공자가 칭찬하는 장면이 그것이다. 양명은 즐거움이 마음의 본체라고 하였다.[216] 유학자들은 주돈이와 이정 이래로 '공자와 안연이 즐긴 경지를 찾는尋孔顔樂處' 공부를 정신생활에서 가장 중요한 의미를 갖는 과제로 삼고서, 배우는 이들에게 공자와 안연이 도달했던 생기로 가득 찬 자유의 경지에 도달하도록 가르쳤다. 그래서 유가 사상에서 즐거움은 성현의 경지에 대한 중요한 규정의 하나가 되었다. 유학에서 즐거움이 표시하는 인생의 최고 경지는 명리나 부귀 등의 속박을 벗어나 심령을 천지와 함께 유행하는 경지로 끌어올려 '도를 듣는' 단계로부터 나아가 정신적으로 '도와 합일되는' 단계에 이르는 것이다. 장기간의 수양을 거쳐 비로소 실현되는 그런 자유롭고 기쁨에 넘치며 생기에 가득 찬 심경이 바로 즐거움이라고 한다면, 그 즐거움은 일상에서 경험하는 감성적인 쾌락과는 다른 고급스러운 정신 경지의 즐거움이다. 이런 의미에서 즐거움은 정감의 범주가 아닌 경지의 범주로서 심체라고 규정되는 것이다.[217]

이것과 조금 다르지만 증점의 즐거움이 있다. 『논어』에 공자가 제자들에게 무엇을 하고 싶으냐고 묻는 장면이 나온다. 이때 자로와 염구 그리고 공서적은 각자 자신의 포부를 펼친다. 그러나 공자는 기수에 가서 목욕하고 노래를 부르며 돌아오겠다는 증점과 같이 하겠다고 말한

---

216 즐거움이 마음의 본체이다. 어진 사람의 마음은 천지만물과 일체여서 기쁘고 화창하니 원래 간격이 없다. …… 이 마음의 본체를 회복하기 위해서이고 '기쁘다'는 것은 본체가 점차 회복되고 있기 때문이다. '벗이 찾아온다.'는 것은 본체의 기쁘고 화창한 기상이 천지만물에 두루 미쳐서 간극이 없다는 것이다. 본체의 기쁘고 화창한 기상은 본래 이와 같아서 애초에 더할 것이 없다(『전집全集』, 권5, 與黃勉之二).
217 진래陳來(2003), 전병욱 옮김, 『양명철학』, 예문서원.

다. 이를 유학사들은 쇄락灑落이라고 부른다. 쇄락이란 방탕, 방종하고 정情, 의意를 함부로 편다는 의미가 아니다. 양명은 쇄락을 그 마음이 욕망에 얽매이지 않고 어디를 가더라도 자득하지 않음이 없다는 것을 의미할 뿐이라고 하였다.『전집全集』 권5 答舒國用

그러나 유학자들이 근본적으로 오해하는 부분이 있다. 즉 즐거움은 우리가 의도하고 추구한다고 해서 도달할 수 있는 게 아니라는 것이다. 그것은 천화天化나 신神, 덕德, 도道 등은 우리가 추구해서 얻을 수 있는 것이 아니라는 것과 마찬가지이다. 즐거움은 즐겁다는 의식이나 노력으로 생겨나는 것이 아니다. 어쩌면 즐겁다는 생각이 들 때는 이미 즐거운 것이 아닌지도 모른다. 우리가 신체 어느 부위를 의식할 때는 이미 그 부분이 불편하기 때문이다. 허리를 의식하는 것은 허리가 불편하기 때문이고 배를 의식하는 것은 배가 고프거나 아프기 때문인 것이다. 따라서 장자가 말한 대로 발을 잊는 것은 신발이 적당하기 때문이고, 허리를 잊는 것은 허리가 적당하기 때문이고, 시비를 잊는 것은 마음이 적당하기 때문이다.

공수가 원을 그리면 컴퍼스나 곱자보다 나았다. 손가락이 사물과 함께 변화하여 마음이 머무르지 않게 하기 때문이다. 따라서 그 영대(마음)가 하나가 되어 걸림이 없다. 발을 잊는 것은 신이 적당하기 때문이다. 허리를 잊는 것은 허리띠가 적당하기 때문이다. 시비를 잊는 것은 마음이 적당하기 때문이다. 마음이 안에서 변하지 않고 밖을 따르지 않는 것은 일을 만남이 적당하기 때문이다. 적당함에서 시작하여 적당하지 않음이 없는 자는 적당함을 잊은 적당함이다.[218]

---

218 『莊子』,「達生」.

그래서 양명은 이 구절을 다음과 같이 해석하였다.

이 세 사람은 의도하고 기필하였다. 의도하고 기필하면 치우치고 집착하여 이것에 능하면 저것에 능하지 못하게 된다. 증점의 뜻은 의도와 기필이 없으니 자신의 위치에 의거하여 행동할 뿐 밖에서 무엇을 원하지 않아 이적夷狄의 땅에 살 때는 이적의 상황에서 해야 할 행동을 하고 환란에 임하여서는 환란의 상황에서 해야 할 행동을 하여 어디를 가더라도 자득하지 못할 때가 없다.[219]

즐거움이란 마음이 적당하다는, 즉 마음이 편안하다는 뜻이다. 우리가 어떤 일을 할 때 마음이 개입하지 않으면 몰입할 수 있다. 마음이 안에서 변하지 않고 밖을 따르지 않기 때문이다. 그러나 편안하다는 것을 아는 것은 아직 편안하지 않음이 있다는 뜻이다. 그래서 편안함마저 잊어야 정말로 편안한 것이다.[220] 마음에 시비가 없으면 마음이 편안하다. 그러나 편안하다는 것을 아는 것은 아직 편안하지 않음이 있다는 뜻이기도 하다. 그래서 편안함마저 잊어야 정말로 편안한 것이다. 이런 맥락에서 보면 마음이 즐겁다는 것은 사실은 마음에 즐거움이 없다는 뜻이다. 마음이 하나가 되어 변하지 않고 거스르는 바가 없으며 사물과 섞이지 않고 거역하는 바가 없음이 진정한 즐거움인 것이다.

---

219 『傳習錄』, 「全集一」.
220 그래서 주자와 같은 도덕주의자는 증점을 별로 좋아하지 않았다. 주자는 증점에 대해 증점의 성격은 장자와 비슷(『語類』, 卷四十)하거나 증점에게는 노장의 성격이 있는 것 같다(『語類』卷四十 1,028쪽)라고 비판하였다. 그리고 평소에 사람들이 이 말(증점을 인정한다는 말)을 하는 것을 좋아하지 않았다고 한다(『語類』, 卷百十七).

마음에 걱정이나 즐거움이 없음은 덕의 지극함이고 하나가 되어 변하지 않는 것은 고요함의 지극함이요, 거스르는 바가 없는 것은 비어 있음의 지극함이요 사물과 섞이지 않음은 담담함의 지극함이요, 거역하는 바가 없는 것은 순수함의 지극함이다.[221]

마치 순수한 사랑이 상대방을 거역하지 않듯이 마음을 비운다는 것은 마음에 거스르는 바가 없다는 것이다. 노자는 "스스로 비우기를 지극하게 하고 고요하게 스스로 지킴이 두터우면 도는 저절로 돌아온다."고 하였다.

스스로 비우기를 지극하게 하고 고요하게 스스로 지킴이 두터우면 만물이 눈앞에 널려 있어도 나는 그것의 돌아옴을 보고 만물이 많고도 성대하지만 각각 그 근원의 자리로 돌아간다. 근본으로 돌아간 것을 고요하다고 하고 고요함이란 명에 돌아가는 것이요. 명에 돌아가는 것을 상이라고 하고 상을 아는 것을 밝음이라고 한다.[222]

그것은 저절로 온다. 장자도 그저 갓 태어난 송아지 같은 눈만 하고 기다리면 된다고 하였다.

설결이 피의에게 도를 물었다. 피의는 너의 몸을 바로하고 너의 눈길을 하나로 하면 자연의 화기가 장차 이를 것이다. 너의 지식을 수렴하고 너의 태도를 하나로 하면 신이 장차 너의 집으로 올 것이다. 덕이 장차 너

---

221 『莊子』,「刻意」.
222 『老子』,「十六章」.

를 아름답게 하고 도가 장차 너에게 머물 것이다. 너의 눈동자를 새로 태어난 송아지처럼 그 까닭을 구하지 않도록 해라. 말이 끝나기 전에 설결은 잠이 들었다. 피의는 크게 기뻐 노래를 부르며 갔다. 몸은 마른 해골과 같고 마음은 식은 재와 같구나. 진실로 그 실정을 알고 있지만 자신이 가진 것처럼 여기지 않네. 어둡고 어두워라. 무심하여 더불어 의논할 수 없는 사람. 그는 누구인가?[223]

그래서 노장老莊에서의 어린아이의 마음으로 돌아감은 하나의 경지가 아니라 방법이다.

『논어』에 절사설切四說이라는 것이 있다. 즉 공자는 4가지를 끊었다는 것인데 그 4가지는 '의도하고意, 반드시 되어야 한다고 생각하고必, 고집하고固, 나라는 생각我'이다.子罕편 주자는 의意란 움직이는 정情이 어떤 지향을 갖는 것이며 꾀하고 헤아리는 것이라고 했다.[224] 기필한다는 것은 반드시 그러리라고 기대하는 것이다. 무엇을 어떻게 하려고 하는 마음이 있으면 그것이 반드시 되어야 한다고 기필하게 되고 고집하게 된다. 그리고 그렇게 되지 않았을 때 노여움과 미움의 감정이 일어나게 된다. 기대가 없으면 그때 우리는 자유롭다. 기대를 하면 속박된다. 이러한 것의 원인은 결국 '나'라고 하는 생각에서 비롯되는 것이다.

장자는 허리띠가 편하면 그것을 의식하지 않게 된다고 했다. 우리가 무엇을 의식한다고 하는 것은 편하지 못하기 때문이다. 딱딱한 음식을 씹어 이가 아프게 되면 그것을 의식하게 되듯이 마음에 불편한 것이 있으면 상념이 계속 일어나게 된다. 마음이 내키는 대로 따라도 법도에 어

223 『莊子』,「知北遊」.
224 『語類』, 卷五.

굿니지 않았다고 하는 것은 마음이 마음을 의식하지 않을 정도로 편안하다는 것을 뜻한다. 내 마음이 일어나는 대로 그것을 의식하지 않고 지켜보지 않는 것은 어린아이의 마음이다. 마땅히 머무르는 바 없이 마음을 내라應無所住而生其心는 『금강경』의 구절과 같다. 성인은 기필을 꼭 그런 것이 아니라고 여겨 다툼이 없지만, 일반 대중은 꼭 그런 것이 아닌 것을 기필함으로 다툼이 많다. 또 성인은 마땅히 자신에게 돌아올 복을 꼭 그런 것이 아니라고 여기고 우연히 만난 화를 올 것이 왔구나 하고 생각한다. 반면 사람들은 화는 우연이라고 생각하고 복은 필연이라고 생각한다.[225]

맹자의 부동심도 마찬가지이다. 부동심은 의도나 기필로 이루어지는 것이 아니다. 이와 같은 맥락에서 양명은 맹자의 부동심과 고자의 부동심의 차이를 다음과 같이 말했다.[226]

맹자의 부동심과 고자의 부동심은 단지 터럭만 한 차이밖에 없다. 즉 고자는 오직 부동심만을 공부의 내용으로 삼았지만 맹자는 곧장 마음이 일어나는 근원에서부터 분석해 들어갔다는 점이다. 마음의 본체는 원래 동요되지 않는 것이다. 다만 행위가 의에 합치되지 못하면 동요하게 되는 것이다. 맹자는 마음이 동요하느냐 동요하지 않느냐는 문제 삼지 않고 오직 '의를 쌓기만[集義]' 했다. 모든 행위가 의에 맞지 않음이 없게 되면 자

---

225 사실 이 말은 『莊子』 "聖人以必不必 故无兵 衆人以不必必之 故多兵"에 나오는 말이다.
226 이정도 다음과 같이 말하였다. "부동심에는 두 가지가 있다. 도를 깊이 체득하여 동요되지 않는 것이 있고 마음을 제압하여 움직이지 못하게 하는 경우가 있다. 이것은 의이고 이것은 불의인 경우 의는 내가 취해야 할 것이고 불의는 내가 버려야 할 것이다. 이것이 의로 마음을 제어하는 경우이다. 의가 나에게 있어서 그로부터 행하면 느긋하게 중도에 맞게 되니 억지로 제어하는 것이 아니다. 이것이 두 부동심의 차이이다(『二程遺書』. 卷二十一下)."

연히 그 마음이 동요할 이유가 없게 된다고 본 것이다. 고자는 오직 마음을 동요되지 않게 하려고만 해서 곧장 자신의 마음을 붙잡아둠으로써 끊임없이 생성되고 생성되는 마음을 도리어 막고 틀어막았다. 맹자가 말한 집의의 공부를 택하면 자연히 마음이 수양되고 충실해져서 전혀 허전한 느낌이 없게 된다. 그러면 자연스럽게 종횡으로 자재하게 되고 생동감이 넘치게活潑潑 된다. 이것이 바로 호연지기浩然之氣이다.『전습록傳習錄』下「全集」권3

의도와 기필이 없다는 것은 무엇을 하려고 하는 욕망이 없다는 말이다. 그래서 정호는 종심소욕을 만물 하나하나의 법칙에 맞게 반응하여 고정된 정이 없다聖人之常 以其情順萬物而無情라고 해석하였던 것이다. 또한 양명도 맑고 고요하여 얽매임이 없는 영정寧靜의 경지를 궁극의 목적으로 삼아 단지 개인의 정신적 평온을 추구하는 것은 결국 자사자리自私自利에 해당하고 따라서 '보내고 맞이하며將迎' '의도하고 기대하는意必' 태도에서 진정으로 벗어날 수 없다고 보았다. 보내고 맞이한다는 표현은 『장자』에 나오고, 의도하고 기대한다는 표현은 『논어』에 나오는데 둘 다 어떠한 대상에 집착하는 태도를 가리킨다.

공자는 "옳다고 집착하는 것도 없고 나쁘다고 집착하는 것도 없이 언제나 의와 함께한다."[227]라고 했다. 이에 대해 양명은 옳다고 집착하는 것도 없고 나쁘다고 집착하는 것도 없는 상태는 곧 보내고 맞이하지 않고 반드시 이루려고 집착하지 않는 태도인데 그것은 반드시 치양지에 종속되어야 한다고 지적한다.

의도와 기필이 없는 것을 "자득自得"이라고 한다. 자득이란 스스로 얻는다는 것이다. 이 말은 본래 『중용』에 나오는 말이다.

---

227 『論語』,「里仁」.

부귀한 자리에 있으면 부귀한 사람으로서의 도리를 행하고 빈천한 자리에 있으면 빈천한 사람으로서의 도리를 행하며 환난을 당하였으면 환난을 당한 사람으로서의 도리를 행하나니 군자는 어디를 가더라도 자득하지 않음이 없다.[228]

양명은 자득을 무아無我로 이해하여 사람이 무아에 이르게 되면 어디를 가더라도 자득하지 못함이 없다고 하였다.

제군은 항상 이것을 체득해야 한다. 사람의 마음은 본래 천연天然의 이이기 때문에 정명精明하기 그지없어 솜털만큼의 물듦도 없으니 단지 하나의 '무아無我'일 뿐이다. 가슴속에 절대 어떠한 것도 두어서는 안 되니, 어떤 것이라도 두게 되면 오만하게 된다. 옛 성인들이 여러 훌륭한 점을 가지게 된 것은 단지 '나라는 생각을 없애는' 공부가 뛰어났기 때문이다.[229]

마음의 본체는 무아이다. 즉 나라고 주장할 만한 것이 전혀 없다는 뜻이다. 이처럼 '솜털만큼도 물듦이 없는無纖介染著' 경지가 바로 자득인 것이다. 공자의 '절사설絶四說'에서의 마지막인 무아란 바로 솜털만큼의 물듦도 없는 마음의 본체를 말하고, 이것이 바로 어린아이의 마음이라고 할 수 있을 것이다. 무아란 사물을 나의 눈이 아니라 사물의 눈으로 보는 것이다. 그래서 정명도는 "대상을 대상의 입장에서 보고 나의 입장에서 보지 않으면 '나'가 없다."[300]라고 하였던 것이다. 이와 관련된 유명한 일화가 있다.

228 『中庸』,「十四章」.
229 『傳習錄』,「金集三」.
300 『二程遺書』, 十一.

이정 형제가 술을 마시고 기녀의 춤을 구경할 때 정이는 고개를 떨구고 눈으로 감히 보지 못했다고 한다. 그러나 정호는 웃으며 태연하게 즐기고는 다음 날 "내 눈 안에는 기녀가 있지만 마음속에는 기녀가 없고 정숙正叔(정이의 자)은 눈 안에는 기녀가 없지만 마음속에는 기녀가 있다."고 말했다. 그래서 양명은 성인의 학문은 무아를 근본으로 삼는다[301]고 했다. 무아는 유학과 노장이 만나는 장소이고 바로 복기초의 의미가 완성되는 곳이다.

자득이라는 말도 원래는 노장의 개념이다. 장자는 자득이란 본성의 덕에 따르고臧於其德, 본래 그대로의 정에 맡기는 것任其性命之情이라고 하였다.[302] 그리고 자득하게 되면 스스로 듣고自聞, 스스로 보고自見, 스스로의 길을 갈 수 있다自適고 하였다. 자문이란 밖의 소리에 빼앗겨 남에게 얽매여 듣지 않고 스스로 자기 안에서 듣는다는 것이다. 또 자견이란 외부의 색깔에 정신을 빼앗겨 남이 보는 대로 보지 않고 스스로 자신의 내부를 본다는 것이다. 자적이란 남이 가는 길을 따라 가지 않고 스스로의 길을 가는 것이다. 스스로 자연스럽게 보지 않고 남에게 얽매여 보고 듣게 되면 결국 남의 만족으로 흡족해하고 스스로 참된 즐거움이 없게 된다. 그래야 스스로 참된 즐거움이 있게 된다. 스스로 보고 스스로 듣기 위해서는 정신을 고요히 하여 안에 간직해야 한다抱神以靜. 그러면 보려는 것을 잊게 되고 들으려는 것을 잊게 된다. 보려는 것을 잊으면 저절로 보이게 되고, 들으려는 것을 잊으면 저절로 들리게 된다忘視而自見 忘聽而自聞고 한다. 즉 본다는 의식 없이 보는 것이 자견이고 듣는다는 의식 없이 듣는 것이 자문이라는 것이다.

---

301 『傳習錄』,「金集七」.
302 『莊子』,「駢拇」.

어린아이는 하늘에서 다고난 본래의 성품(본래성)을 완벽히게 가지고 있다. 그러나 여기에 나라는 의식(자의식)이 생기면서 본래성을 상실한다. 따라서 본래성은 필연적으로 상실될 수밖에 없다. 그리고 본래성을 회복하기 위해서는 무아가 되어야 한다. 무아 혹은 무심이 되어야 우리는 어린아이처럼 즐거울 수 있다. 어린아이는 나와 대상을 구별하지 않는다. 그래서 자아와 사물 사이에 아무런 장애가 일어나지 않는다. 이를 양행兩行이라고 한다.[303] 양행을 통해 우리는 모든 존재가 하나같이 옳고 아름답다는 것을 알 수 있다. 이를 장자는 '동시同是'라고 하였으며 홍승표는 '존재의 아름다움'이라고 하였다.[304]

4) 동심의 회복

『찬도기야 우파니샤드』에는 나라다가 사나따구마라에게 진리가 무엇인지 묻는 내용이 있다. 그런데 나라다라는 이름은 '지고의 지혜를 가져다주는 사람'이라는 뜻이고 사나따구마라라는 '영원한 어린아이'라는 뜻이다.[305] 즉 인간이 지향해야 할 궁극적인 상태가 바로 영원한 어린아이라는 것이다. 우파니샤드 말고 모든 종교에서도 우리가 도달해야 할 궁극적인 상태로 어린아이와 같은 마음을 말하고 있다.[306]

양명좌파陽明左派의 대표적인 인물인 이지李贄도 그의 동심설童心說에서 다음과 같이 말했다.[307]

---

303 천균天鈞과 양행兩行: 시비를 평균하여 사물에 구애받지 않는 것을 천균이라 하고, 사물과 자아 사이에 아무런 장애가 일어나지 않음을 양행이라고 한다.

304 홍승표(2003), 『존재의 아름다움』, 예문서원.

305 이재숙 옮김(1998), 『우파니샤드 II』, 한길사.

대저 동심이란 진실한 마음이다. 만약 동심으로 돌아갈 수 없다면 이는 진실한 마음을 가질 수 없다는 말이 된다. 무릇 동심이란 거짓을 끊어버린 순진함으로 사람이 태어나서 가장 처음 갖게 되는 본심을 말한다. 동심을 잃게 되면 진심이 없어지게 되고 진심이 없어지면 진실한 인간성도 잃어버리게 된다.

이지는 우리가 동심을 잃게 되는 까닭을 '도리道理'와 '견문見聞'이라고 주장한다. 도리와 견문이 밖으로부터 들어와 내면을 주재하게 되면 어느덧 동심도 사라지게 된다. 도리와 견문은 많을 책을 읽어 의리가 무엇인지 아는 데서 나온다. 우리는 우리가 책에서 읽은 도리와 견문을 '나'라고 생각한다. 그 '나'는 낡은 지식과 경험의 총체와 다름이 아니다. 동심은 내가 나라고 생각하는 지식과 경험을 모두 버림으로써 회복될 수 있다.

장자는 우리가 두 가지 하늘을 가지고 있다고 하였다. 그 한 가지는 사람의 하늘人之天이고 또 한 가지는 하늘의 하늘天之天이다.

사람의 하늘을 열지 않고 하늘의 하늘을 열어야 한다. 하늘을 여는 자

---

306 예컨대 『성경』에는 다음과 같은 구절이 있다.
"너희가 돌이켜 어린아이와 같이 되지 아니하면 결단코 천국에 들어가지 못하리라. 그러므로 누구든지 이 어린아이와 같이 자기를 낮추는 그이가 천국에서 큰 자니라(마태복음, 18: 3)."
"어린아이들을 용납하고 내게 오는 것을 금하지 말라. 천국이 이런 자의 것이니라(마태복음, 19: 4)."
"누구든지 하나님의 나라를 어린아이와 같이 받들지 않는 자는 결단코 들어가지 못하리라(마가복음, 10: 15)."
"이것을 지혜롭고 슬기있는 자들에게는 숨기시고 어린아이들에게는 나타내심을 감사하나이다(누가복음, 10: 21)."
307 이지(2004), 김혜경 옮김, 『분서Ⅱ』, 한길사.

는 덕을 낳고 사람을 여는 자는 삶을 해친다. 하늘을 싫어하지 않고 사람에 대해 소홀하지 않으면 사람들은 그의 그 진리에 가까워진다.[308]

사람의 하늘은 우리가 천성적으로 부여받은 재능이다. 반면 하늘의 하늘은 모든 사람이 부여받은 도道, 곧 자연이다. 그러나 장자 시대나 오늘날이나 우리는 하늘의 하늘보다는 사람의 하늘을 더 중요시한다. 조기교육과 영재교육에서는 가급적 빨리 아이의 재능을 발견해서 키워주어야 한다고 강조한다. 그렇지만 이런 재능은 자칫 아이가 가진 하늘의 하늘을 해칠 수도 있다. 아니 반드시 해치게 된다.

장자가 주장했듯이 세속적인 공부로 본성을 닦아 그 시초로 돌아가려는 사람은 어리석음에 가린 인간이다.[309] 세속적인 공부란 세상에 쓰이는 재주를 키우는 것이다. 그러나 한 가지 재주뿐인 사람, 요즘 말로 하자면 소위 전문가에게 하늘의 하늘이 있다는 것을 말하기는 더욱 어렵다. 장자는 이를 '교육에 속박되어 있기 때문'이라고 했다.[310] 오늘날의 공부도 역시 마찬가지가 아닐까? 장자는 당시의 유가들을 『시경詩經』이나 『예기禮記』라는 무덤을 파헤쳐, 좋은 구절이 하나 있으면 마치 죽은 사람의 턱뼈를 부수고 입에 든 진주를 빼내 훔쳐가는 것처럼 자신의 것인 양 인용한다고 비판하였다. 우리 또한 성인의 찌꺼기를 인용하면서 "살아서 보시를 하지 않은 자가 죽어서 무슨 진주를 물고 있는가生不佈施, 死何含珠?" 하며 턱뼈를 부수고 진주를 빼고 있는 것은 아닌가?

우리가 어린아이로 돌아가려면 그때가 행복했다는 기억이 반드시 있

---

308 『莊子』, 「達生」.
309 『莊子』, 「繕性」.
310 『莊子』, 「秋水」.

어야 한다. 고통과 회환으로 가득 찬 어린 시절이라면 누가 돌아가려 하겠는가? 그래서 초등학교 시절이 중요하다. 물론 학교에 가기 전 부모나 조부모와 갖는 시절이 더 중요하겠지만. 그래서 교사는 제자의 고통과 회한을 씻어주는 사람이다. 못나고 더럽고 가난한 아이도 교사 앞에 가면 자신이 더럽고 못생기고 가난한 아이라는 것을 잊을 수 있어야 한다. 교사가 아이들을 씻어주는 방법은 바로 칭찬이다. 칭찬은 아이들 마음속의 상처를 씻어준다.[311]

---

311 세아이선洗我以善은 신도가申徒嘉의 스승인 백혼무인伯昏無人이 자신을 선으로 씻어주었다는 말이다. 신도가는 형벌로 발 하나가 잘려나갔는데 선생님께 가면 자신이 병신이라는 사실을 잊는다. 여기서 선은 훌륭한 덕이 아니라 "잘 한다"는 칭찬의 말이다. 교사는 학생들을 칭찬으로 씻어 자신에 대한 부정적인 인식에서 벗어나도록 해야 한다德充符.

2. 덕德과 도道 그리고 마음공부

1) 덕과 도를 다루는 이유

오늘날 마음공부의 중요성은 다각적인 측면에서 제기되고 있다. 마음공부는 현대 사회에서만 이슈가 되는 주제는 아니다. 동서양의 전통 속에는 마음공부의 범주에 포함시킬 수 있는 다양한 이론과 실천이 있어왔다. 이미 마음공부에 대한 다양한 논의가 전개되었음에도 불구하고, 오늘날 마음공부의 필요성에 대한 논의가 새롭게 제기되고 있으며, 마음공부의 방법 및 목적 등이 학계에서뿐만 아니라 사회적으로도 이슈가 되고 있다.

현대인이 마음공부에 관심을 기울이는 이유는 사회구조적인 상황에 기인하는 것이라고 할 수 있다. 현대를 지배하는 현대 세계관은 인간의 내적 성장보다는 외적인 성취와 성공 그리고 욕망 충족에 많은 가치를 부여한다. 따라서 현대인은 더 행복한 삶을 위해 부단한 노력을 기울이고 있지만, 현대인이 삶에서 행복을 얻기란 구조적으로 매우 힘들다. 왜냐하면, 외적인 성취와 성공 그리고 욕망 충족을 통해서 우리는 삶의 궁극적인 도달점에 닿지 못하기 때문이다.

대부분의 현대인은 행복을 얻기 위해서 더 많은 것을 소유하고 더 높은 지위를 얻고 더 큰 즐거움을 얻고자 노력을 기울인다. 그러나 그런 노력을 하면 할수록 외적으로는 그것들을 소유하고 많이 누리는 화려한 모습으로 보일지 모르지만, 내적으로는 소외된 삶을 경험할 수밖에 없다. 현대인들이 행복을 얻기 위해서 선택한 것들은 행복을 주기보다는 그것들을 얻기 위해서 근본적으로는 삶을 낭비하게 만드는 경향이 강하다.

왜냐하면 현대 세계관을 받아들이고 현대적인 삶에 충실한 현대인들은 일어난 자기 마음의 노예처럼 살아가는 경향이 있기 때문이다. 이에 기쁘면 기쁨의 노예가 되어서 기쁜 마음의 지배를 받게 되고, 슬프면 슬픔의 노예가 되어 슬픈 마음의 지배를 받는 경향이 있다. 이런 경향에 의해, 현대인들은 마음에 일어난 생각이 자기 자신인 것처럼 착각하고 살아가기도 한다.[312] 또한 현대인은 나는 누구인가에 대한 질문을 결여한 채 소외된 삶을 살기 쉽다.[313]

이와 같은 현대적인 삶을 사는 현대인에게 마음공부는 절실하게 요청되고 있다. 이런 필요성을 인정하면서, 여기서는 유가사상에서 말하는 마음공부의 궁극적인 목적과 방법에 대해 주목하고자 한다. 왜 유가사상에 주목할까? 유가사상에 주목하는 이유는 유가사상이 여타의 사상보다 사회적 관계에 더욱 현실적인 해답을 제공해줄 수 있으며, 성숙한 개인의 삶이 더 좋은 사회를 가능하게 한다는 관점을 견지하고 있기 때문이다. 유가사상이 군자의 삶을 강조하고, 소인의 삶을 견제한 것이 바로 구체적인 실례라고 할 수 있다.

유가에서는 마음공부를 통해서 인격을 성취한다는 관점을 가지고 있으며, 이에 유가에서 학문의 목적은 이상적인 인간인 성인聖人이 되는

---

312 이현지·이기홍(2012), 「『논어』의 중용사상과 마음공부」, 『동양사회사상』 25.
313 정재걸(2007), 「나는 누구인가?: '유식 30송'의 경우」, 『교육철학』 32.

것이다. 이를 위해서는 유가적인 도덕을 체득해야 하며, 그 결과 천인합일天人合一을 체득한 인격자가 되는 것이 성인의 최종 목적이다.[314] 이 지점에서 유가사상에서 발견할 수 있는 마음공부가 가지는 특징이 분명하게 드러난다.

이런 면에서 유가사상은 오늘날 더 행복한 사회 건설을 위한 사회학자들의 고민에 대해 현실적인 해답을 제공해준다. 왜냐하면, 유가사상은 개인의 존재 변화를 통한 더 좋은 사회 건설의 가능성을 제기하고 이론적으로 탐색하는 데 적합한 이론이기 때문이다. 도가와 불가사상 또한 마음공부에 대해서 유가를 능가하는 활발한 논의를 전개하고 있다. 그러나 도가와 불가는 세속과 이상 사회를 구분하기도 하고, 인간의 욕망과 쾌락에 대해 엄격한 잣대를 가지고 있기도 하다. 그러므로 이들의 논의는 어떤 면에서는 비현실적이고 이상적인 논의에 머물 수 있다. 우리가 발굴하고자 하는 것은 아무리 매력적인 이론이라고 하더라도 고원한 이상이 아니라, 현실에 적용 가능한 실천 논리이다. 이런 면에서 유가사상은 매우 구체적인 해답을 주는 흥미로운 관점이라고 할 수 있다.

이 글에서 관심을 가지는 오늘날 현대인에게 요구되는 마음공부의 필요성 또한 개인의 변화를 통한 사회 변화를 도출하기 위한 초석으로서의 의미가 크다. 즉, 마음공부의 궁극적인 목적은 깨달음을 얻는 것이고, 깨달음이란 도道를 깨닫는 것을 말한다. 깨달음을 얻은 개인은 존재의 질적 변화를 통해서 사랑의 존재가 된다. 자신을 지배하던 분별심으로부터 자유로워지고, 나를 중심으로 상대를 바라보기보다는 상대의 깊은 상처를 이해하고 감싸 안을 수 있는 존재가 된다.

---

314 유권종 외(2009), 『유교적 마음 모델과 예교육』, 한국학술정보(주).

이에 나에게 부족한 면, 불만이었던 것, 내 마음대로 하고자 했던 아집, 불안과 고통 등은 그대로 있더라도 나는 더 이상 그것들의 노예가 되지 않는다. 깨달은 자는 부족, 불만, 아집, 불안, 고통을 자각하고 그것들이 자신을 지배하기 전에 자기 속에서 피어올랐다는 것을 알아차림으로써 그로부터 자유를 얻게 된다.

그러나 이와 같은 개인이 깨달음을 얻는 것으로 그가 속한 사회가 바로 행복한 사회로 변하는 것은 아니다. 마음공부를 통해서 깨달음을 얻은 개인의 존재 변화가 사회관계 속에서 영향을 미치면서 개인의 변화는 사회의 변화로 확장될 수 있다. 더 나은 사회를 위해서는 함께 살아가기 위한 사회적 관계에서 요구되는 미덕이 있다. 이에 유가에서는 덕德 쌓기를 강조한다.

왜 유가사상에서는 마음공부를 위해서 도를 닦는 것만을 말하지 않고, 덕 쌓기에 의미를 부여하고 있을까? 도를 닦는 것으로만 마음공부가 완성되지 않기 때문인가? 마음공부로써 도를 닦는 것과 덕을 쌓는 것은 어떤 관계가 있는 것일까? 그리고 유가의 도 닦기와 덕 쌓기를 통한 마음공부는 어떤 탈현대적인 함의를 가지고 있는 것일까? 이에 대한 해답을 찾기 위해서 『논어』에 나타나는 덕과 도의 의미와 양태가 어떠한지, 덕 쌓기와 마음공부의 관계를 분석해볼 것이다.

2) 덕의 의미와 양태

유가의 전통을 추구하는 사회에서 이상적인 인간상은 덕 있는 존재이다. 유가에서는 아무리 높은 지위와 권력을 가진 사람이라고 하더라도 덕이 부족하면 존경을 받지 못한다. 과연 덕이 무엇이기 때문에 유가에서 이런 가치를 부여하는 것일까? 덕의 사전적 의미를 살펴보면, "덕이란 공정하고 포용성 있는 마음 또는 품성, 행위, 어진 이, 능력, 가르침, 은혜를 베풀다, 은혜로 여기다, 복, 오르다, 별 이름, 주역 건괘의 상象" 등으로 해석되고 있다.[315] 『북계자의北溪字義』에서는 "덕이라는 한 글자는 사람의 공부가 이미 성숙해 있는 차원에서 논하는 것이다. 즉 공부를 해서 실제로 자신에게 성취된 것이 있음을 말하는 것"[316]이라고 정의하고 있다.

이와 같은 덕에 대한 개념 정의를 통해서, 덕이란 스스로의 노력을 통해서 이미 성취된 것임을 알 수 있다. 한편으로, 『대학大學』에서는 덕을 인간의 본성이라고 말하고 있다. 명덕明德이라는 개념을 통해서, 사람이 나면서부터 하늘로부터 얻은 것이 덕이며, 본래 내 마음에 갖추고 있는 것이라고 한다. 물론 내 마음에 갖추고 있는 덕이 발현되도록 하기 위해서는 내가 노력을 기울여야 한다.

『논어』에는 '덕德'이라는 용어가 40회 언급되고 있다. 그러나 『논어』에서는 덕에 대해 분명한 개념 정의를 제시하지는 않고 있다. 이에 사용된 용례를 통해서 덕의 개념을 규정하고 그 의미를 분석할 필요가 있다. 이경무는 선행연구에서 『논어』에서 다루어지는 덕은 첫째, 인륜 행위의 '체득'이나 그에 따른 '결과'를 의미하고, 둘째, 바람직한 정치 행위 및 사회생활의 수단이나 조건을 의미하며, 셋째, 행위 주체의 사고와 의지 그리고 감정을 포함한다고 정리했다.[317]

하지만 여기에서는 사회학적인 관심에 초점을 맞추어서, 『논어』위정 편의 다음 구절에서 공자가 말하고자 하는 덕의 의미를 모색해보았다.

315 두산동아 사전편찬실(1998), 『동아 새漢韓辭典』, 두산동아.
316 진순陳淳(1995), 김영민 옮김, 『北溪字義』, 예문서원.
317 이경무(2007), 「'도道', '덕德'과 공자孔子 인학仁學」, 『철학연구』 101.

다음 구절을 보자.

> 공자께서 말씀하셨다. "인도하기를 법으로 하고, 가지런히 하기를 형벌로 하면, 백성들이 형벌을 면할 수는 있으나, 부끄러워함은 없을 것이다. 인도하기를 덕으로 하고, 가지런히 하기를 예로써 하면, 백성들이 부끄러워함이 있고, 또 선善에 이르게 될 것이다."[318]

이 구절은 사회적 통제를 강화하여 사회질서를 유지하는 방법의 한계를 지적하면서, 사회질서를 위해서 궁극적으로 도덕률을 내면화하는 것의 중요성을 말하고 있다. 법가에서 강한 사회적 통치를 통해 사회질서를 유지하는 것과 뒤르켐과 파슨스 등의 서구 사회학자가 질서 유지를 위한 사회적 통제를 주장한 것은 서로 비교해볼 만한 시사점을 가지고 있다.

법이나 제도 등의 정치 수단은 사회질서를 위한 도구로서는 의미를 가진다. 하지만, 사회질서를 유지하는 진정한 원리는 외적인 통제에 의존하기보다는 사회 구성원이 스스로 도덕적인 인간이 되는 것이 아닐까? 이런 도덕률을 내면화하는 방법이 바로 덕을 갖춘 지도자의 존재이다. 그런 지도자가 존재한다는 그 자체가 덕이 숭상되는 이상 사회로의 지향을 제공하는 것이 될 수 있기 때문이다.

그렇다면, 개인적인 차원에서 덕을 내면화하는 방법은 무엇일까?『논어』에서는 덕이 내면화된 전형적인 모델을 군자君子라고 한다. 이에 군자가 되기 위한 방법은 덕을 닦는 방법과도 상통한다.『논어』에서 공자는 다음과 같이 말하고 있다.

---

318 『論語』,「爲政」.

자로가 군자에 대하여 물으니, 공자께서 "경으로써 몸을 닦는 것이다." 하셨다. 자로가 "이와 같을 뿐입니까?" 하자, "몸을 닦아서 사람을 편안하게 하는 것이다." 하고 대답하셨다. 다시 "이와 같을 뿐입니까?" 하고 묻자, 다음과 같이 말씀하셨다. "몸을 닦아서 백성을 편안하게 하는 것이니, 몸을 닦아서 백성을 편안하게 함은 요순堯舜께서도 오히려 부족하게 여기셨다."[319]

덕을 닦는 방법의 핵심은 공자가 강조하고 있듯이, '경敬으로써 몸을 닦는 것'이다. 군자가 되는 방법, 즉 덕을 닦는 방법은 스스로 끊임없이 "그 몸을 닦음이 공경을 주로 하여 경계하고 삼가 조금도 게으르게 할 때가 없으면 하늘의 이치가 있고, 사람의 욕심이 막혀서 덕이 이루어지지 않음이 없을 것이니 이것이 군자가 되는 것이다."[320] 이 구절은 덕을 내면화하고 체득을 하기 위해서는 지속적이고 자각적인 노력이 필요하다는 것을 말하고 있다.

그렇다면, 덕을 닦은 후에는 어떻게 되는 것일까? 덕의 결과는 바로 "덕불고德不孤"[321]라는 한마디로 표현할 수 있다. 덕을 닦은 사람은 사람들이 따르고 함께하고자 하기 때문에 외롭지 않다. 덕 있는 사람을 좋아하지 않을 수 없으며, 사람들이 따르지 않을 수 없다. 그러므로 덕 있는 사람은 늘 이웃이 있다. 이에 덕 있는 사람은 외롭지 않다.

이제 『논어』에 나타나는 덕의 용례를 통해서, 덕이 드러나는 양태를 살펴보자. 덕의 양태를 통해서 덕 쌓기의 탈현대적 의미와 가치를 분석할 수 있을 것이다. 또한 덕 쌓기를 통한 마음공부가 탈현대의 건설에

---

319 『論語』, 「憲問」.
320 유교문화연구소 옮김(2006), 『논어』, 성균관대학교 출판부.
321 『論語』, 「理仁」.

어떻게 활용될 수 있는지에 대한 해답도 모색할 수 있을 것이다. 본 연구자는 『논어』에 나타나는 덕의 양태를 다음 세 가지로 분류해보았다.

첫째, '용서'이다. 다른 사람의 잘못을 용서할 수 있는 것이 바로 덕이다. 『논어』에서 공자는 백이伯夷와 숙제叔齊의 덕에 대해 다음과 같이 평가하고 있다.

공자께서 말씀하셨다. "백이와 숙제는 남이 옛날에 저지른 잘못을 생각하지 않았다. 이 때문에 원망하는 사람이 드물었다."[322]

백이와 숙제는 두 임금을 섬기지 않고 충절을 지킨 것으로 널리 칭송받고 있다. 이런 높은 충절을 가진 백이와 숙제는 다른 사람의 악을 엄격하게 미워한다고 우리는 생각할 수 있다. 그러나 이들은 다른 사람의 악에 집착하여 미워하는 마음을 간직하지 않았다고 한다. 이들은 악을 저지른 사람을 미워하기보다는 악을 미워하여, 악을 행한 사람이 스스로 변하면 옛날의 악을 미루어서 생각하지 않았다.[323] 이를 공자는 진정한 덕이라고 칭송했다.

그리고 공자는 가장 아끼는 제자 안연을 높이 평가하면서, "안연이라는 자가 학문을 좋아하여 노여움을 남에게 옮기지 않으며 잘못을 두번 다시 저지르지 않았다."[324]라고 했다. 이때 학문이란 극기克己의 공부를 말하는 것이다. '불천노不遷怒'는 화의 노예가 되지 않는 상태를 말한다. 즉, 자신에게 올라온 화를 다른 대상에게 옮기지 않고, 과거에 자신을 화나게 한 것이 있다고 하더라도 시간이 지난 뒤에도 다시 화를 내

322 『論語』, 「公冶長」.
323 유교문화연구소 옮김(2006), 앞의 책.
324 『論語』, 「雍也」.

지 않는 것이다. 화가 났으되 화의 노예가 되지 않고, 상대를 현재 있는 그대로 볼 수 있고, 나아가서 용서해줄 수 있는 것이 바로 덕이다.

그런 덕 있는 사람은 화, 분노, 두려움, 공포, 가난 등 곤란한 일에 처하면, 어떤 모습을 보일까? 공자는 "군자는 진실로 궁한 것이니, 소인은 궁하면 넘친다."[325]라고 말한다. 군자든 소인이든 즉, 덕이 있는 사람이든 덕이 없는 사람이든 곤궁에 처할 수 있다. 그러나 이들의 차이점은 곤궁에 어떻게 처하는가에서 분명하게 드러난다. 덕이 있는 사람은 곤궁에 처하지만 염려하거나 원망하거나 후회하지 않는다. 그러므로 곤궁하더라도 곤궁의 노예가 되지는 않는다. 반면 덕이 없는 사람은 자신이 처한 곤궁을 염려하고, 원망하고, 후회한다. 이에 곤궁에 빠져서 허덕이게 된다.

둘째, 덕 있는 사람의 시선은 밖으로 향하지 않고, 안으로 향한다. 『논어』에는 다음과 같은 구절이 있다.

　　사람들이 알아주지 않더라도 서운해하지 않는다면 군자가 아니겠는가?[326]

　　남이 자신을 알아주지 못함을 걱정하지 말고, 내가 남을 알지 못함을 걱정해야 한다.[327]

위의 두 구절에서는 덕 있는 사람은 다른 사람이 나를 어떻게 보는가에 집착하지 않는다는 것을 말하고 있다. 만약 다른 사람이 나를 알

<hr />

325 『論語』, 「衛靈公」.
326 『論語』, 「學而」.
327 『論語』, 「學而」.

아주기를 바라고 그것에 집착하게 되면, 다른 사람에게 보이기 위한 삶을 살게 될 것이고, 그런 삶은 자신에게 다가오는 삶의 국면을 있는 그대로 경험할 수 없도록 한다. 즉, 남이 내가 이룬 것을 알아주기를 기대하는 것은 다른 사람의 평가에 의지하는 삶이다. 이에 공자는 다음 구절에서 덕 있는 사람이 삶을 인식하는 관점을 분명하게 제시하고 있다.

남이 나를 알아주지 못함을 걱정하지 말고, 자신의 능하지 못함을 걱정해야 한다.[328]

지위가 없음을 걱정하지 말고 지위에 설 것을 걱정하며, 자신을 알아주는 이가 없음을 걱정하지 말고 알려질 만하기를 구해야 한다.[329]

이상의 구절은 덕을 가진 사람이라면 시선이 어디로 향해 있는지를 잘 보여준다. 덕 있는 사람은 시선을 자신에게로 돌린다. 나 자신의 능력과 됨됨이에 관심을 기울이고 자신의 덕을 쌓는 데 힘을 기울인다. 그리고 덕 있는 사람은 자신이 가진 것을 다른 사람에게 알리기 위해서 떠벌리지 않는다. 내가 어떤 사람이냐가 관건이지 다른 사람이 알아주는 것은 중요하지 않기 때문에, 내가 가진 것을 밖으로 드러내기 위한 노력을 기울이지 않는다.

공자는 이와 같은 구체적인 사례로 주周 태왕太王의 장자長子 태백을 언급하고 있다. 『논어』「태백泰伯」편의 다음 구절을 보자.

---

328 『論語』,「憲問」.
329 『論語』,「里仁」.

태백은 지극한 덕이 있다고 이를 만하다. 세 번 천하를 사양하였으나 백성들이 그 덕을 칭송할 수 없게 하였구나![330]

태백은 장자로서 천하를 소유할 수 있었지만, 성덕聖德이 있는 아우의 아들 창昌에게 왕위를 계승할 수 있도록 자취를 감추었다. 이에 천하를 사양하는 자신의 덕을 사람들이 칭송조차 하지 못하게 했다. 사양하는 것도 큰 미덕인데, 태백은 세 번 천하를 사양하고 또 그것을 칭송할 수도 없도록 했으므로 그 덕이 매우 크다.[331] 태백은 왕위가 원만히 계승되어 주나라가 천하를 소유하는 대의大義에만 뜻을 둔 것이다. 덕이란 이와 같이 누가 나를 알아주기를 바라고 그것에 자신의 시선을 고정시키는 것이 아니다.

셋째, 덕 있는 사람에게는 '나'라는 작은 마음이 없다. 덕 있는 사람은 나의 이익, 나의 안위, 내 것, 내 생각 등에 대한 집착과 기필하고자 하는 마음으로부터 자유롭다. 이에 대한 전형적인 모델은 천하를 소유하면서도 집착하지 않고 덕으로 다스렸던 순舜임금과 우禹임금이다.

위대하시다! 순임금과 요임금은 천하를 소유하시고도 그것을 관여치 않으셨으니.[332]

이 구절은 순임금과 우임금이 천하를 지배하고 천하가 자신들을 따랐음에도 불구하고, 자신의 뜻대로 하고자 집착하지 않았음을 잘 보여준다. 이는 바로 무위이치無爲而治로 백성을 다스린 것으로 스스로가 덕

330 『論語』, 「泰伯」.
331 유교문화연구소 옮김(2006), 앞의 책.
332 『論語』, 「泰伯」.

있는 모습을 보여줌으로써 천하가 순리대로 다스려지게 한 것이다. 다음에서는 문왕의 사례도 살펴보자.

(문왕은) 천하를 삼분하여 그 둘을 소유하시고도 복종하여 은나라를 섬기셨으니, 주周나라 문왕의 덕은 지극한 덕이라 할 만하다.[333]

문왕의 때에 주나라로 귀복한 자가 많아서, 천하를 삼분하면 이분을 소유하였다. 당시 문왕이 주나라의 힘을 조금이라도 과신하는 마음이 있었다면 천하를 모두 지배할 수도 있는 상황이었다. 하지만 문왕은 신하의 절의를 굳게 지켜서 은나라를 섬겼다.[334] 공자는 이런 모습이 바로 문왕의 덕이라고 칭송하고 있다. 이와 같이, 나를 고집하는 마음 없이 큰 뜻을 지키는 것을 덕이라고 할 수 있다.

『논어』의 「자한」편에서는 공자의 덕을 일컬어 네 가지의 마음이 없음을 말하고 있다. 그 네 가지 마음은 사사로운 뜻, 기필하는 마음, 집착하는 마음, 이기심이다.[335] 사사로운 뜻을 가지면 나와 남을 분별하게 되고, 분별하는 생각이 커지면 내 생각을 기필하려는 마음이 생기게 되며, 기필하려는 생각이 집착을 낳고, 집착하는 마음이 커져서 이기적인 '나'의 지배를 받게 된다. 그러나 공자는 본래 이런 네 가지 마음이 없다고 한다. 이는 억지로 그런 마음을 자제하는 것과 달리 공자가 지닌 덕의 진면목을 보여주고 있다. 이런 면을 고려한다면, 덕이란 의도적인 노력으로는 얻을 수 없는 것으로 해석될 수도 있다. 이에 대해서는 덕 쌓기의 탈현대적인 함의를 논의하는 과정에서 자세하게 살펴보도록 하

---

333 『論語』, 「泰伯」.
334 유교문화연구소 옮김(2006), 앞의 책.
335 『論語』, 「子罕」.

겠다.

공자와 같이, '나'에 집착하는 작은 마음이 사라지면 일상생활의 모습은 어떨까? 먹는 것과 거처함에 있어서 편안함을 추구하지 않게 된다. 즉, "군자는 먹음에 배부름을 구하지 않으며, 거처할 때에 편안함을 구하지 않는다."[336] 또한 덕 있는 사람은 다른 사람과 사귐에 있어서 '나'를 내세우지 않기 때문에, 넓게 사람들을 아끼고 위하는 마음을 가지며 편당을 짓지 않는다.[337] 이는 사私에 얽매이지 않기 때문에 가능한 것이다. 즉 덕 있는 사람은 사사로운 것이 아니라, 공公에 관심을 둔다. 그래서 "군자는 도를 걱정하고 가난함을 걱정하지 않는다."[338]라고 한다. 덕 있는 사람이 도를 걱정한다는 것은 근본적인 문제와 대의에 어긋남이 없는지를 염려하는 것이다. 그러므로 자신의 사적인 이득이나 안일에는 연연하지 않는다.

3) 도의 의미와 양태

유가사상에서 마음공부는 중요한 의미를 가지고 있다. 유가사상에서 가장 큰 관심을 기울이는 것은 인간이 가진 하늘로부터 품부 받은 본성을 발현하는 것이며, 이를 위해서 수양론이 매우 발전했다. 특히 공자의 수양론은 매우 현실적이면서도 이상적이기 때문에 그 의미와 가치가 크다. 공자는 인간이 가진 욕망과 사회적인 성취의 의미를 간과하지 않고 인정하면서도 자신의 본성을 발현할 수 있는 이상적인 인간상을

---

336 『論語』, 「學而」.
337 『論語』, 「爲政」.
338 『論語』, 「衛靈」.

제시하고 있다.

이러한 자신의 본성을 발현하기 위한 과정이 바로 마음공부이다. 마음공부의 궁극적인 목적이 깨달음이다. 깨달음이 무엇이며 어떻게 도달할 수 있는지에 대해서는 '도道'에 대한 논의에서 잘 드러나고 있다. 『중용』에서는 "성性을 따름을 도라고 이른다." 다시 말해서, 하늘이 품부해준 자신의 본성을 발현시키는 것을 일컬어 도라고 한다. 도를 지켜나가면 하늘의 이치에 도달할 수 있다.

『북계자의』에서는 "도를 구하고자 하는 사람은 반드시 인간사의 영역에서 마땅히 그러해야 하는 수많은 이理를 철저히 실현해야 한다. 그러한 후라야 이 도를 온전히 체득하여 실제로 자신에게 갖추어놓을 수 있게 된다."[339]라고 한다. 그리고 도는 천지간에 유행하는 과정에서 존재하지 않는 곳이 없으며, 깃들지 않는 사물이 없고, 한 군데라도 빠진 곳이 없다.

『논어』에서는 도라는 용어를 90번 언급하고 있다. 도는 『논어』의 핵심적인 개념 가운데 하나이다. 공자는 『논어』에서 도란 무엇이며, 도를 깨닫는 것이 우리의 삶에서 어떤 의미를 가지며, 도를 깨닫기 위해서 어떻게 해야 하는 것인지를 말하고자 했다. 그만큼 공자에게 있어서, 도에 대한 물음은 중요한 의미를 가지고 있다. 공자가 주창한 인仁을 실현하기 위해서는 자신의 본성을 자각하기 위한 수행을 게을리해서는 안된다. 이쯤에서 『논어』에서 말하는 도의 의미를 살펴보도록 하자.

첫째, 도는 궁극적인 것을 말하고 있다. 공자는 도란 삶에서 추구해야 할 궁극적인 목적이라고 제시하고 있다. 『논어』의 다음 구절을 보면, 공자의 도에 대한 생각이 선명하게 잘 드러나고 있다.

---

339 진순陳淳(1995), 앞의 책.

아침에 도를 들으면 저녁에 죽어도 괜찮다.[340]

이 구절은 생사의 문제가 절실한 만큼 도를 깨닫는 것이 중요하다는 것을 말한다. 또한 반드시 도를 깨닫겠다는 큰 뜻을 공자는 가슴에 품고 있었다는 것을 보여주기도 한다. 이러한 깨달음에 대한 갈증과 필요성에 대한 인식이 마음공부의 출발점이라고 할 수 있을 것이다.

둘째, 도는 모든 곳에 통하는 것이다. 그러므로 근본을 아는 것이 중요하다. 공자는 제자들과의 대화에서 도가 무엇인지를 아주 명확하게 보여주고 있다. 「이인里仁」편의 증자曾子와의 대화를 보자.

우리의 도는 한 가지 리理가 만 가지 일을 꿰뚫고 있다.[341]

그리고 공자는 자공子貢에게도 자신이 추구하는 도가 '일이관지一以貫之'라고 말한다.

공자께서 말씀하시기를 "사賜야! 너는 내가 많이 배우고 그것을 기억하는 자라고 여기느냐?" 하시자, 자공이 대답하였다. "그렇습니다. 아닙니까?" 공자께서 말씀하셨다. "아니다. 나는 하나의 이치가 모든 사물을 꿰뚫은 것이다."[342]

이 구절을 통해서, 공자는 제자 자공이 많이 배우고 잘 기억은 하지만 근본에 통달치 못함을 경계하고 있다. 사씨謝氏는 공자가 도를 '일이

---

340 『論語』, 「里仁」.
341 『論語』, 「里仁」.
342 『論語』, 「衛靈公」.

관지'라고 말한 것에 대해 다음과 같이 해석하고 있다. "『시경詩經』에서 덕은 가볍기가 터럭과 같다고 했는데 터럭은 비교할 데가 있지만, 『시경』에서 하늘의 일은 소리도 없고 냄새도 없다고 한 것은 그 지극함을 말한다."[343] 여기서 '하늘의 일'이란 도를 말하는 것이며, '소리도 없고 냄새도 없다.'고 한 것은 도의 경지가 신묘함을 말하고 있다.

그렇다면, 도의 양태는 어떤 것일까? 공자는 도를 깨달은 자의 모습을 다음과 같이 말하고 있다. 첫째, 깨달은 자는 낙도樂道의 삶을 산다. 낙도란 하늘의 뜻을 알고 그것을 즐기는 것이다. 공자는 안빈낙도安貧樂道하는 안회의 삶을 높이 평가하고 있다. "도를 배운 사람은 많지만 도를 얻은 사람은 적다. 그런데 안회는 도를 얻어서 스스로의 즐거움을 누리므로 가난과 같이 어려움에 처해서도 즐거워할 수 있었다."[344]라고 말한다. 다음 구절을 보자.

어질다, 안회여! 한 그릇의 밥과 한 표주박의 음료로 누추한 시골에 있는 것을, 딴 사람들은 그 근심을 견뎌내지 못하는데, 안회는 그 즐거움을 변치 않으니, 어질다, 안회여![345]

위 구절에서 공자는 안회의 깨달음에 대해 깊이 감탄하고 있다. 『논어』에는 공자가 제자들의 삶의 자세에 대해서 품평한 구절이 여러 번 등장한다. 「선진先進」편에서 공자는 제자들에게 '세상이 자신을 알아준다면 무엇을 할 것인지' 묻고 제자들이 답하자 그에 대해 평하였다. 공자의 질문에 자로는 자신이 다스리면 3년째에 이르러 백성들이 용맹할

---

343 성백효 역주(1998), 『論語集註』, 전통문화연구회.
344 유교문화연구소 옮김(2006), 앞의 책.
345 『論語』, 「雍也」.

수 있고 의리로 향할 줄 알게 할 것이라고 했다. 또 염유冉有는 백성들을 풍족하게 하고 예악으로 말하면 군자를 기다리겠다고 했다. 공서화公西華는 종묘의 일과 제후들이 회동할 때에 작은 집예자執禮者가 되고자 했다. 증점曾點은 "늦봄에 봄옷이 이미 이루어지면 관冠을 쓴 어른 5~6명과 동자 6~7명과 함께 기수에서 목욕하고 무우에서 바람 쐬고 노래하면서 돌아오겠다."[346]고 말했다. 공자는 증점의 포부에 감탄하여, 증점의 뜻을 "허여許與한다."고 했다.[347] 증점이 하고자 하는 바가 바로 도를 깨달은 자가 자신의 일상을 있는 그대로 즐기는 낙도의 경지이다.

둘째, 도를 깨달은 자는 생각에 간사함이 없다. 깨달은 자는 이기적인 모습을 보이지 않는다. 공자는 「위정爲政」편에서 "『시경』 3백 편의 뜻이 생각에 간사함이 없다는 말이다."[348]라고 했다. 『시경』은 사람들에게 바른 성정性情을 깨우치기 위해 지어진 것이다. 그 풍부한 내용의 핵심을 생각에 간사함이 없다는 한마디로 제시함으로써 깊은 의미를 강조하고 있다.

공자는 자신이 연령대별로 도달한 경지를 다음과 같이 말하고 있다. 공자는 쉰 살에 천명을 알았다고 하여, 깨달음을 얻었음을 말했다. 또 예순 살에는 귀로 들으면 그대로 이해되었다고 하여, 마음이 깨달아서 걸리는 것이 없는 상태를 말했다.[349] 그리고 일흔이 되어서, "마음이 하고자 하는 바를 해도 법도를 넘지 않았다."[350]라고 함으로써, 깨달음을 얻은 자로서 간사한 생각 없이 도에 합당한 바를 추구함을 말하고 있

---

346 『論語』, 「先進」.
347 유교문화연구소 옮김(2006), 앞의 책.
348 『論語』, 「爲政」.
349 유교문화연구소 옮김(2006), 앞의 책.
350 『論語』, 「爲政」.

다. 이런 경지는 일흔이 되어서 무조건적으로 경험할 수 있는 것이 아니라, 깨달음에 대한 갈구를 바탕으로 지속적인 마음공부를 궁구해야 도달할 수 있다.

셋째, 도를 깨달은 자는 중용中庸한다. 깨달음을 얻으면 자기 마음에 일어난 생각이나 자신에게 다가온 상황에 빠지지 않는다. 깨달은 자에게도 끊임없이 생각이 일어나고 다양한 사건들이 발생한다. 그러나 깨달은 자에게 있어서, 생각은 일어날 뿐이며 상황은 닥치는 것일 뿐이다. 깨달은 자는 생각과 상황의 지배를 받지는 않는다. 그러므로 깨달은 자가 생각과 상황에 대처하는 모습은 중용을 취하는 것으로 나타난다. 아래 구절에서 공자는 『시경』의 「관저편」에 드러나는 즐거움과 슬픔에 대해 중용하는 자세를 높이 평가하고 있다.

공자는 자신에게서 일어난 감정에 지배받지 않고, 중용을 가장 실천적으로 보여준 대표적인 인물이기도 하다. 다음 구절을 보자.

> 공자께서는 낚시질은 하시되 큰 그물질은 하지 않으시며, 주살질은 하시되 잠자는 새를 쏘아 잡지는 않으셨다.[351]

공자는 자신이 즐기는 것에 있어서도 그 즐거움에 빠져서 노예가 되는 것이 아니라, 낚시와 주살질[활쏘기]의 즐거움을 굴릴 줄 아는 경지에 있었다. 그러므로 물고기와 새를 많이 잡는 것에 집착하지 않고, 낚시와 활쏘기의 즐거움을 향유하는 중용의 모습을 보이고 있다. 이렇게 할 때, 낚시와 활쏘기 등의 우리 일상 속에서도 도와 만날 수 있다는 것을 말하고 있다.

---

351 『論語』, 「述而」.

4) 덕과 도의 관계

『논어』에서 공자는 도란 인간과 세상의 근본 이치를 깨우치는 것으로 정의하고 있으며, 덕은 꾸준히 수신修身을 통해 쌓아나가는 것으로 보고 있다. 그리고 공자의 도는 앞장에서 정리한 대로 궁극적인 진리에 치중하는 도가사상과 불가사상에서 말하는 도와는 차이가 있다. 『논어』에는 '나라에 도가 있으면'이라는 구절이 자주 등장한다. 이때 도는 깨우침의 목표인 궁극적인 진리라는 의미만을 가지고 있지 않다. 『논어』에서 도는 세상의 상황으로써, 도덕적인 군주가 통치를 하느냐 아니냐 하는 것을 가리키고 있다. 이 점은 『논어』에서 도와 덕의 관계를 잘 보여준다.

그리고 『논어』에서는 시중時中의 도가 자주 거론되고 있다. 시중의 도란, 도와 합치하는 행위는 고정불변이 아니라 상황에 따라 달라진다는 것이다. 이에 『논어』에서는 각 상황에 따라서 도와 합치하는 군자의 모습을 그리고 있다. 공자는 용기가 있고 성격이 급한 자로가 정치에 대해서 질문하자, 다음과 같이 답했다.

> 공자께서 말씀하셨다. "솔선할 것이며 부지런히 해야 한다." 더 자세히 말씀해주시기를 청하자, "게을리하지 말아야 한다."[352]

위의 구절은 자로의 성격상 오래 견뎌내지 못할 것을 염려해서 공자가 한 말이다.[353] 정치를 할 때, 스스로 솔선해야 하는 것은 기본적인

---

352 『論語』, 「子路」.
353 유교문화연구소 옮김(2006), 앞의 책.

덕목이므로 바른 정치의 도에 합당한 것이다. 여기에 공자는 질문하는 자인 자로의 개성을 고려하여, 처음과 같이 지속적으로 게을리해서는 안 된다는 것을 정치의 도로 말하고 있다. 다음 구절에서도 시중의 도가 잘 드러나고 있다.

> 자로가 "(옳은 것을) 들으면 실행하여야 합니까?" 하고 묻자, 공자께서 "부형이 계시니, 어찌 들으면 실행할 수 있겠는가?" 하고 대답하셨다. 염유가 "(옳은 것을) 들으면 곧 실행하여야 합니까?" 하고 묻자, 공자께서 "들으면 실행하여야 한다."고 대답하셨다.[354]

공자는 자로와 염유의 다른 재질을 고려하여, 성격이 급한 자로에게는 물러남으로써 도에 합치할 수 있도록 하고, 유약한 성격의 염유에게는 나아가게 하여 도에 합치할 수 있도록 했다. 이와 같이 상황에 따라 도의 모양은 완전히 다른 것으로 보일 수 있는 것이다. 이런 유가에서의 도는 개념의 틀 속에 갇혀 있지 않을 뿐만 아니라, 시대를 초월해서 상황의 논리 속에서 활용가능하다는 강점을 가지고 있다. 그러므로 탈현대 사회를 기획하고 해답을 모색하는 데 기여할 수 있다.

또한 시중의 도란 순간적이고 찰나적으로 전면적인 깨달음을 얻는 것을 말하지 않는다. 상황을 고려하고 행위자의 개성을 파악하는 관계의 연속성과 일상의 노력이 전제되고 있다. 즉 시중의 도를 실현하기 위해서는 생활 속에서 부단히 도와 합일하려는 노력과 존재 자체가 덕을 내재화하기 위한 시도가 필요하다는 점에서 도와 덕의 관계를 살펴볼 수 있다. 여기서 덕 쌓기에 대해서 좀 더 엄밀하게 분석해보자.

---

354 『論語』, 「先進」.

덕 쌓기는 두 가지 차원에서 가능하다. 도를 깨닫기 이전에도 덕을 쌓을 수 있고, 도를 깨달은 이후에도 덕을 쌓을 수 있다. 그러나 양자는 본질적으로 큰 차이점을 가지고 있다. 도를 깨닫기 이전에 덕을 쌓는 것은 에고의 확장을 위한 것이며, 도를 깨달은 이후에 덕을 쌓는 것은 셀프의 확장을 도모하는 것이다. 다시 말해서, 도를 깨닫기 이전의 덕 쌓기는 '나'라는 집착을 억누름으로써 외적으로 '나'라는 집착이 없는 것처럼 보이는 것이며, 도를 깨달은 이후의 덕 쌓기는 '나'라는 집착 자체가 떨어져 나가서 마음에서 '나'라는 생각이 일어나지 않는 것이다.[355]

도를 깨닫기 이전에도 덕을 쌓으면, 외적으로는 아무런 문제가 없는 것 같은 삶을 살 수 있다. 슈퍼에고가 발달하여 양보심이 강하고, 예의 범절이 바르며, 인사성이 뛰어나고, 정직하며, 신용이 있는 사람으로 살 수 있다. 반면, 도를 깨달은 이후에 쌓는 덕이란 태양이 빛을 발하는 것과 같이 저절로 발현되는 것이다. 이에 사랑의 존재가 되고, 용서하고 포용하며, 겸손하고 감사하는 모습으로 드러난다.

이런 관점에서 도와 덕의 관계를 정리하면 다음과 같다. 도란 자신과 세계의 진정한 모습을 깨닫는 것이다. 이 깨어남을 통해서, 가려져 있던 본성이 발현되고 이전과 완전히 다른 세계를 경험하게 된다. 반면, 덕은 한순간 깨닫는 것으로 얻을 수 있는 것이 아니라, 지속적으로 쌓아나가는 것이다.

유가에서는 덕을 쌓는 것의 중요성이 다른 사상보다 강조되고 있다. 유가에서는 도(깨닫는 것) 못지않게 덕을 쌓는 것을 중시하는 문화가 있고, 덕은 도와는 달리 조금씩 쌓아가는 것이라는 점에서 일상의 삶이

---

355 노자의 언어로 표현하자면, 깨달음 이전의 덕 쌓기는 인위人爲이고 깨달음 이후의 덕 쌓기는 무위無爲라고 할 수 있다.

매우 강조된다는 특징이 있다. 이 점이 사회학의 눈으로 볼 때, 유가사상이 가지고 있는 매력이라고 할 수 있다.

이경무는 그의 연구에서 공자 이전에는 덕이 도보다 중시되었지만, 공자는 도를 덕보다 강조한 면이 있다고 밝히고 있다.[356] 그러나 본 연구가 주목하고자 하는 점은 유가사상이 도만을 논의하지 않았다는 점이다. 다시 말해서 최종의 목적은 도를 깨닫는 것이지만, 일상의 삶에서 덕을 강조하고 있다는 것이다. 유가에서의 도와 덕의 관계를 정리해 보면, 도는 인간사에서 지켜야 할 도리로서 일상사에서 이理의 개념에 가깝다. 반면, 덕은 실제로 자신이 획득하여 자신의 소유가 된 것이라는 의미가 강하다.

그리고 도는 천지간의 본래 그러한 도를 의미하는 것으로 즉, 노자가 말하는 도법자연道法自然의 의미와 상통하는 것이다. 고로 자연 자체는 도가 아닌 것이 없다. 이에 사람이 공부하는 행위에 관련시켜 논할 것이 아니다. 반면, 덕은 사람이 공부한다는 점에서 논한 것으로 이 도를 행하여 실제로 내 마음에 얻은 것을 말한다.[357] 여기서 인간의 존재 변화를 위한 노력의 중요성이 강조되고 있다.

---

356 이경무(2007), 앞의 논문.
357 진순陳淳(1995), 앞의 책.

3. 『중용』과 마음공부

1) 중용이란

중용사상에 대해서는 이미 풍부한 연구 성과가 있다. 중용사상의 근원이 되는 『중용中庸』에서는 중용사상이 성선관性善觀을 바탕으로 한 천인합일天人合一을 주제로 하고, 천天으로부터 시작하여 천天으로 끝을 맺는 내용으로서, 인간 가치관의 바탕을 어디에서 찾을 것인가의 철학적인 물음에 대한 해답이라고 한다.[358]

그런가 하면, 김충열은 주희(朱熹, 호는 晦庵, 1130~1200)의 『중용혹문』 해석을 빌려서, 마음속에 있는 중으로 희로애락의 정이 발하지 않았을 때 치우치거나 기대지 않는 상태라는 중심中心의 중中과 희로애락의 정이 행동으로 나타나 외재 사물에 미쳤을 때 딱 들어맞아 과불급이 없는 중절中節, 즉 화和를 말하는 적중適中의 중을 말한다. 이에 중용中庸의 중, 중화中和의 중, 시중時中의 중으로 개념화하고 있다.[359]

중용사상의 중의 개념에 대해서 좀 더 명쾌한 정리를 제시한 것은 최영진이다. 그는 중의 균형성, 무고착성, 주체성을 설명하고 있다. 특히 균

---

358 심우섭(2004), 『중용사상의 철학적 이해』, 성신여자대학교 출판부.
359 김충열(2007), 『김충열교수의 중용대학강의』, 예문서원.

형성에 대한 설명은 중용사상에서 시중의 관점이 가장 잘 드러나는 개념이다. 예를 들어, '온이려溫而厲'의 중이라고 한다면, 온화함과 엄격함이 어느 한쪽으로 치우치지 않고 균형을 이룬 상태로, 그 자체가 양자를 포괄하면서 통일된 제3의 고차적인 덕목이 되는 것이며, 이것이 바로 중용의 덕이다.[360] 그러나 여기서 주목해야 할 균형성은 상황에 따라 온화함 또는 엄격함 가운데 어느 한 덕목으로 기울어질 수도 있다는 것이다. 그래야만 전체적인 균형성이 유지되는 것이다. 이것이 시중이다. 그러므로 '중은 고정된 실체가 없다.'는 무고착성을 띠고 있으며, 신분·장소·상황에 따라서 중이 다르게 규정되는 주체성을 가지고 있다.[361]

이상과 같이 중용사상은 함의하는 바가 매우 폭넓으며, 철학적인 논의도 매우 다양하게 진행되고 있다. 이 글의 목적은 중용사상의 철학적인 논의에 있지 않고, 『논어』에서 발견할 수 있는 중용사상을 통해서 마음공부를 위한 구체적인 해답을 모색하고자 하는 것이다.

『논어』에는 철학적으로 매우 풍부한 사상적 함의가 내포되어 있다. 여기서는 『논어』의 중용사상을 중심으로 살펴보며, 중용사상을 현대인의 마음공부에 어떻게 활용할 수 있을지 모색해보았다. 『논어』에 나타나는 욕망과 쾌락, 그리고 소비에 대한 중용사상은 현대인의 마음공부에 다음과 같은 지혜를 제공하고 있다.

첫째, 『논어』의 중용사상은 구체적이고 실천 가능한 마음공부의 해답을 준다. 그 해답은 매우 현실적이면서도 이상적인 내용을 담고 있다. 『논어』의 중용사상만의 특징이라고만 할 수는 없겠지만 유가사상이 현실적인 문제 즉, 속세의 문제에 대한 답을 제공하기 때문에 실천 가능

---

360 최영진(2003), 『유교사상의 본질과 현재성』, 성균관대학교 출판부.
361 최영진, 앞의 책.

성이 높다는 장점이 있다. 우리가 찾고 있는 답이 우리의 삶과 고원한 이상을 말하는 것이 아니라는 점을 생각하면, 그 의미는 더욱 크다고 할 수 있겠다.

둘째, 『논어』의 중용사상은 현대인들의 삶에 마음공부가 왜 필요한가에 대한 문제의식을 자각하는 데 도움을 준다. 현대적 가치관을 추구하면서 살아가는 삶에서 현대인들은 고통을 느끼면서도 무엇이 문제인지, 어떻게 살아야 하는 것인지, 혼돈에 빠져 있다. 이런 현대인에게 『논어』에서 제시하는 중용하는 성인의 삶은 삶에서 마음공부가 왜 필요한지를 인식할 수 있도록 해주는 좋은 모델이 된다. 군자와 소인이 똑같은 일상을 산다고 하더라도, 군자는 삶의 주인이 되어 삶을 즐길 수 있는가 하면, 소인은 삶의 외양을 꾸미려고 급급할 수밖에 없는 것처럼 말이다. 이와 같이 우리의 일상은 마음공부를 통해서 새로운 차원의 경험을 할 수 있으며, 삶의 의미를 생생하게 체험할 수 있다. 이에 마음공부의 필요성이 크다.

2) 욕망과 중용

유가사상이 도가와 불가사상과 달리, 사회학적으로 더 큰 의미를 가지는 것은 인간의 다층적인 측면을 가장 잘 이해했다는 점일 것이다. 이에 유가사상은 도가와 불가처럼 도道와 하나가 되는 삶을 위해서 속세를 저버리기를 주장하기보다는 현실에 충실하게 발을 디딘 상태에서 도와 하나가 되는 삶을 추구할 것을 주장한다. 그러므로 인간이 가지고 있는 욕망에 대해서도 기본적으로 인정하는 입장이다. 다만 그 욕망의 노예가 되지 말 것을 끊임없이 경계하고 있다. 다시 말해서, 유가에 있어서 인간은 욕망을 가진 존재이지만 그 욕망을 잘 굴려서 자신의 존재 차원을 향상시킬 수 있는 영적인 존재이기도 한 것이다.

그런 존재의 비약을 위해서 유가에서는 수양을 강조하고 있다.[362] 그리고 수양의 방법에 대해서도 다양한 논의가 진행되어왔다. 동양철학이 논리적인 논증을 목표로 하기보다는 자기 변화와 실천을 목표로 하는 철학이기에 이러한 논의가 발달한 것은 당연한 결과라고 할 수 있다. 시중한다는 것 또한 삶의 매 순간에 깨어서 적중한 도를 찾고자 노력하는 것이라고 할 수 있다.

이런 관점은 근대화의 원류가 되었던 르네상스를 출발로 하는 감성적이고 육체적인 인간의 특징을 강조하면서[363] 인정하게 하는 욕망의 존재로서의 인간에 대한 이해가 가지는 한계를 해소해줄 수 있는 이론적인 대안이라고 할 수 있다. 중세시대처럼 욕망을 전면적으로 부정하지도 않고, 근대 이후에 그려지는 욕망에 집착하는 인간의 극단적인 모순을 극복할 수 있는 대안을 유가사상은 설득력 있게 제시하고 있다. 『논어』에서는 우리가 삶에서 만나는 욕망에 대해 다음과 같이 경계하고 있다.

> 군자에게 세 가지 경계함이 있으니, 젊을 때엔 혈기가 정해지지 않았으므로 경계함이 여색에 있고, 장성해서는 혈기가 한창 강하므로 경계함이 싸움에 있고, 늙어서는 혈기가 쇠하므로 경계함이 얻음에 있다.[364]

---

362 김민선(2009), 「공자의 수양철학 연구」, 성균관대학교 석사학위논문.
363 홍승표(2009), 「동양사상과 새로운 죽음관 모색의 필요성」, 『원불교사상과 종교문화』 43.
364 『論語』, 「季氏」.

위의 구절에서 우리가 주목해야 할 것은, 인생에서 우리가 경계해야 할 것은 삶의 국면에 따라서 다르게 나타난다는 것이다. 획일적이고 고착된 경계심으로 임할 것이 아니라, 자신이 처한 상황에 따라 경계해야 할 내용이 다른 법이다. 그러므로 때에 맞게 적중한 선택을 해야 한다는 논리가 시중이라고 할 수 있다. 젊은 시절에는 여색, 장성한 시절에는 싸움, 늙어서는 욕심을 경계해야 한다. 이와 같이 혈기가 자신을 지배하는 것을 끊임없이 경계하라고 한 것은, 혈기의 지배를 받는 것이 인욕에 집착하는 것이므로 도와 어긋나며 혈기의 노예와 같은 삶을 살게 되는 것이기 때문이다.

현대인을 지배하는 욕망 가운데 대표적인 한 가지는 '나다!'라는 생각이다. 현대인은 어떤 일의 성과에 대해 내가 해냈다는 생각, 내가 옳다는 생각에 끊임없이 집착하고 있다. 그런 성과를 통해서 자신의 존재감을 확인하려고 하고, 자기가 살아 있다는 것을 보여주려고 한다. 그러나 그런 욕망은 자신을 불행하게 만들기 십상이다. '나다!'라는 생각에 가득 차 있는 사람을 누구도 사랑할 수 없기 때문이다. 공자는 맹지반孟之反의 사례를 통해서, 내가 세운 공功의 노예가 되지 않고 시중하는 방법을 다음과 같이 말하고 있다.

공자께서 말씀하셨다. "맹지반孟之反은 공을 자랑하지 않았다. 패주하면서 군대 후미에 처져 있다가, 장차 도성문을 들어가려 할 적에 말을 채찍질하며 '내 감히 용감하여 뒤에 있는 것이 아니요, 말이 전진하지 못하여 뒤에 처졌을 뿐이다.' 하였다."[365]

---

365 『論語』, 「雍也」.

맹지반의 이야기에서 볼 수 있듯이, 자신의 공에 대처하는 중용의 지혜는 남보다 앞서려는 마음을 없애는 것이다. 그런 마음을 없애면 인욕人欲이 사라지기 때문에 그 행동의 진의가 자연스럽게 밝혀져 스스로 자랑하거나 뽐낼 필요가 없는 것이다. 현대인은 자신이 이룬 성과를 다른 사람이 알아주지 않을까 염려하면서, 그것을 드러내는 일에 최선을 다한다. 왜 이렇게 현대인은 자신을 드러내는 일에 혼신의 힘을 기울이게 되었을까? 현대인의 삶이 인욕을 채우는 데 초점을 맞추기 때문은 아닌지, 의문을 제기하게 된다.

반면, 공자가 걱정했던 것은 무엇이었을까? 『논어』에 다음과 같은 구절이 있다.

> 덕이 닦아지지 못함과 학문이 강마되지 못함과 의를 듣고 옮겨가지 못함과 불선을 고치지 못하는 것이 바로 나의 걱정거리이다.[366]

위의 구절은 공자가 욕망했던 것이 무엇이었는지를 잘 보여준다. 현대인의 욕망과는 매우 다르다는 것을 알 수 있다. 현대인이 자신을 드러내는 일에 집중할 수밖에 없는 이유는 돈·명예·지위 등을 통해서 자신의 욕망을 충족시키기 위한 인욕에 사로잡혀 있기 때문일 것이다. 물론 우리는 공자와 같은 성인이 아니므로, 돈·명예·지위 등을 무시하면서 살아갈 수는 없을 것이다. 그러나 그것만을 추구하면서 살아서는 돈·명예·지위 등의 주인이 될 수 없을 뿐만 아니라, 자기 삶의 주인이 될 수도 없다. 이 지점에서 우리는 『논어』에서 욕망을 대하는 시중의 관점을 포착할 수 있다. 욕망은 인정하되, 남보다 나를 앞세우려고 하지 않고

---

366 『論語』, 「述而」.

묵묵히 나의 존재 차원의 변화를 위해서 정진하는 것이다. 그것이 오늘날 우리가 필요로 하는 마음공부일 것이다.

3) 쾌락과 중용

현대 사회에서는 무엇에든 미치거나 빠지는 것을 부추기는 경향이 있다. 즉, 무엇에 대한 '~광狂'이 될 것을 부추기고 있다. 현대인들이 즐겨 자신을 표현할 때 쓰는 '~마니아Mania'라는 말도 무엇에 열광하는 빠진 사람을 일컫는 말이다. '~광'이 된다는 것은 결국 그것의 노예상태가 되는 것이라고 할 수 있다. 이런 현대인들의 추구에 대해 공자는 '과유불급過猶不及'이라는 말을 한다. 다음 구절을 보자.

> 자공이 "사師와 상商은 누가 낫습니까?" 하고 묻자, 공자께서 "사는 지나치고, 상은 미치지 못한다." 하셨다. 자공이 물었다. "그러면 사가 낫습니까?" 공자께서 말씀하셨다. "지나침은 미치지 못함과 같다."[367]

공자는 재주가 높고 뜻이 넓었으나 여러 가지 일에 나섰던 사는 중도中道를 지나쳤고, 독실히 믿고 삼갔으나 협소했던 상은 미치지 못했다고 평했다. 지나침과 미치지 못함은 모두 중도가 아니라는 것을 지적하고 있다. 이런 공자의 사상은 쾌락에 대한 시중으로도 잘 나타나고 있다.

> 공자께서 계씨를 두고 말씀하셨다. "천자의 팔일무八佾舞를 뜰에서 춤

---

367 『論語』, 「先進」.

추게 하니, 이 짓을 차마 한다면 무엇을 차마 하지 못하겠는가?"[368]

　공자는 성인 가운데 예악을 즐겼던 분으로 잘 알려져 있다. 예악을 즐기는 데도 시중할 줄 알아야 한다. 당시에는 봉건사회의 기준에 부합하는 신분제적 질서에 어긋나지 않는 즐김을 말하고 있다. 노나라에서 춤은 천자는 8열, 제후는 6열, 대부는 4열, 사는 2열의 춤을 즐기게 되어 있었다. 그럼에도 노나라 대부인 계씨季氏는 8열의 춤을 자기 뜰에서 추게 하고 즐겼기 때문에 공자가 비판하고 있는 것이다. 이 구절을 통해서, 우리는 신분제적 질서를 준수해야 한다는 생각보다는 자신의 상황에 맞는 즐거움을 추구할 수 있는 중용의 자세를 가져야 한다는 지혜를 얻을 수 있다.

　공자는 쾌락만이 아니라, 슬픔에 대해서도 시중의 지혜를 말하고 있다. 다음 구절을 보자.

　　공자께서 말씀하셨다. "관저편關雎篇은 즐거우면서도 지나치지 않고, 슬프면서도 화和를 헤치지 않는다."[369]

　즐거우면서도 지나치지 않고 슬프면서도 조화를 헤치지 않는 것, 이것이 바로 중용이라고 할 수 있다. 사람들은 즐거우면 즐거움에 집착하고 슬프면 슬픔에 빠져서 헤어나지 못한다. 이는 중용이 아니다.

　공자는 궁극적으로 즐겨야 할 바를 다음과 같이 말하고 있다.

---

368 『論語』, 「八佾」.
369 『論語』, 「八佾」.

인하지 못한 자는 오랫동안 곤궁한 데 처할 수 없으며 장구하게 즐거움에 처할 수 없으니, 인자仁者는 인仁을 편안히 여기고 지자智者는 인을 이롭게 여긴다.[370]

인자는 중용하는 사람이다. 이런 사람은 곤궁이나 즐거움에 오래 머물 수 있다고 한다. 반면, 중용하지 못하는 사람은 자신에게 온 곤궁은 견딜 수 없어 하고, 즐거움은 잃을까 두려워한다고 한다. 왜냐하면, 중용하지 못하는 사람은 지금 여기에 온전히 머물 수 없기 때문이다. 『논어』에 다음과 같은 구절도 있다.

유익한 좋아함이 세 가지이고, 손해되는 좋아함이 세 가지이니, 예악을 따르기 좋아하며, 사람의 선함을 말하기 좋아하며, 어진 벗이 많음을 좋아하며 유익하고, 교만함과 방종함을 좋아하며, 편안히 노는 것을 좋아하며, 향락에 빠짐을 좋아하면 손해가 된다.[371]

좋아하는 감정의 중용은 천리에 합당한 것을 좋아하는 것이다. 사람은 누구나 좋아하는 것이 있는데 천리에 합당하지 않은 것을 좋아하기 십상이다. 좋아하는 감정의 중용을 지키지 못하는 사람은 예악의 절차보다는 나를 대우하는가를 분별하기 쉽고, 다른 사람의 흠을 말하기 좋아하며, 어진 벗보다는 자기와 즐기는 거리가 잘 맞는 벗을 사귀기를 좋아하는 경향이 있다. 제대로 즐기기 위해서는 즐김에 있어서도 시중하고자 하는 깨어 있는 노력[372]이 필요하다.

---

370 『論語』, 「里仁」.
371 『論語』, 「季氏」.

4) 소비와 중용

유가사상은 사회적 관계와 일상에서의 도道를 실현하는 것에 깊은 관심을 가지고 있는 사상이라고 할 수 있다. 이에 유가사상은 경제적인 성취나 경제활동에 대해서도 나름의 지혜를 전해주고 있다. 현대인의 삶은 더 넓은 평수의 아파트, 더 고급의 승용차, 더 맛있는 음식을 소비하는 것에 초점이 맞추어져 있다고 해도 과언이 아니다. 따라서 유사이래 가장 물질적으로 풍요로운 시대를 살아가면서도 현대인은 경제적인 문제에 가장 많은 관심을 기울이는 삶을 살아가고 있다. 이런 현대인에게 공자는 다음과 같이 말한다.

> 군자는 먹음에 배부름을 구하지 않으며, 거처할 때에 편안함을 구하지 않으며, 일을 민첩히 하고 말을 삼가며, 도가 있는 이에게 찾아가서 질정한다면 학문을 좋아한다고 이를 만하다.[373]

군자가 배부름을 구하지 않고 거처의 편안함을 구하지 않는 것은 그런 소비활동을 통해서 자신을 만날 수 없기 때문이다. 공자가 궁극적으로 추구한 것은 셀프와 수단적이고 도구적인 에고의 욕망 간의 위계적인 관계라고 볼 수 있다. 소비에 있어서 중용은 먹고 거주하는 것을 소홀히 하거나 무시하지는 않지만, 이를 지나치게 추구하지는 않는다는 것이다. 그래서 공자는 절도 있는 소비를 말하고 있다. 다음 구절을

---

372 김순금(2010), 「원불교 '마음공부' 본질에 관한 서설」, 『원불교사상과 종교문화』 44. 깨어 있는 노력은 위빠사나에서 말하는 '마음지킴'과 '알아차림'의 수행으로 설명할 수 있을 것이다. 이에 대한 자세한 논의는 김순금의 논문을 참고하기 바란다.
373 『論語』, 「學而」.

보자.

천승千乘의 나라를 다스리되 일을 공경하고 믿게 하며, 쓰기를 절도 있
게 하고 백성을 사랑하며, 백성을 부리기를 때에 하여야 한다.[374]

이 구절은 나라를 다스리는 요점에 대해 다섯 가지를 설명하고 있다.
그 가운데 '쓰기를 절도 있게 함'을 통해서 백성을 사랑할 수 있다고 한
점에 주목할 만하다. 권력을 가진 자가 사치하고 낭비하면 결국은 백성
의 삶이 피폐해질 수밖에 없다는 것을 말하고 있다. 여기서 우리는 절
용節用의 의미를 강조한 것을 통해서, 소비의 시중을 배울 수 있다.
『논어』에서 우리는 가난과 부유함에 대한 중용에 대해서도 여러 가
지 이야기를 찾아볼 수 있다. 다음과 같은 구절이 대표적인 내용이다.

가난하면서 원망이 없기는 어렵고, 부자이면서 교만이 없기는 쉽다.[375]

자공이 말하였다. "가난하되 아첨함이 없으며, 부하되 교만함이 없으
면 어떻습니까?" 공자께서 말씀하시기를 "괜찮으나 가난하면서도 즐거워
하며, 부하면서도 예를 좋아하는 자만은 못하다." 하셨다.[376]

우리는 누구나 빈부의 문제로부터 자유로울 수 없다. 인생을 살다 보
면, 가난할 때도 있고 부유한 시절을 살 때도 있다. 이때 어떻게 하는
것이 중용이란 말인가? 위에서 말하듯이, 가난을 원망하지 않고 부유

---

374 『論語』, 「學而」.
375 『論語』, 「憲問」.
376 『論語』, 「學而」.

하되 교만하지 않는 것이다. 그러나 부유하되 교만하지 않기는 쉬우나 가난을 원망하지 않기는 어렵다고 말한다. 부유하기 때문에 교만하거나 가난하기 때문에 원망하는 마음은 빈부와 자기 자신을 동일시함으로써 나타나는 것이다. 현대인들이 만약 이 점에 대해 자각할 수 있다면, 소비에 있어서도 중용할 수 있을 것이다.

중용과 마음공부에 대한 논의는 매우 실천적이고 현실적인 해답을 주는 것으로 평가할 수 있다는 점에서 의미를 찾아볼 수 있다. 그러나 근본적으로 우리가 마음공부를 하게 된다면, 여기서 다루고 있는 욕망, 쾌락, 소비 등에 대해 시중을 하기 위한 줄타기가 과연 의미를 가질 수 있을지 질문을 하게 될 것이다. 즉, 마음공부의 목적은 인간의 존재적 차원의 질적 비약을 추구하는 것이어야 한다. 그럼에도 불구하고 오늘날 마음공부, 수양, 명상 등에 대한 현대인의 관심은 그것들을 현대적인 삶을 더 매끄럽게 살기 위한 도구로 활용하고자 하는 면이 있다.

여기서는 마음공부의 이런 현대적인 기능에 대해서 비판적인 인식을 하면서, 궁극적으로 마음공부는 인간을 셀프로서의 존재 차원으로 복원할 수 있도록 돕는 과정이 되어야 한다는 점을 지적하고 싶다. 그 과정에서 에고 차원에서 경험하는 현대적 성취와 욕망 충족, 쾌락의 즐김, 그리고 소비 등에 대한 시중은 중요한 요인이 아닐 것이다. 그러나 현대인이 한 순간에 셀프로서의 삶의 국면에 도달할 수 없다는 점을 고려한다면, 점진적인 존재의 비약을 위한 노력이라는 점에서 이 논의가 삶의 수준을 향상시키는 데 기여할 것이라고 본다.

마음공부의 목적은 마음을 아는 것이 아니라, 우리가 지금까지 집착하던 망상이 사라지면 세계도 없고 마음도 없다는 것을 알기 위한 것

377 김태완(2008), 『깨달음의 노래』, 무사인.

이다.[377] 이를 위해서 우리는 '지금-여기'를 살아야 한다. 현대인은 부, 명예, 권력, 인기가 자기 자신이라고 착각하고 그것을 확장하는 것을 삶의 목표[378]로 가지고 있기 때문에, '지금-여기'를 살지 못한다.[379] 과거에 집착하거나 다가올 미래에 대한 준비로 현재를 허비하게 된다. 그러나 가장 분명한 진실은 우리는 현재 이 순간밖에 살 수 없다는 것이며, 매 순간을 생생하게 체험하고 살기 위해서는 마음공부가 절실하게 필요하다는 것이다.

---

378 이현지(2010), 「노자 죽음관의 탈현대적 함의」, 『원불교사상과 종교문화』 44.

379 잭 콘필드Jack Kornfield(2009), 이균형 옮김, 『깨달음 이후 빨랫감』, (주)한문화멀티미디어.

4. 퇴계의 마음공부론

1) 마음공부와 경

퇴계(退溪, 이름은 李滉, 1501~1570)는 주희(朱熹, 호는 晦庵, 1130~1200)의 이기론理氣論을 수용하였으되, 여기에서 한 단계 발전시켜 마음을 어떻게 다스리고 확충할 것인가에 관한 연구와 그 실천에 평생을 바쳤다. 퇴계에 있어 이치는 정태적인 관념적 실재가 아니라, 자신에게 체험되고 실천되는 능동적 의미自發·自動·自到로서의 주체적인 실천지實踐知이다.

퇴계의 학문정신은 성리설性理說의 이론적 정밀성에 사로잡혀 있는 것이 아니라, 마음이 지니고 있는 고유한 도덕적 품성을 계발하고 발휘하는 일에 있다. 그러므로 '마음을 어떻게 다스리고 확충할 것인가?' 하는 문제는 결국 일상생활 속에서 '인간이 어떤 삶의 방식을 취하고 어떻게 행위를 해야 할 것인가?' 하는 문제와 직결된다. 이처럼 퇴계에게 있어 마음은 공부의 주체로서 중요한 의미를 지닌다.

인간의 모든 행위 활동이 이루어지는 곳은 바로 '마음'이다. 인간은 마음의 작용을 통해 도덕적인 판단을 하고, 그에 따른 올바른 행위를 실천하게 된다. 그러나 퇴계의 마음공부론에서 유의할 점은, 마음 그 자체의 논의에 초점이 맞추어져 있다기보다는, '마음에 선천적으로 갖추어져 있는 천리天理로서의 성性을 어떻게 발현理發시키고, 또 마음과 천리를 어떻게 일치心與理一시켜 행위를 할 것인지'에 관한 문제에 초점이 맞추어져 있다는 것이다.

퇴계의 관점에서 볼 때, 마음과 성性을 동일시하는 것은 '악이 어떻게 생겨나는가?' 하는 문제를 빠뜨린 채 마음을 논하는 것이 된다. 이것은 마음의 다양한 작용에 대한 이해를 소홀히 한 채 마음에서 모든 것을 구하는 선불교와 같은 이단에 빠지는 것이며, 아울러 구체적인 상황 속에서 행하는 공부 방법인 궁리를 소홀히 하는 결과를 낳는 것이다.

퇴계에 의하면, 인간이 인욕人欲에 빠지지 않고 천리를 보존하려면 마음을 항상 순일純一하게 깨어 있도록 하여 마음이 은미隱微하게 드러나는 순간을 잘 살펴야 한다. 마음의 은미함이 드러나는 것은 '성性이 정情으로 드러나는 순간'이다. 그러므로 성의 단계에서는 존양의 노력을 하고 정의 단계에서는 성찰의 노력을 해야 한다.

물론 이런 노력은 모든 사람에게 가능한 일이다. 퇴계에 의하면, 모든 사람은 성인이 될 수 있는 능력을 선천적으로 지니고 있기에, 인욕에 의해 선한 본성이 흐려져 있을 때에도 여전히 선을 행할 수 있는 능력이 인간에게 있다. 그러므로 성인이 될 수 있는가 없는가 하는 문제는 전적으로 자신의 주체적인 노력과 마음공부에 달려 있는 것이다.

유가에서는 줄곧 '성인'의 개념이 중요한 위치를 차지하였는데, 유가 전통에서 볼 때 성인은 이상적인 인격으로서, 그 의미는 상당히 넓은 범위를 포괄하고 있다. 유가에서 이상 인격인 성인은 주로 '인仁'과 '지智'라는 두 방면의 특징을 갖는다. '인'이란 일종의 도덕 경지의 원숙함을 가리키고, '지'는 한편으로 지혜를 표시하고 다른 한편으로는 지식 확보의 정도를 나타내는데,[380] 이런 인의仁義의 마음을 유가에서는 '성

---

380 진래陳來(2003), 전병욱 옮김, 『양명철학』, 예문서원.

誠'이라고 한다. 퇴계는 성과 그것에 도달하기 위한 공부 방법에 대해 다음과 같이 말한다.

성誠은 하늘의 도道이고 성하고자 하는 것誠之은 사람의 도이니, 배우는 사람들이 마땅히 스스로 힘쓸 바이다. 스스로 힘써 성에 나아가고자 하는데, 어찌 다른 것이 있겠는가? 또한 오직 경敬에 힘쓸 따름이다.[381]

이처럼 퇴계는 성을 하늘의 도道로 이해하고, 이것을 얻는 일로 오직 경敬을 언급하고 있다. 즉 퇴계에게 있어 성은 수양의 궁극적 목표가 되고, 경은 이 목표를 향해 수양하는 사람이 가져야 할 공부 방법인 것이다. 그리고 퇴계는 경 공부가 지속적으로 오래 익으면 개인적인 욕망이 줄어듦으로써 마음의 지각능력과 깨달음의 능력을 회복할 수 있으며, 최종적으로는 '마음이 하고자 하는 바를 행하여도 법도에 어그러짐이 없는從心所欲不踰矩' 경지에 도달할 수 있게 된다고 보았다.

2) 경의 의미

'경敬'은 퇴계 공부론의 사상적 중추요 핵심을 이루는 개념이다. 이천 (伊川, 이름은 程頤, 1033~1107)은 염계(濂溪, 이름은 周敦頤, 1017~1073)의 『태극도설』에서 언급한 '고요함을 위주로 하는 것主靜'에 대해, 정靜이라고 하면 불교의 설坐禪入定이 되므로, '정靜'자를 '경敬'자로 대치하고 경을 위주로 할 것主敬을 제시한다. 그리고 주희는 이를 계승함으로써 경

---

381 퇴계학연구원(1990), 『퇴계전서4』, 퇴계학연구원.

敬을 송대 신유학의 학문 방법론의 중심 개념으로 확립한다. 그러나 퇴계는 상고上古시대에서부터 경의 공부론적 전통이 계승되어왔음을 다음과 같이 말한다.

경을 가지고 서로 전수하는 일은 예전부터 그러하였으니, 이를테면 요堯의 '공손과 밝음欽明', 순舜의 '경계하고 조심하여 불안해하고 두렵게 여김兢業', 탕湯의 '성스러움과 공경이 날로 향상됨聖敬', 무왕武王의 '경이 나태함을 이김敬勝', 공자의 '독실히 경을 행함行篤敬'과 '자기를 수양함에 경으로써 함修己以敬' 등 바로 이런 것들로서, 경의 공부는 동動과 정靜을 관통하고 있기 때문에 '정'을 꼭 말하지 않아도 저절로 족하다.[382]

이처럼 퇴계는 경을 성학聖學에 흐르는 일관된 공부로 생각한다. 이때에는 주로 경의 의미를 주로 대타적對他的 또는 외적 개념으로 사용하였다. 그러다가 『주역』의 "군자는 경으로써 안을 바르게 하고 의로써 밖을 법도 있게 한다. 경과 의가 확립되면, 덕이 외롭지 않다君子 敬以直內 義以方外 敬義立 而德不孤."라고 한 말에서부터 대자적對自的 또는 내적 개념으로 사용하였다. 이것이 송대에 오면 경을 이학理學적 심성론에 의해 설명되었고 종래의 동적 성격의 경에서 정적 성격의 경으로 바뀌게 된다.[383]

그리고 이천과 명도(明道, 이름은 程顥, 1032~1085)의 단계에서는 '함양涵養함에는 경이 필요하고, 진학進學함에는 치지致知가 중요하다.'라고 하여 거경과 궁리는 함양과 진학의 이름으로 양분되어 있었다. 그러다가

382 퇴계학연구원(1991), 『퇴계전서9』, 퇴계학연구원.
383 김태영(1982), 「한국유학에서의 성경사상(Ⅰ)- 유학에서의 성경사상」, 『충북대학교 논문집』 24집.

주희의 단계에 와서는 경이직내敬以直內와 격물궁리格物窮理를 구분하여 경을 전자에 해당하는 것으로 파악하는 경향이 있었다. 그러나 퇴계의 단계에서는 경에 의해 사思와 학學, 내內와 외外, 『소학』과 『대학』, 거경과 궁리, 존덕성과 도문학의 통합이 이루어졌다.[384] 퇴계는 『성학십도』 제3도 『소학도』에서 주희의 『대학혹문』을 인용하여 경을 성학의 처음과 끝을 이루는 것으로 여겼다.

경 한 자는 성학의 처음과 끝을 이루는 것이다. 『소학』을 하는 이로서 이에 말미암지 않고서는 본원本源을 함양하여 쇄소灑掃·응대應對·진퇴進退의 예절과 육예六藝의 가르침을 삼가지 못할 것은 물론이요, 『대학』을 하는 이도 이에 말미암지 않고서는 총명을 계발하여 덕을 나아가게 하고 업을 닦아서 명덕明德과 신민新民의 공을 이루지 못할 것이다.[385]

이처럼 퇴계는 경을 통해서만이 주체로서의 본원의 함양과 올바른 실천이 가능하다고 보았으며, 경으로써 『소학』과 『대학』, 이론과 실천, 거경과 궁리, 지와 행, 그리고 동과 정을 겸하여 말할 수 있다고 지적하였다. 경은 '마음을 주재하는 것'으로, 마음과 분리되어 따로 존재하는 것이 아니다. 경은 다만 흐트러지기 쉬운 마음을 스스로 통제하고 수렴하는 중심이라 할 수 있다. 퇴계는 선유先儒의 '사조설四條說'을 받아 들여 경을 설명한다.

경은 주체로서 활동하기 이전의 정시靜時와 작용으로서 활동한 이후의

---

384 고교진高橋進(1984), 「동아시아에 있어서의 '경'철학의 성립과 전개」, 『퇴계학보』 44.
385 퇴계학연구원(1991), 『퇴계전서3』, 퇴계학연구원.

동시動時를 포괄하여 인간의 마음이 '일치되어 분산되지 않게 하는 것主一無敵'이요, 또한 '마음을 수렴하여 용납하지 않는 상태心收敵不用一物'이며, '항상 깨어 있는 각성의 상태常惺惺'요, '안으로 엄숙한 마음가짐과 밖으로 가지런한 모습整齊嚴肅'을 지키는 다양한 실천 방법이다.[386]

퇴계는 선유들의 학설을 계승하여, 경을 동과 정을 포함한 모든 활동에서 외적으로 가지런한 모습과 내적으로 깨어서 자각하고 있는 상태로 보았다. 다시 말해, 퇴계에게 있어 경은 인간의 마음을 거두어들이고 통제하는 마음 자체의 구심점이며, 마음을 최고의 상태로 각성시키고 통일시키는 중심축인 것이다.[387]

퇴계는 "정주程朱가 학문을 논한 것은 실로 '거경'과 '궁리'를 제일의第一義로 한다."[388]라고 하여 거경과 궁리는 성인이 되는 학문에 입문하는 방법이라고 하였다. 또 그는 "비록 거경과 궁리는 서로 머리가 되고 꼬리가 되기는 하지만, 실제로는 두 가지의 독립된 공부인 것이니, 단계가 나누어짐을 절대로 근심하지 말고, 오직 반드시 두 가지를 서로 병행하는 방법으로 해야 한다."[389]라고 하였다. 이처럼 퇴계는 거경과 궁리는 서로 유기적 일체의 관계임을 밝히면서도, 두 가지 방법으로 나누어 상호 발전시켜나갈 것을 말하고 있는 것이다. 그런데 퇴계가 거경과 궁리란 말을 사용하는 경우를 살펴보면, 거경과 궁리를 상대하여 말하는 경우對言와 경으로 거경과 궁리를 함께 말하는 경우兼言가 있다. 먼저 대언한 것은,

---

386 퇴계학연구원(1991), 『퇴계전서7』, 퇴계학연구원.
387 금장태(1998), 『퇴계의 삶과 철학』, 서울대학교 출판부.
388 퇴계학연구원(1991), 『퇴계전서6』, 퇴계학연구원.
389 퇴계학연구원(1990), 『퇴계전서5』, 퇴계학연구원.

설선(薛瑄, 시호는 文淸, 1389~1464)이 마음을 존양하고 단정하게 앉아 있을 때存心端坐는 거경居敬이고, 독서를 하면서 의리義理를 사색하고 일을 처리하면서 합당한가 합당하지 않는가를 살피는 것은 궁리窮理이다.[390]

라고 한 경우이며, 겸언한 것은,

우성전(禹性傳, 호는 秋淵, 1542~1593)이 정靜 중에 마땅히 마음을 존양하고 단정하게 앉아서 공부를 해야 하지만, 움직이는 곳에서 더욱 힘을 써야 한다. 이 일을 만나면 이 일에 마음을 쓰고, 저 일을 만나면 저 일에 마음을 쓴 뒤라야 경이라고 할 수 있다.[391]

대개 경이라는 것은 위와 아래로 통하지 않는 곳이 없으니, 진실로 능히 '경을 지키는 방법持敬'을 알게 되면 이치가 밝아지고 마음이 정해져서, 격물을 하게 되면 사물이 나의 살펴봄을 벗어날 수 없을 것이고 일을 응하게 되면 그 일이 마음의 누가 되지 못할 것이다.[392]

라고 한 것은 거경과 궁리를 겸언한 것이다. 이처럼 퇴계가 경이라는 말을 사용할 때에는 대언하여 말한 것인지, 겸언하여 말한 것인지를 잘 살펴야지만 경의 의미를 정확하게 이해할 수 있다. 그렇다면 처음 배우는 사람은 어떻게 해야 경을 잘 행할 수 있는가? 이에 대해 퇴계는 외관을 바르게 하는 것을 통해 마음을 엄숙하게 하는整齊嚴肅 방법을 말한다.

390 퇴계학연구원(1991), 『퇴계전서8』, 퇴계학연구원
391 퇴계학연구원(1991), 앞의 책.
392 퇴계학연구원(1991), 앞의 책.

처음 배우는 사람은 심신心身의 정제엄숙整齊嚴肅상에서 공부해나가는 것만큼 좋은 것이 없다. 마음을 억지로 탐색하거나 또는 안배하는 것은 되지 않는 일이다. 그가 일상생활에서 지켜야 할 법도에 입각하고, 한 순간의 미세한 일에서도 경계하고 삼가서 이 마음을 조금도 방종하고 산만하게 하지 않는다면, 오랜 후에는 마음이 저절로 맑게 깰 것이요 또한 저절로 허명虛明해져서 (마음이) 망실되거나 조장되는 병통이 전혀 없어지게 될 것이다.[393]

이처럼 퇴계는 평소에 의관衣冠을 바르게 하고 사려를 오롯하게 하며 스스로를 속이거나 태만하지 않는 등 시청언동視聽言動을 항상 장엄하고 엄숙하게 갖는 노력이야말로 경의 일차적 관문임을 말하고 있다. 또 퇴계는 「진성학십도차進聖學十圖箚」에서 경을 유지하는 방법에 대해 다음과 같이 말한다.

경을 유지하는 방법은 반드시 삼가고 엄숙하고 고요한 가운데 이 마음을 두어 배우고 묻고 생각하고 분별하는 사이에 이를 궁리하여 보이지 않고 들리지 않는 곳에서 경계하고 두려워함이 더욱 엄숙하고 더욱 공경할 것이요, 은미한 곳과 혼자 있는 곳에서 성찰省察함이 더욱 정밀하여 어느 한 그림을 두고 생각할 적에는 마땅히 이 그림에만 마음을 전일專一해서 다른 그림이 있다는 것을 알지 못하는 것처럼 하고, 어떤 한 일을 습득할 적에는 마땅히 이 일에 전일해서 다른 일이 있다는 것을 알지 못하는 것처럼 하여 아침에서 저녁까지 변함이 없이 매일 매일 계속해야 한다.[394]

393 김기현(1988), 「퇴계철학의 인간학적 이해」, 고려대학교 대학원 박사학위논문, 132쪽 재인용.
394 한명수(1973), 「퇴계의 경에 대한 연구」, 『퇴계학연구』 1, 44쪽 재인용.

이처럼 퇴계는 마음을 전일專一하게 하는 주일主一의 방법을 통해 꾸준히 공부할 것을 강조한다. 이것 이외에 주일과 함께 강조한 경의 의미로 '상성성常惺惺'이 있다. 이것은 잊지도 않고勿忘과 조장하지도 않는 勿助長 사이를 이르는 것으로 마음을 항상 또렷이 깨어 있도록 하는 것이다. 상성성은 이천이 '의도적으로 하는 것도 아니고, 의도적으로 하지 아니하는 것도 아닌非著意 非不著意' 것으로 말한 적이 있으며, 주희의 스승인 연평(延平, 이름은 李洞, 1093~1163)도 이것을 경을 유지하는 방법으로 강조하였다.

퇴계는 처음 배우는 사람은 처음부터 생각을 굳세게 가질 수가 없어 움직임이 일어날 때 단번에 힘을 얻을 수 없으므로, 너무 절실히 뜻에 매여 급하게 잡아서는 안 되고 다만 뜻을 붙잡는 것도 아니고 또 뜻을 붙잡지 아니함도 아닌 사이에서 때때로 익히는 공부를 더할 것을 강조하였다. 그리고 이것이 오래됨에 이르러 익숙해지면 나아가서는 동할 때나 정할 때가 하나같이 되어 그 의미가 바르게 됨을 볼 수 있을 것이니, 아침에 시작하여 저녁에 이루려는 것을 기대해서는 안 된다고 하였다.

퇴계는 무엇보다도 그 효과를 서두르지 않고 자연스럽게 이루어내는 것이 경의 중요한 방법임을 말한다. 이런 경의 실천 방법으로는 두 가지가 있는데, 하나는 내적 마음의 공부 방법인 '거경'이고, 다른 하나는 마음의 작용이 외적 사물에 대응하는 공부 방법인 '궁리'이다. 그러므로 지금부터 거경의 대표적 방법인 정좌靜坐와 궁리의 한 방법인 독서讀書를 통하여 두 공부의 특징을 살펴보겠다.

3) 내면공부와 정좌

퇴계는 거경을 궁리와 더불어 중요한 공부 방법으로 삼고 주로 내적 수양의 의미로 사용하였다. 퇴계가 내적 공부 방법인 거경의 한 방법으로 중시한 것이 '정좌靜坐'이다. 정좌가 언제부터 유가에 수용되었는지는 정확하게 알 수 없다. 그러나 염계가 그의 『태극도설』에서 '주정입인극 主靜立人極'이라고 말한 이후 명도와 이천이 정좌를 가르쳤고, 또 연평도 묵좌징심默坐澄心을 강조한 바 있다. 그리고 주희도 주정主靜대신 주경主敬을 수행의 방법으로 강조하면서도 때로는 '반일정좌, 반일독서半日靜坐 半日讀書'라고 하여 정좌를 중시하는 태도를 보였다. 이처럼 정좌는 송대 성리학의 발흥 이후 유가에 의해 수용되어 주로 정시靜時, 즉 처사접물 處事接物 이전의 공부 방법으로 활용되었다.

퇴계가 정좌의 좌법을 도입할 때까지는 아무도 정좌의 앉는 방식을 명백히 정의하거나, 문제로 제기한 사람은 없었다. 물론 주희가 배례拜禮하는 방식으로써 어떻게 앉았다는 역사적 기원을 이론적으로 밝힌 것은 있었으나, 그것은 정좌의 좌법과는 아무런 관계가 없다. 퇴계는 그의 『자성록自省錄』에서 정좌의 좌법을 상세히 설명하고 있다.

첫째로는 궤좌跪坐이다. 이것은 오늘날의 기독교에서 예배를 드릴 때 무릎을 꿇는 것과 같은 좌법으로, 정강이를 굽혀서 땅바닥에 무릎을 꿇고 넓적다리와 허리와 상체를 똑바로 하여 앉는 방법이다. 그러나 이것은 정좌에는 알맞지 않다. 둘째로는, 좌坐이다. 이것은 초학자에게 가장 알맞은 좌법으로, 두 다리의 정강이를 완전히 굽혀서 두 아래 다리를 땅바닥에 닿게 하고, 두 발바닥 위에 엉덩이뼈를 닿게 하여 약간 편하게 앉는 방법이다. 이것은 '꿇어앉음危坐'과 같은 방법이라고 하겠다. 마지막으로 반좌盤坐라고 불리는 또 하나의 좌법이 있다. 이것은 궁둥

이를 땅바닥에 놓고, 한 다리를 정강이에서 굽혀서 완전히 땅바닥에 닿게 하고 또 한 다리를 정강이에서 굽히고 그 발의 반대 넓적다리 위에 얹고 앉는 방법이다. 이것은 매우 안정되고 편안한 좌법이며, 장시간 앉는 데는 가장 좋다.

퇴계는 심신心身을 수렴하여 마음속에는 경敬을, 바깥에는 공손함을 유지할 수만 있다면, 반좌盤坐의 이름을 고쳐서 바로 앉음正坐 또는 단정히 앉음端坐이라 하여 정좌의 좌법으로 사용하여도 무방하지 않을까 라고 하였다.[395] 정좌는 위좌나 반좌라는 구체적 자세를 취하여 일상사와 사고로부터 스스로를 격리시켜 기질과 정감이 혼잡한 가운데서도 분명하게 드러나는 순수한 자기존재를 이룩하려는 체인법體認法인 것이다.[396]

퇴계는 이런 정좌를 제자들에게 적극 권하였을 뿐만 아니라 자신도 항상 실천하였다. 그렇다면 퇴계는 어떤 의미로 정좌를 행하였을까? 퇴계는 연평의 정좌설靜坐說에 대한 제자의 물음에 대해 다음과 같이 말한다.

정좌한 후에야 비로소 몸과 마음이 수렴되어 도리가 응집凝集할 장소가 생기게 된다. 만약 육신을 태만하게 방임하여 검속檢束하지 않으면 몸과 마음이 혼란해지고 도리도 응집할 곳이 없어져버릴 것이다.[397]

퇴계의 이 말을 통해 볼 때, 정좌는 일체의 사려를 제거하기 위해 행

---

395 Thomas H. Kang(1984), 「퇴계 정좌법의 강좌」, 『퇴계학 연구논총』 9.
396 유인희(1980), 『주자철학과 중국철학』, 범학사.
397 손병욱(1992), 「유가 수행법으로서의 정좌에 대하여」, 중국철학연구회 편저, 『동양의 인간이해』, 형설출판사, 279-280쪽 재인용.

해진 것이 아니라, 심신을 수렴하기 위한 수단으로 행해진 것임을 알수 있다. 이처럼 정좌가 심신수렴의 효과를 가져다준다고 했을 때 정좌가 가져다주는 일차적인 효과는 몸의 수렴이다. 몸과 마음이 서로 유기적으로 관련되어 있다고 파악하는 유가의 입장에서는 몸이 수렴되면당연히 마음이 수렴되는 것이다. 따라서 몸의 조절 내지 수렴이 가장중요한 것이 되고 정좌는 바로 이 몸과 마음의 수렴에 탁월한 방법이라고 할 수 있다.

퇴계는 정좌를 통하여 미발시未發時에 심신을 수렴하고 이발시已發時에 정일집중精一執中함으로써 궁리를 극대화하거나 화和의 상태에 이를수 있다고 생각하였다. 이처럼 퇴계에 있어 정좌는 심성함양과 궁리를위한 중요한 공부 방법인 것이다. 그러나 정좌를 통한 거경이 비록 이발已發의 동적인 세계를 예상한 내면의 수양이라 하더라도 자칫 정靜에 치우쳐 독단으로 흐를 수 있다. 그렇기 때문에 거경 공부가 독단을 피하기 위해서는 객관적인 이치를 아는 공부가 선행되어야 하는 것이다. 퇴계가 거경이 궁리를 수반해야 한다고 말하는 것은 바로 이런 이유 때문이다.[398]

4) 외면공부와 독서

'지知'와 그 '방법론'은 퇴계의 또 다른 주요 공부 방법인데, '궁리窮理'가 바로 그것이다. '궁리는 구체적인 사물을 떠날 수 없다.'는 뜻에서'즉물卽物'을 의미하며, 또 '궁리를 하면 반드시 그 지극한 데까지 이르

---

398 김수청(1998), 「경사상 연구」, 『퇴계학논총』 4.

러야 한다.'는 의미에서 '지극至極'의 의미를 함께 포함한다.

퇴계에 있어 궁리의 대상인 이치가 갖는 성격은 자연 법칙적인 이치라기보다는 주로 시비是非와 선악善惡을 밝히는 것으로 제시된다. 퇴계는 이런 가치론적인 이치를 밝혀서 구체적인 상황 속에서 취사선택을 하는 도덕적 목적에 관심을 보인다. 그러므로 격물은 지식의 양적 확충을 위해 온갖 사물의 이를 궁구하는 것이 아니라, 사물마다 고루 갖추어져 있는 이치太極의 전체를 파악하여 내 마음의 전체와 대용大用을 밝힘으로써 본래적인 자기를 완성하고자 하는 것이다. 그래서 퇴계는 궁리를 하는 좋은 방법에 대해 다음과 같이 말한다.

> 궁리에는 실마리가 많으니 한 방법에만 얽매여서는 안 된다. 만약 한 가지 일을 궁구하다가 알아내지 못하면 …… 마땅히 이 한 가지 일은 두고, 따로 다른 일에 나아가 궁구해낸다. 이와 같이 궁구하고 또 궁구하여 그것이 쌓이고 쌓여 깊어지고 익어지면 자연히 마음이 점점 밝아져서 …… 깨달아 알게 되니, 이것이 곧 이치를 깊이 궁구하는 살아 있는 방법活法이다.[399]

이처럼 퇴계에게서 궁리는 중요한 의미를 지니는데, 이런 점진적인 궁리의 방법이야말로 도가道家나 불가佛家와 구별되는 공부 방법인 것이다. 이런 궁리의 방법에는 주희가 『대학혹문』 중에서 말한 것처럼 책을 읽어 도리를 연구하고 밝힌다든가, 고금古今의 인물을 비평하여 그의 시비를 변별한다든가, 사물에 대응하여 처리 방법을 명확히 한다든가 하는 등의 일이 해당된다.[400] 그중 퇴계는 독서를 궁리의 중요한 수단으로

---

399 퇴계학연구원(1990), 『퇴계전서5』, 퇴계학연구원.

생각한다.

도리道理가 비록 자기의 내면에 완전히 갖추어져 있어 외부로부터 부가되는 것은 전혀 없다고 하더라도 성인이 사람들에게 독서를 하도록 가르친 것은, 스스로 경험을 함으로써 비로소 도리를 얻을 수 있는 것이며, 또 경전에 기술된 성현들의 경험을 보는 것을 통하여 도리를 인식할 수 있기 때문이다.[401] 그러므로 독서를 통해서 사물의 도리를 안다는 것은 바로 자기의 마음을 안다는 것이다. 그래서 퇴계는 주희와 마찬가지로 경서經書에는 초시간적이고 보편적인 진리가 담겨 있다고 보았다.

퇴계에게 있어 경전의 의의는, 그것이 인심의 고유한 가치를 기록하였다는 데에 있고, 그 고유한 가치를 실현하고 발굴하는 방법을 보여주었다는 데에 있으며, 그것을 학습하는 과정 자체가 지극한 선을 구하는 구체적인 형식, 즉 천리의 보존과 인욕의 제거라는 목적을 실현하는 구체적인 방식을 제공한다[402]는 데에 있는 것이다. 그러므로 책을 읽는 공부 자체의 중점은 책의 내용, 즉 성인의 마음을 체인體認하고 체찰體察하여 경서와 자기가 혼연일체가 될 때까지 이해하여 그 책을 떠나서도 쓰여 있는 것이 마음에 새겨져, 모두 입으로서 말할 수 있도록 하는 것이다.

입으로 말할 수 있다는 것은 결코 책의 내용을 암송한다는 의미가 아니라, 어디까지나 마음속에 새겨져 있는 것을 말할 수 있어야 하다는 것이다. 그래서 정주학에서는 '허심虛心'과 '숙독정사熟讀精思'라는 독서

---

400 등원정랑藤原靜郎(1998),「주자학의 독서론- 주자에서 이퇴계로」,『퇴계학논총』4, 145쪽
     재인용.
401 등원정랑藤原靜郎(1998), 앞의 논문.
402 진래陳來(2003), 앞의 책.

법을 중시한다. 정주학의 독서법을 계승한 퇴계도 '허심'과 '숙독정사'를 강조하였다.[403] '허심'이란 인식 주체로서 자기의 오만을 삼가고, 마음이 해이解弛해지는 것을 막아 맑은 정신이 되게 하는 것이고, '숙독정사'란 철저하게 책을 읽는 것으로 독서에 의하여 얻은 내용이 마음의 이치를 밝혀 자기 것으로 되게 하는 것이다. 그래서 이 둘은 마음을 전일專一하게 하는 것과 마음을 깨어 있게 하는 것이 요구된다.

현실적으로 인간은 한계를 지니기 마련이다. 이로 인해 우리는 자력으로만 모든 일을 해결할 수 없고 자기 외적인 것에 의지하여 자신을 비판하고 교정해야 한다. 그래서 퇴계는 마음공부도 지식이 없이는 불가능하다고 보아, 궁리를 바탕으로 해서 들어가야 한다고 생각하였다.

궁리의 대상인 이치는 비근한 것에서부터 고원한 것에 이르기까지 어느 곳이든 존재한다. 물론 서책에도 있고 또 모든 사물에도 있다. 그래서 자타의 구별이 없다. 따라서 독서에 의하여 얻은 이치와 자기에게 내재하는 이치는 독서에 의해 볼 수 있는 것이다. 그러므로 독서를 통한 인식의 문제는 퇴계에 있어서 행위의 문제와 깊은 관련이 있는 것이다.

이처럼 퇴계는 이론과 실천, 몸과 마음, 주主와 객客, 거경과 궁리, 소당연과 소이연의 통합이 경敬을 통하여 완성된다고 보았다. 그리고 이렇게 완성된 궁극적인 경지가 바로 퇴계에 있어서 성인聖人의 경지인 것이다.

---

403 등원정랑藤原靜郎(1998), 앞의 논문.

5. 양명의 감정론과 마음공부

1) 공자와 안자가 즐거워한 것을 즐김

유가에서는 수양修養의 필요성을 강조하지만 이것이 소박한 낙관주의
나 도덕적 엄숙주의로 끝나는 것이 아니라, 이러한 수양의 과정을 통하
여 인생의 궁극적인 경계를 추구하는데,[404] 이러한 정신적 경지를 '쇄락
灑落'[405]과 즐거움樂으로 표현한다. 쇄락은 염계의 '광풍제월光風霽月', 강
절의 '소요안락逍遙安樂', 명도의 '음풍농월吟風弄月'의 경지와 통한다.

뒷날 연평도 이 어휘를 사용하였는데, 이 어휘는 송유宋儒들의 낭만
적 경지의 기본 특징 가운데 하나가 되었다. 그러나 주희는 단정과 엄
숙을 특징으로 하는 주경主敬의 수양을 더욱 많이 강조하여 용모를 절
도 있게 하고 말투를 법도에 맞게 닦는 '경외敬畏'의 경지를 강조하였다.
그래서 주희는 일생 동안 남들이 "나는 증점曾點을 인정한다吾與點也."라
는 말을 꺼내는 것을 가장 싫어하였다고 한다. 하루는 제자가 안락安樂
을 이루는 방법에 대해 묻자, 주희는 "성인의 문하에는 그러한 법이란
없다."라고 대답하였다.[406]

---

404 강희복(2003), 「退溪의 '心與理一'에 관한 硏究」, 연세대학교 대학원 박사학위논문.
405 黃庭堅이 濂溪를 평가할 때 사용한 어휘이다.

이처럼 주희는 쇄락을 한가롭게 흐트러져 있는 것으로 보고, 쇄락은 단지 거짓된 즐거움이고 참된 즐거움이 아니라고 하여 경외로써 쇄락을 배척하였다. 양명의 제자 중 서백은 이런 주희의 관점에서 양명에게 질문한다.

이번 달에 서백이 경외敬畏가 쇄락을 얽어맨다는 질문을 하였다. 선생께서 말씀하셨다. 이른바 군자의 경외란 두려워하고 걱정한다는 뜻이 아니다. 보이지 않는 것을 경계하고 삼가며, 들리지 않는 것을 두려워하고 무서워한다는 말일 뿐이다. 이른바 군자의 쇄락이란 마음이 활달하여 구애받지 않고 거리낌 없이 노닌다는 뜻이 아니다. 바로 그 심체가 욕심에 얽매이지 않아서 어디에 들어가도 스스로 만족하지 않음이 없다는 말일 뿐이다. 대저 마음의 본체는 바로 천리이다. 천리의 환하고 밝은 영명한 깨달음昭明靈覺이 이른바 양지이다. 군자의 경계하고 두려워하는 공부가 혹시라도 단절되는 때가 없다면, 천리는 항상 보존되어 그 환하게 밝은 영각의 본체가 저절로 어둡게 가려지지 않고, 저절로 이끌려 어지럽지 않으며, 뜻에 차지 않아 부끄러워하지도 않는다. 용모를 움직이고 두루 행동하되 예를 들어 맞으며, 마음이 하고 싶은 대로 따라도 법도를 넘지 않는다. 이것이 바로 이른바 참된 쇄락이다.[407]

양명에 의하면, '쇄락'은 주희가 이해한 것처럼 생각을 함부로 펼쳐서 생겨나는 방탕하고 주저함이 없는 태도를 가리키는 것이 아니라, 마음이 누리는 자유의 한 특징이다. 양명은 주희처럼 경외로써 쇄락을 부정

406 진래陳來(2003), 앞의 책.
407 『전습록』, 「습유」 48조목.

하지 않았다. 오히려 쇄락은 욕심에 얽매이지 않아서 삶이 단절되지 않아 천리가 보존되면 저절로 생겨나는 것으로 보았다. 그러므로 경외하는 마음은 결코 쇄락을 얽어매지 못한다. 왜냐하면 쇄락은 천리가 보존된 상태이며, 쇄락에는 이미 경외가 내재해 있기 때문이다.

쇄락은 주희의 말처럼 한가하게 흐트러진 것이 아니라, 다만 마음이 사욕에 물들지 않아 어떤 일을 만나도 그 일을 거부하지 않고 감응하며 스스로 만족한다自慊는 말이다. 이처럼 '쇄락'의 경지는 마음이 내적으로나 외적인 상황에 대해 '심리적 동요가 없음無心'을 말할 뿐만 아니라, 마음이 하고자 하는 바를 따라도 법도를 넘지 않는 도덕적 경지의 완숙함을 말한다.

양명에 의하면 인간은 본래 안정된定 존재로, 사욕을 알아차리면 움직임과 고요함 속에서 한결같이 안정된다動亦定 靜亦定. 이런 안정 속에서 흘러나오는 감정이 바로 쇄락이자 '즐거움樂'인 것이다. 이러한 쇄락과 즐거움은 성인이 갖는 기상인 것은 분명하지만, 이것은 결코 성인만이 지닌 어떤 특별한 것은 아니다.

예전에 주돈이는 매번 정명도에게 공자와 안회가 즐겼던 것을 찾게 했습니다. 감히 묻건대 그 즐거움은 칠정 중의 즐거움과 같습니까? 아니면 다릅니까? (답하였다.) 즐거움은 마음의 본체이다. 비록 칠정의 즐거움과 같지는 않지만, 또한 칠정의 즐거움을 벗어나지도 않는다. 비록 성현에게 따로 참된 즐거움이 있지만, 또한 보통 사람도 똑같이 지니고 있다. 다만 보통 사람들은 그것을 지니고 있으면서도 스스로 알지 못하고, 도리어 스스로 수많은 근심과 고뇌를 찾으며 미혹과 방기放棄를 덧보탠다. 비록 근심과 고뇌, 미혹과 방기 가운데 있을지라도 그 즐거움은 또한 있지 않은 적이 없다. 한 생각이 환하게 열리고 자기 몸에 돌이켜서 성실하면,

곧 거기에 있게 된다. 매번 그대와 논의한 것이 이러한 의미가 아닌 것이 없는데도 그대는 오히려 즐거움을 얻을 수 있는 어떤 방법이 있는가를 물으니, 이것은 여전히 '나귀를 타고 나귀를 찾는' 폐단을 면하지 못한 것이다.[408]

앞에서도 말했듯이 대부분의 유학자들은 성인의 즐거움의 경지를 공자와 안자顔子에게서 찾는다. 그렇다면 공자와 안자의 어떤 점이 성인의 즐거움이란 말인가? 공자는 "도를 공부하는 친구가 멀리서 찾아오면 무척 즐겁다."[409]라고 하였다. 그리고 "아는 것은 좋아하는 것만 못하고 좋아하는 것은 즐기는 것만 못하다."[410]라고도 하였다. 또 공자는 "안회가 가난한 생활 속에서도 그 즐거움을 고치지 않았다不改其樂."[411]라고 하며 그가 어질다고도 말했다.

그렇다면 공자는 왜 안자를 어질다고 하였는가? 그것은 안자가 자신의 현재 상황을 있는 그대로 받아들여 다른 상황에 대한 기대심이나 미래에 대한 이상이 없는 데에서 오는 즐거움을 누렸기 때문이다.[412] 이것은 평범한 일상의 삶속에서 의도나 기필함이 없이 행위하는 가운데 생겨나는 행복감이다. 배우고 때때로 익히는 일, 친구가 멀리서 찾아오는 일 등 이런 일들은 어떤 특별한 일이 아닌, 그냥 삶에서 일어나는 평범한 일인 것이다.

---

408 『전습록』, 166조목.
409 『論語』, 「學而」.
410 『論語』, 「雍也」.
411 『論語』, 「雍也」.
412 조창희는 동양적 즐거움을 네 가지로 분류하고, 이런 안연의 즐거움을 '천리와 도를 즐거워함'으로 해석하며 安貧樂道의 전형으로 이해한다. 조창희(2011), 「동양적 즐거움樂과 그 추구방식」, 『동양사회사상』 24.

이런 일상적인 일은 언뜻 보기에는 중요하지 않은 것처럼 보이지만, 사실은 진정으로 중요한 일이다. 왜냐하면 중요하기 때문에 항상 하는 것이며, 심지어 어떤 일은 우리가 잠시라도 중단하면 우리의 생명을 빼앗아갈 수도 있기 때문이다. 그러므로 이런 사실을 깊이 알고 삶을 누리는 것보다 더 큰 즐거움이 어디 있겠는가! 진정한 즐거움真樂은 미래에 대한 희망이나, 외적인 것을 획득함으로써 생겨나는 것이 아니라, 늘 일어나는, 그래서 비근해 보이지만 반드시 해야만 하는 일들을 진실로 행할 때 생겨나는 것이다. 이 사실을 알기에, 안자는 가난하지만 그 가난에 휘둘리지 않고 그 상황을 온전히 받아들여 삶을 즐길 수 있었던 것이다. 삶에 대한 어떤 의도함이나 기필함이 없기에, 오직 그 삶만이 전부임을 알아 삶 그 자체를 누리는 것이다.

사실 원대한 뜻을 품는 사람에게도 가난은 문제가 되지 않을 수 있다. 그러나 현재 자신의 가난한 상황에 대한 의식을 지닌 채 아무리 원대한 뜻을 품는다고 하더라도, 가슴속에 현재 상황을 있는 그대로 인정하지 못함에서 생겨나는 가난에 대한 생각이 여전히 남아 있어 매 순간의 삶을 진정으로 즐기지 못한다. 부와 명예와 지위 등이 자기가 아니라는 사실을 진실로 깨달을 때, 가난하다느니 부유하다느니 하는 일체의 망상이 끼어들지 않아 삶을 진정으로 즐길 수 있게 되는 것이다.

이처럼 즐거움은 삶의 모양에 있는 것이 아니라 삶과 얼마나 하나가 되었느냐에 달려 있다. 삶이라는 것과의 단절이 완전히 사라져 자신이 곧 삶일 때, 이러한 경지에서 저절로 생겨나는 즐거움이 바로 쇄락이자 진정한 즐거움真樂인 것이다. 이점은 증점에 대한 양명과 제자의 문답에서도 엿볼 수 있다.

(육징이) 물었다. 공자의 문인들이 뜻을 말했는데, 자로와 염유가 정사를 맡고자 하고 공서화가 예약을 맡고자 했던 것은 어느 정도 실용적인 일이었습니다. 그러나 증점이 말한 것[413]은 도리어 노는 듯한 일인데도 공자께서는 오히려 그를 인정하셨는데, 이것은 무엇을 의미합니까? 대답하셨다. 세 사람은 의도와 기필함을 가지고 있었다. 의도와 기필이 있으면 한쪽에 치우치게 되니 이것을 잘한다고 해서 반드시 저것도 잘할 수 있는 것은 아니다. 증점의 그러한 의사意思는 도리어 의도와 기필이 없으니, 곧 '현재의 형편에 따라 행하고 그 밖의 것을 원하지 않는다. 이적夷狄에 처해서는 이적을 행하고, 환난에 처해서는 환난을 행하여 어디를 가든 자득하지 않음이 없다.'는 것이다.[414]

이 대화에서도 알 수 있듯이, 증점의 경우에도 그가 어떤 정신적인 경계를 갖고 그것을 드러내 보인 것이라기보다는 자신의 삶을 거부하지 않고 현재 상황에서 어떠한 의도나 기필함이 없었기 때문에 공자는 그를 인정한 것이다. 어떤 경계나 체험을 유지하고 그것에 머문다면 이것은 삶을 박제화하는 것이다. 삶은 끊임없이 흐르는 활발발活潑潑하고, 낳고 낳아 쉼이 없는生生不息 것이어야 한다. 환난에 처하면 환난의 상황 속에서 문제를 대처하고 이적에 처해서는 이적에서 행하면 무엇을 하든 자득이 있다.

---

413 『論語』의 「선진」편에 다음과 같은 내용이 있다. "너희들은 평소에 '나를 알아주지 못한다.'고 하는데, 만일 혹시라도 너희들을 알아준다면 어찌하겠는가?" …… 증점이 대답했다. "늦은 봄에 봄옷이 이미 이루어지면 관을 쓴 어른 5~6명과 어린아이 6~7명과 함께 기수沂水에서 목욕하고 무우舞雩에서 바람쐬고 노래하면서 돌아오겠습니다." 공자께서 감탄하시며, '나는 증점을 허여한다.'고 하셨다."
414 『전습록』, 29조목.

2) 있는 그대로의 즐거움을 즐김

양명에 의하면 이런 성인의 즐거움은 우리가 겪는 칠정의 즐거움과 다른 것이 아니다. 그렇다고 해서 항상 의도하고 기필하며 감정을 표현하는 우리의 즐거움과 같은 것은 더더욱 아니다. 우리는 생겨난 감정에 대해 항상 의도하고 기필하기 때문에 칠정을 있는 그대로 경험하지 않는다. 이 말은 조금만 생각해보아도 알 수 있는 일이다.

우리는 과연 생겨난 감정에 대해 온전히 경험해본 적이 있는가? 항상 자신의 감정을 외면하고 더 나은 감정의 상태를 유지하려고 애쓰거나, 심지어는 그 감정이 마음에 들지 않다는 이유로 없애려고 노력했을 뿐이다. 그래서 우리들 대부분은 자신의 감정에 항상 휘둘려, 그 즐거움을 그대로 느끼지 못한다. 그래서 칠정의 즐거움과 구별되는 성인만의 즐거움이 따로 있을 것이라는 생각을 덧붙인다.

만약 이런 생각만 덧붙이지 않고 칠정의 즐거움을 경험한다면 그 즐거움은 우리가 생각하는 그런 칠정의 즐거움은 아닌 것이다. 감정은 그 자체에 좋고 나쁜 것이 있는 것이 아니라, 우리가 감정에 대해 좋고 나쁘다는 분별심을 갖고 해석하기 때문에 온전하게 경험하지 못하여 그 감정이 아주 부정적인 것으로 느껴지는 것이다.

가만히 생각해보면 우리는 어떤 감정도 진정으로 경험해본 적이 없다. 부정적인 감정이 올라오면 없애려고 하고 긍정적인 감정이 일어나면 그것을 유지하려는 마음을 갖는다. 그래서 그 감정이 나에게 어떤 모양을 남기고 사라지는지는 결코 경험하지 않는다. 만약 마음속에 감정에 대한 좋고 나쁘다는 생각이 없다면, 그 감정들에 대해 어떤 의도나 기필을 하지 않는다면 그 감정을 온전히 경험할 수 있게 된다. 그래서 슬플 때는 온전히 슬픔에 잠겨 곡할 수 있으며, 슬픔이 다하여 사라지면 다시 다른 상황에 감정을 온전히 보낼 수 있는 것이다. 물론 좋은 경험을 하다가 슬픔이 오는 경우에도 마찬가지이다. 중요한 것은, 결코 어느 한쪽을 취하거나 다른 한쪽을 부정하지 않아야 한다는 사실이다.

물었다. 즐거움이 마음의 본체라고 하셨는데, 부모의 상을 당해 슬퍼 통곡할 때도 그 즐거움이 여전히 있습니까? 선생께서 대답하셨다. 반드시 크게 통곡해야만 비로소 즐거우며, 통곡하지 않으면 즐겁지 않다. 비록 통곡할지라도 이 마음이 편안한 곳이 바로 즐거움이다. 본체는 움직인 적이 없다.[415]

묻는 자는 즐거움의 본체가 따로 있느냐고 질문한다. 이 질문은 부모의 상을 당하는 것은 우리가 살아가면서 겪는 슬픔 중에 가장 큰 슬픔 중의 하나인데, 이러한 상황 속에서도 여전히 즐거움이 유지되느냐는 것이다. 그러나 이 질문은 즐거움의 의미를 이해하지 못한 것에 기인한 것이다. 성인이라고 해서 어떻게 부모의 죽음에 슬퍼하지 않을 수 있겠는가? 특히 부모의 정情을 통해 도가와 불가를 버린 양명에게 있어 부모에 대한 정이란 엄청난 것이었다. 그래서 양명은 크게 통곡해야만 비로소 즐겁다고 말한다.

이는 통곡을 하고 나서야 즐거움이 온다는 의미로 읽을 수도 있으나, 그런 의미가 아니다. '통곡해야만 즐거움이 있다.'는 것은 진정으로 부모님의 죽음을 슬퍼하는 것으로서, 그 자체로 '마음이 편하다.'는 것이다. 마음이 편안한 곳이란 흘러나오는 기쁨, 노여움, 미움, 슬픔 등을 온전히 경험하는 것을 말한다. 그리고 그것이 바로 '즐거운 것'이라는 말

---

415 『전습록』, 292조목.

이다. 온전히 슬퍼하는 것, 그래서 다른 어떠한 사욕이 끼어들지 못하는 상태, 그것이 바로 진정한 즐거움眞樂이라는 것이다. 이는 완전히 그 상황을 자각하여 경험함을 말한다. 물론 자각을 통한 경험에는 '지금-여기'에서 생겨나는 편안함定이 있다. 이런 편안함으로 인해 과거의 미련과 아쉬움에 마음을 보내지 않기에, 본체는 움직인 적이 없다고 말하는 것이다.

삶을 온전히 받아들여 조금의 거부감이나 의도함이 없으면, 우리에게서 즐거움은 저절로 우러나온다. 이렇게 저절로 우러나온 즐거움이 어찌 그만두려고 해서 그만두어질 수 있겠는가? 그만둘 수 없어 자신도 모르게 덩실덩실 춤을 추게 되는 것이다.

> 선생께서 말씀하셨다. 양지는 조화의 정령이다. 이 정일한 영이 하늘을 낳고 땅을 낳으며 귀신을 이루고 상제를 이루니, 모든 것이 여기에서부터 나온다. 참으로 이것은 상황物과 더불어 상대되지 않는다. 사람이 만약 그것을 완전히 회복하여 조그만 흠도 없을 수 있다면 자신도 모르게 덩실덩실 춤추게 되리라. 천지 사이에 어떤 즐거움이 대신하겠는가?[416]

의도나 기필함에 의해 생겨나는 주관과 객관이라는 생각이 놓아지면 어떤 상황과도 자신을 분리하여 보지 않는다. 그래서 온전히 자신이 발을 디딘 '지금-여기'를 살 수 있기에, 그 어떤 즐거움도 이것을 대신할 수 없다고 말하는 것이다. 지금-여기를 온전히 살면, 그래서 어떤 생각에도 휘둘리지 않으면 비로소 모든 일이 도道인 것이다. 그래서 양명

---

416 『전습록』, 261조목.
417 『전습록』, 「습유」, 1조목.

은 "아주 옛날의 성인은 단지 이러한 것만을 가지고 있었을 뿐이다. 사람은 한평생 살면서 오직 이 한 가지 일만 있을 뿐이다."[417]라고 하였다. 이는 총명함이나 지적인 이해로 접근할 수 있는 것이 아니라, 상황과의 온전한 합일과 깊은 받아들임에서 가능한 것이다. 다시 말해서, 의도와 기필함이 사라지면 저절로 다가오는 것이다.

공부가 이 하나의 참된 기틀을 투철하게 터득한 것이 아니라면, 어떻게 양지가 충실하여 아름답게 빛나는 경지를 얻을 수 있습니까? 투철하게 터득할 수 있는 경우란 그대의 총명과 지적인 이해로는 접할 수 없으며, 반드시 가슴속에 찌꺼기가 모두 정화되어 한 터럭이라도 물들지 않아야 비로소 얻을 수 있다.[418]

이치는 찾아서 얻어지는 것이 아니다. 그것을 의도적으로 찾으려 하면 찾으려는 그 마음 때문에 찾을 수가 없게 된다. 왜냐하면 찾으려는 그 마음이 조작이요, 의도이기 때문이다. 이와 마찬가지로 가슴속의 사욕은 없애려고 해서 없앨 수 있는 것이 아니다. 사욕의 사라짐은 우리가 삶을 온전히 받아들여 모든 의도함이 쉬어지면 저절로 오는 것이다. 그러나 우리는 도道든 사욕이든, 그것을 얻으려거나 없애려고 무척이나 노력한다. 노력이 의도라는 사실을 알면서도 말이다.

황직이 물었다. '성인은 정情이 모든 일에 순응하면서도 정이 없다.'고 하였습니다. 공자가 곡을 하면서 노래를 부르지 않았다는 것에 대해 이전의 유학자는 남은 슬픔이 아직 잊히지 않았다고 해석했는데, 그 설명은

---

418 『전습록』, 264조목.

어떻습니까? 선생께서 대답하셨다. '정이 모든 일에 순응하면서도 정이 없다.'는 것은 단지 사물에 응하는 주재主宰가 천리가 그치지 않은 곳에서 막히지 않고 발동한다는 뜻일 뿐이다. 어떻게 멈출 수 있겠는가? 그래서 곡을 하면서 노래를 부르지 않으셨다. 그러나 결국은 그렇지 않으니, 한바탕 곡한 뒤에는 곧 모두 즐거움이다. 즐거움으로 바뀌면 더 이상 애통하게 슬퍼하지 않는다.[419]

성인은 정情이 모든 일에 순응하면서도 정이 없다는 말은 명도의 말로, 경계에 따라 일어나는 모든 감정들을 어느 하나도 거부감 없이 온전히 경험한다는 말이다. 우리는 기쁨, 즐거움, 평안함 등만을 경험하려고 한다. 그래서 자신에게 일어나는 짜증, 불안, 괴로움, 불쾌함 등은 경험하지 않으려고 한다. 그래서 긍정적인 감정은 오래 지속시키기 위해 노력하며, 부정적인 감정은 빨리 외면하며 없애려 한다. 그러나 성인은 모든 감정에 좋고 나쁨의 분별을 일으키지 않는다. 다만 어떤 감정이 올라오더라도 온전히 경험할 뿐이다. 그래서 사적인 정이 없다고 말하는 것이다. 그리고 그 경험하는 감정에 대해 해석을 가하지 않아 '사사로운 정'이 없다고 말하는 것이다.

이는 일어나는 모든 감정이 도의 드러남임을 알아, 매 상황에서 양지를 실현하여 천리를 그치지 않게 하는 일이다. 그래서 어느 감정에 대해서도 거부하지 않고 경험한다는 말이다. 천도가 유행하고 운행하듯이, 우리의 감정도 끊임없이 흘러가야 하기에 슬픈 경계를 맞이하면 온전히 곡을 하고 노래를 부르지 않으며, 그 상황이 완전히 사라져 다른 상황이 오면 더 이상 애통해하지 않을 수 있는 것이다. 이는 마치 거울

---

419 『전습록』, 「습유」 32조목.

이 사물을 비추는 상황처럼 현재 닥친 상황을 온전히 경험하다가 그 상황이 지나가면 어떤 흔적도 남기지 않는 것과 같다. 우리의 삶에 밝은 것과 어두운 것이 번갈아 오듯이, 우리의 감정에도 긍정적인 것과 부정적인 것이 번갈아 온다. 그러므로 우리에게 오는 모든 감정을 모두 온전히 경험하는 것, 그래서 모든 감정에서 충만함이 피어나는 것, 이것이 바로 '성인의 즐거움'인 것이다.

3) 간택 없이 바라봄

양명에 의하면, 생각과 감정은 억압하고 조절한다고 해서 일어나지 않는 것이 아니다. 생각과 감정을 억압하고 제거하려는 등의 방법을 사용하여 마음의 안정을 구하는 것은 마치 흙탕물이 든 병을 흔들고 휘저어 맑게 만들려는 것과 같다. 그러므로 그 감정에 대해 옳고 그름으로 판단하여 조작을 가해서는 결코 마음의 평안을 찾을 수 없다. 아래의 대화는 양지와 감정들과의 관계를 햇빛에 비유하여 인간의 감정이 그 자체로 자연스러운 것임을 말하고 있다.

물었다. 양지는 해에 비유되고, 인욕은 구름에 비유됩니다. 구름이 비록 해를 가릴 수 있을지라도 역시 하늘의 기운 가운데 본래 있는 것처럼, 인욕도 사람의 마음에 본래 있는 것이 아닙니까? 선생께서 말씀하셨다. 기뻐하고 성내고 슬퍼하고 사랑하고 미워하고 욕구하는 것을 일곱 가지 감정七情이라고 한다. 이 일곱 가지는 모두 사람의 마음에 본래 있는 것이다. 단지 양지를 분명하게 체득해야 한다. 비유하자면 햇빛과 같아서 그것이 있는 장소를 지적해낼 수 없다. 조그만 틈으로 빛이 스며들기만 해도 모두 햇빛이 있는 곳이다. 비록 구름과 안개가 사방에 가득 차 있을지라도 태허 속에서 색깔과 형상을 구분할 수 있는데, 이 또한 햇빛이 소멸되지 않아서 그러한 것이다. 구름이 해를 가릴 수 있다고 해서 하늘더러 구름을 만들지 말라고 할 수는 없다. 칠정이 그 자연의 운행을 따른 것은 모두 양지의 작용이며, 선과 악으로 구별할 수는 없다. 단지 집착하는 바가 있지 않으면 된다. 칠정에 집착이 있으면 모두 인욕이라고 하며, 모두 양지를 가리게 된다. 그러나 집착하자마자 양지는 또한 저절로 깨달을 수 있다. 깨달으면 곧바로 가린 것이 제거되어 그 본체를 회복하게 된다. 이 점을 분명하게 파악할 수 있어야 비로소 간단하고 쉬우며 투철한 공부이다.[420]

칠정은 본래 우리 마음에서 저절로 일어나는 것이어서 억제하거나 없앨 수 있는 것이 아니다. 그래서 양명은 "구름(칠정의 지나침)이 해(양지)를 가릴 수 있다고 해서 하늘더러 구름을 만들지 말라고 할 수는 없다."라고 말한다. 이 말은 우리가 정좌 등을 통하여 마음을 고요하게 만들어 감정과 생각들을 없애려고 하는 것은 불가능한 일이라는 것이다. 다시 말해서, 사욕이 생길 수밖에 없음을 알면 사욕 자체를 없애려고 하는 시도가 실패할 수밖에 없음을 안다는 말이다. 그러므로 '원래 그렇게 일어난다.'는 사실을 깊이 받아들여 감정에 대한 선악의 판단을 내려놓고 다만 상황에 맞게 발현되게 하면 되는 것이다. 이것이 곧 양지의 작용인 것이다.

다만 우리 마음속에 생각과 감정이 일렁거려 자신의 마음 상태가 혼란스럽고 칠통과 같이 어둡더라도, 양지는 저절로 깨달을 수 있다. 그

---

420 『전습록』, 290조목.

리고 한 점의 각성이 생겨나면 빛이 어둠을 몰아내는 것과 같이 순식간에 양지가 실현된다. 그러나 개체로서의 '나'라는 생각에 휘둘리거나, 흐리멍덩하게 살거나, 지금이 아닌 다른 무엇이 되려고 노력하는 것이 조금이라도 있다면, 양지의 알아차림은 불가능하다. 왜냐하면, 그런 노력들과 상태는 참된 자기를 알지 못하는 상태에서 생겨나는 것으로 망상妄想과 비춤恒照者은 동시에 존재할 수 없기 때문이다. 그러므로 '양지는 저절로 깨달을 수 있다.'는 말은, 우리의 본성은 저절로 아는 능력이 있다는 말이다.

비록 다른 사람이나 스승의 가르침이 양지를 실현하는 데 도움을 주긴 하겠지만, 잘못된 것을 알아 깨닫는 것은 자기 스스로에게 달려 있다. 스스로에 의해서 안다는 것은, 자신이 분별하고 헤아려 생각이나 감정에 휘둘렸다는 사실을 안다는 것이니, 그렇게 하여 알게 되면 저절로 가렸던 것이 사라져 곧바로 본체를 알아차리게 된다. 이 사실을 분명히 알면, 이 공부는 너무나 간단하고 쉬우며 확실한 공부인 것이다.

성인의 즐거움이란 따로 존재하는 무엇이 아니다. 그리고 참다운 즐거움은 우리가 어떤 노력을 통해 얻은 특별한 경지에서 생겨나는 것은 더욱이 아니다. 우리에게는 하루에도 수많은 생각과 감정이 일어나고 사라진다. 과연 그중에 생각과 감정을 있는 그대로 바라보고 경험하는 일은 얼마나 될까? 만약 우리가 스스로의 생각과 감정을 간택揀擇 없이 경험할 수 있다면 삶의 매 순간마다 즐거움이 생겨날 것이다.

5장
도가 · 불가와 마음교육

1. 노자의 도道와 마음공부

1) 도란 무엇인가

'도란 무엇인가?'에 대한 노자의 견해가 명백하게 드러난 구절은 『노자』 25장에 서술된 '도법자연道法自然'이다.[421] 도란 자연을 본받는 것이다. 그러므로 자연은 모두 도이다. 문명 이전에는 자연만이 존재했다. 그렇기 때문에 문명 이전에는 도 아닌 것이 없었다. '도 아닌 것非道'은 문명 발생과 더불어서 생긴 것이다.

노자에게 있어서 도는 궁극적인 것이며, 이상적인 삶이란 도와 합치하는 삶이었다. 그래서 노자는 도와 어긋나 있는 삶의 소외를 극복하는 것을 자신의 목표로 삼았다. 이런 목적을 달성하기 위해 노자는 도 아닌 것이 없는 자연을 면밀히 관찰해서 '도의 성질'을 추출했다. 노자가 말하는 도의 성질은 다음과 같은 것이다.

---

[421] 『老子』에 대한 해석에는 김기태의 『지금 이대로 완전하다』(침묵의 향기, 2000), 『왕필의 노자』(예문서원, 1997), 『감산의 老子 풀이』(서광사, 1990), 최재목의 『노자』(을유문화사, 2006), 남만성의 『老子道德經』(을유문화사, 1973), 박세당의 『박세당의 노자』(예문서원, 1999), 이이의 『율곡 이이의 노자』(예문서원, 2001), 장응철의 『老子의 世界』(동남풍, 2003), 홍석주의 『홍석주의 노자』(예문서원, 2001), Wing-tsit Chan의 The Way of Lao Tzu(The Bobbs-Merrill Company, Inc., 1963), Arthur Waley의 The Way and Its Power(Grove Press, Inc., 1978) 등을 참조하였음.

첫째, 도는 낮은 곳에 즐겨 머물며 그러므로 높은 곳에 오르고자 다투지 않는다. 상선약수장上善若水章에서 말하듯이, 도는 물과 같이 자꾸만 낮은 곳으로 모여든다. 물은 다투지 않으며 모든 생명체에게 이로움을 베푼다.[422] 『노자』 66장에서는 낮은 곳을 향하는 도의 성질을 묘사하고 있다.[423] 81장에서도 도는 다투지 않음을 말한다.[424] 도가 갖고 있는 이런 성질은 한결 높은 곳을 추구하며, 이에 도달하기 위해 경쟁이나 갈등을 일삼는 현대인의 삶의 모습과 대조를 이룬다.

둘째, 도는 텅 비어 있다.[425] 무엇이 비어 있을까? 분별심이 비어 있고, 집착하는 마음이 비어 있으며, 자만심이 비어 있다. 자연은 분별하지 않고, 집착하지 않으며, 자만하지 않는다. 노자가 말하는 비어 있음虛은 창조적인 것이다. 노자는 강과 바다가 어떤 계곡물도 거부하거나 취사선택하지 않음에 빗대어 도는 분별심이 비어 있음[426]을 말한다.

텅 비어 있기 때문에 모든 것이 그 안으로 들어올 수 있다. 아내가 차려주는 아침밥상, 길가에 피어 있는 민들레, 어린아이의 웃음 등, 이전까지 그 존재의 아름다움과 소중함을 느낄 수 없었던 이런 것들이 그 안으로 들어온다. 아들의 고민, 어머니의 건강 상태 등도 민감하게 느낄 수 있다. 그래서 노자는 비어 있음이 도에 가까우며, 차 있음盈이 도와 멀다고 말한다. 현대인은 어떠한가? 현대인의 마음은 분별심, 집착, 자만심으로 가득 차 있다.

도에는 이기심이 텅 비어 있다. 도에는 탐욕이 비어 있다. 도에는 기

---

422 『老子』, 「八章」.
423 『老子』, 「六十六章」.
424 『老子』, 「八十一章」.
425 『老子』, 「四章」.
426 『老子』, 「六十六章」.

필하고자 하는 마음이 비어 있다. 도에는 미워하고 집착하는 마음이 비어 있다. 그러므로 도와의 합치를 이룬 사람의 마음도 텅 비어 있어, 아름다운 계절의 변화나 친구의 기쁨 등과 같은 모든 것이 그 안으로 들어올 수 있다. 접하는 모든 것을 그는 잘 느낄 수 있고, 이에 대해 창조적으로 반응할 수 있다.

셋째, 도는 부드럽다.[427] 노자는 현대를 지배하고 있는 강강剛强의 철학과 상반하는 유약柔弱의 철학을 주창한다. 노자는 천하에서 가장 유약한 것이 가장 단단한 것을 부린다고 말한다.[428] 노자는 단단하고 강한 것은 죽음의 무리이고, 부드럽고 연약한 것은 삶의 무리라고도 말한다.[429] 또한 노자는 끊임없이 흐르는 부드러운 물이 마침내 단단한 바위마저 뚫어버리는 모습을 관찰하면서, 약하고 부드러운 것이 단단하고 강한 것을 이긴다고 말한다.[430]

넷째, 도는 순박樸하다. 노자는 도란 다듬지 않은 통나무처럼 진실하다고 말한다.[431] 자연은 자신을 더 멋지게 보이기 위해 꾸미지 않는다. 자연은 교활하지 않다.

노자는 이렇듯 '낮은 곳에 머묾', '비어 있음', '부드러움', '순박함' 등을 도의 성질로 간주하고, 이런 성질들을 구현하고 있는 사물들을 도에 가깝다고 찬양한다. 노자는 물이 도에 가깝다고 찬양한다. 물은 '낮은 곳으로 흘러가며 낮은 곳에 머묾', '부드러움', '다투지 않음' 등과 같은 도의 성질을 구현하고 있다. 골짜기는 노자가 자주 찬양하는 자연물이

---

427 『老子』, 「四十章」.
428 『老子』, 「四十四章」.
429 『老子』, 「七十六章」.
430 『老子』, 「七十八章」.
431 『老子』, 「十五章」.

나.⁴³² 골짜기는 '낮음'과 '비어 있음'의 덕을 갖추고 있다. 그래서 노자는 "골짜기의 신은 죽지 않는다."⁴³³라고 말한다. 또한 "최상의 덕은 골짜기와 같다."⁴³⁴라고 말한다. 여성이나 어린아이 역시 도의 성질을 갖추고 있는 존재인데, 이 둘은 '부드러움'이란 점에서 특히 그러하다. 노자는 말한다. "암컷은 항상 고요함으로 수컷을 이기며 고요함으로 아래가 된다."⁴³⁵

2) 도와 합치하는 삶이란

노자의 입장에서 보면, 이상적인 삶이란 도와 합치된 삶을 살아가는 것을 뜻한다. 도와 합치하는 삶을 노자는 무위無爲라고 명명했다. 무위란 인위人爲를 행하지 않는 것이다. 인위란 도와 어긋나는 행위를 말한다.

자연은 도와 하나이다. 그러나 자연에게는 도에 대한 자각이 없다. 의식의 발달로 바깥과 구분되는 자기에 대한 인식이 생겨나게 되는데, 이런 분리된 개체로서의 자아의식에 바탕을 둔 행위가 인위이다. 인위는 도와 어긋나는 행위이다. 무위는 도와 합치하여 도를 따르는 행위를 말한다. 그러나 무위는 자연과는 다르다. 자연과는 달리, 무위에는 도와 비도非道에 대한 자각적인 의식이 있으며, 행위자의 주체성이 있다. 그러므로 무위의 삶이란 인위의 과정을 통해서만 가능하다.

---

432 『老子』六章, 一五章, 四十一章 등에서 골짜기의 덕을 찬양한다.
433 『老子』, 「六章」.
434 『老子』, 「四十一章」.
435 『老子』, 「六十一章」.

그렇다면 도와 합치하는 무위의 삶이란 어떤 것일까? "무위란 '지금 여기'가 아닌 지금과 다른 미래에 대한 추구를 멈추고, '지금 여기' 속에 깊이 머물면서, 도와 하나가 되어 유행하는 삶을 살아가는 것을 말한다."[436] 무위의 삶을 살아가는 사람은 '지금 이 순간' 속에서 영원하고 무한한 우주와 접촉하며, 깊은 평화와 행복을 느낀다. 그는 지금 이대로 완전하며, 더 이상 도달해야 할 곳이 없다. 그래서 노자는 "도는 늘 무위이다."[437]라고 말했다. 누가 무위의 삶을 영위할 수 있는가? 수행을 통해 존재의 변화를 이룬 사람이다. 수행이 깊어갈수록, 무위의 삶에 가까이 다가갈 수 있다.[438]

무위의 삶은 다양한 양태로 표출된다. 첫째, 무위의 삶이란 '나다', '내가 했다' 등과 같은 나에 대한 집착이 사라진 대자유의 삶이다. 노자는 이를 다양하게 표현했다. "잘 다니는 이는 흔적이 없다."[439] "만물을 이루되 간섭하지 않고, 낳되 소유하지 않으며, 이루되 뽐내지 않고, 공을 이루되 거하지 않는다."[440] "낳되 소유하지 않고, 이루되 뽐내지 않으며, 공을 이루되 거기에 머물지 않는다."[441] "낳되 소유하지 않고, 이루되 뽐내지 않으며, 기르되 주재하지 않는다."[442] "공을 이루고 나면 몸은 물러난다."[443] "구제해주었다고 뽐내지 않고, 구제해주었다고 자랑하지 않고, 구제해주었다고 교만하지 않는다."[444] "이루되 뽐내지

---

436 홍승표(2011), 「老子의 이상적인 인간상과 새로운 노인상」, 『東洋哲學研究』 66.
437 『老子』, 「三十七章」.
438 홍승표(2011), 앞의 논문.
439 『老子』, 「二十七章」.
440 『老子』, 「二章」.
441 『老子』, 「二章」.
442 『老子』, 「十章」, 「五十一章」.
443 『老子』, 「九章」.
444 『老子』, 「三十章」.

않고, 공을 이루되 거기에 처하지 않으며, 현명함을 드러내려고 하지 않는다."[445]

　도와 합치하는 무위의 삶의 또 하나의 양태는 다투지 않는 삶이다. 노자는 책의 곳곳에서 '다투지 않음不爭'을 강조했다. 『노자』의 마지막 구절이 "성인의 도는 이루되 다투지 않는다."[446]이다. 또 노자는 "하늘의 도는 다투지 않고도 잘 이긴다."[447]라고 말했고, "오직 다투지 않으므로 허물이 없다."[448]고도 말했다. 노자는 이렇게도 말했다. "오직 다투지 않으므로 천하가 그와 더불어 다투지 않는다."[449] 노자가 살았던 춘추전국시대나 현대 말인 현시대나 경쟁과 갈등이 팽배해 있는 시기임을 감안하면, '다투지 않음'에 대한 노자의 강조는 시대적인 함의가 크다.

　도와 합치하는 삶의 양태의 하나는 사랑을 베푸는 삶이다. 하늘이 모든 존재를 덮어주고, 땅이 모든 존재를 실어주듯이, 무위의 삶을 살아가는 사람은 모든 존재를 사랑한다. 그는 자신에 와 닿는 모든 것을 향해 사랑을 발산하는데, 노자는 이를 "대도大道가 넘쳐남이여, 그 좌우로 넘치는구나!"[450]라고 표현했다. 그는 모든 생명체에게 도움을 베풀며 서비스로서의 삶을 살아간다.

　도와 합치하는 무위의 삶을 다른 각도에서 보면, 그것은 만족할 줄 알고知足, 멈출 줄 아는知止 삶이다. 노자는 이렇게 말했다. "족함을 알면 욕됨이 없고, 멈출 줄 알면 위태롭지 않으니, 가히 오래갈 수 있다."[451]

---

445 『老子』, 「七十七章」.
446 『老子』, 「六十一章」.
447 『老子』, 「七十三章」.
448 『老子』, 「六章」.
449 『老子』, 「二十二章」.
450 『老子』, 「三十四章」.

"화는 족함을 모르는 것보다 큰 것이 없고, 허물은 얻으려고 욕심을 내는 것보다 큰 것이 없다. 그러므로 족함을 아는 것의 족함이 늘 족한 것이다."[452]

무위의 삶을 살아가는 사람의 모습은 어떤 것일까? 그에게는 사심私心이 없다. 노자는 말했다. "천지가 영원할 수 있는 까닭은 스스로 살려고 하지 않기 때문이다. 그러기에 영원할 수 있다. 그러므로 성인은 그 몸을 뒤에 두기에 오히려 몸이 앞서고, 그 몸을 돌보지 않기에 오히려 몸을 보존한다. 이는 사사로움이 없기 때문이 아니겠는가?"[453] 그는 겸손해서 "빛을 감추고 티끌과 하나가 된다."[454] 그는 도움을 필요로 하는 모든 존재에게 도움을 베푸는 삶을 살아간다. "만물이 스스로 그러하도록 돕는다."[455] "키워서 길러주고 성숙시켜 여물게 하고 보살피고 덮어준다."[456]고 말한 것도 같은 맥락에서이다.

무위의 삶을 살아가는 사람의 모습을 압축적으로 묘사한 구절이 『노자』 35장에 나오는 '안평태安平太'라는 말이다. '안평태'란 '편안하고, 평화롭고, 태평함'을 말하며, 이는 무위의 삶을 살아가는 사람의 내면의 모습이다. 그렇다면 과연 무위의 삶을 살아가는 사람에게는 '안평태'에 대비되는 불안, 고통, 불운, 우울, 짜증 등이 없는 것일까? 그렇지 않다. '안평태'란 불안, 고통, 불운, 우울, 짜증 등이 모두 제거된 이후의 마음 상태를 뜻하지 않는다.

태풍이 지나가고 난 뒤 하늘은 구름 한 점 없는 청명한 모습을 우리

---

451 『老子』, 「四十四章」.
452 『老子』, 「四十六章」.
453 『老子』, 「七章」.
454 『老子』, 「四章」, 「五十六章」.
455 『老子』, 「六十四章」.
456 『老子』, 「五十一章」.

에게 보여줄 때가 있다. 우리 마음에도 가끔 이런 청명한 순간이 찾아온다. 하지만 보통 하늘에는 이런저런 구름이 덮여 있듯이, 우리 마음에도 불안, 고통, 불운, 우울, 짜증 등의 구름이 끼어 있을 때가 많다. '안평태'란 이런저런 마음의 구름이 끼어 있는 그대로 누리는 마음의 평화, 편안, 태평한 상태를 가리킨다.

어떻게 그럴 수 있을까? 그것에 매이지 않음으로써 가능하다. 무위의 삶을 살아가는 사람에게도 마음의 구름이 일어나지만, 그는 더 이상 그것에 속박되지 않는다. 그는 불안, 고통, 불운, 우울, 짜증 등에 함몰되지 않는다. 하늘에 구름이 생겨났다가 사라지듯, 마음에서 일어난 이 모든 것들이 잠시 나란 여관을 찾아온 손님임을 안다.[457] 그래서 찾아오면 맞아주고, 갈 때가 되면 보내줄 뿐, 거기에 함몰되지도 않고, 그것을 거부하지도 않는다. 그러므로 어떤 것도 그를 속박하고 지배하지 못한다. 이것이 바로 무위의 삶을 살아가는 사람이 누리는 대자유이다.

3) 도와 어긋난 현대인의 삶

도의 관점에서 보면, 현대인의 삶은 도와 어긋나 있으며, 지극히 소외되어 있다. 도와 합치하는 삶이 무위의 삶이라면, 현대인의 삶의 전형은 인위의 삶이다. 현대인의 자기 인식은 '분리된 개체로서의 나'이다. '분리된 개체로서의 나'는 출생에서 사망할 때까지만 존재하는 유한한 존재이고, 자신을 둘러싸고 있는 거대한 세계 앞에서 무력하고 무의미한 존

---

457 콘필드Jack Kornfield는 『깨달음 이후 빨랫감』(한문화, 2011)에서 페르시아 시인의 시를 인용하면서, 우리들이 경험하는 감정, 생각, 느낌 등 모든 것들이 우리의 여관을 찾아와 잠시 머무는 손님들임을 말한다.

재이다.

그러므로 현대인은 태생적인 무력감과 무의미감 그리고 유한성의 문제를 안고 있다. 그래서 무력감과 무의미감을 벗어나고, 유한성의 문제를 해결하기 위해 노력을 기울이는 것이 현대인의 삶의 중심을 차지한다. 필자는 이런 현대인의 삶을 '자아확장투쟁으로서의 삶'이라고 명명했다. '자아확장투쟁으로서의 삶'이란 '분리된 개체로서의 나'를 더 크고 더 높게 만드는 것을 목표로 살아가는 삶이다. 나를 더 크고 더 높은 존재로 만들기 위해, 현대인은 외모, 돈, 권력, 학력, 인기, 건강, 명품 등을 추구한다. 현대적인 추구의 양태는 다양하지만, 본질은 같다.

현대적인 관점에서 보면, '자아확장투쟁으로서의 삶'이란 불가피하고 정상적인 삶의 방식이다. 하지만 탈현대적인 관점에서 보면, 이것은 지극히 비정상적이고 소외된 삶의 방식이다. 비유하자면, 이것은 수없이 많은 금은보화를 갖고 있는 사람이 단지 몇 푼의 돈을 벌기 위해 온 삶을 소진하는 것과 같다.

탈현대적인 관점에서 보면, 인간은 무한한 공간과 영원한 시간을 자신 안에 품고 있는 우주적인 존재이다. 인간은 외모나 인기, 학력이나 값비싼 승용차나 명품 가방으로 치장해야만 자신의 가치를 입증할 수 있는 초라한 존재가 아니다. 이렇게 위대한 존재인 인간이 하찮은 것을 덧붙이기 위해 삶 전체를 낭비하고 있는 것, 그것이 바로 현대인의 도와 어긋난 소외된 삶의 모습이다. 그래서 노자는 도의 관점에서 도와 어긋난 소외된 삶에 대한 비판을 전개하며, 이것은 그대로 현대인의 삶에 적용된다.

도와 어긋난 소외된 삶의 양태로, 노자는 여러 가지를 지적하는데, 그중 하나가 만족을 모르는 삶이다. 노자는 적당한 선에서 만족하고 멈출 줄 아는 것이 도와 합치되는 삶이듯이, 만족하고 멈출 줄 모르는 깃이 도와 어긋나는 소외된 삶이라고 말했다. 이런 삶의 모습을 "쥐고 있으면서 더 채우려 함"[458]이라 했고, "이미 뾰족한 것을 다듬어 더 뾰족하게 함"[459]이라고 말했다.

노자는 또한 감각적인 것을 추구하는 것을 도와 어긋난 소외된 삶이라고 말했다. 노자는 결코 인간의 자연적인 본능을 부정하거나 억압해야 한다고 생각하지 않았다. 인간의 자연적인 본능이나 욕구는 도와 어긋난 것이 아니기 때문이다. 그러나 감각적인 욕망을 궁극적인 것으로 추구하는 것은 도와 어긋난 인위로 비판되었다. 노자는 이렇게 말했다.

"오색은 사람의 눈을 어둡게 하고, 오음은 사람의 귀를 멀게 하며, 오미는 사람의 입을 맛들이고, 말달리며 사냥질하는 것은 사람의 마음을 미치게 만드니, 얻기 어려운 재화는 사람의 행실을 헤살 놓는다."[460]

노자는 또한 분리된 자아로서의 내가 자신을 높이고 크게 만들고자 하는 모든 노력이 도와 어긋나는 소외된 삶임을 말한다. 노자는 말했다.

"발돋움하는 이는 제대로 서 있을 수가 없고, 뛰어넘는 이는 갈 수 없고, 스스로 드러내는 이는 밝지 못하고, 스스로 옳다고 하는 이는 드러나지 않고, 스스로 자랑하는 이는 공이 없고, 스스로 뽐내는 이는 오래가지 못한다."[461]

이것은 바로 현대인의 삶의 모습이다.

노자는 골짜기나 물의 비유를 통해 도는 낮은 곳으로 흘러가며, 낮은 곳에 머묾을 강조했다. 겸손함은 도와 합치하는 삶의 모습이라는 것

---

458 『老子』, 「九章」.
459 『老子』, 「九章」.
460 『老子』, 「十二章」.
461 『老子』, 「二十四章」.

이다. 그러므로 높은 곳을 향하고 높은 곳에 머물고자 하는 교만함은 도에 어긋난 소외된 삶의 모습이다. 그래서 노자는 "부귀하여 교만하면 스스로 허물을 남기게 된다."[462]라고 말했다.

4) 도와 합일을 위한 마음공부

도가적인 관점에서 볼 때, 이상적인 삶이란 도와 하나가 되어 무위의 삶을 살아가는 것이다. 그런데 현대인 대부분은 도와 어긋난 소외된 삶을 영위하고 있다. 이것은 정도의 차이는 있지만 노자가 살아 있던 당시에도 마찬가지였다. 그렇다면 어떻게 할 것인가? 여기에 대한 노자의 답은 '도와의 합일을 위한 마음공부'에 전념하는 것이다. 노자의 대책은 현재적인 그리고 미래적인 함의가 풍부하다. '도와의 합일을 위한 마음공부'에 전념하는 삶이란 노자 당대에는 소수의 유한계급에만 가능한 일이었으나, 여가 중심적인 삶의 양식이 확산되는 현금의 상황에선 누구에게나 가능한 선택이 되고 있기 때문이다.

노자는 "굽음이 온전함이고, 구부러짐이 곧음이고, 움푹 파임이 채워짐이고, 낡음이 새로움이다."[463]라고 말했다. 이 말 속에는 노자가 말하는 마음공부의 핵심이 담겨 있다.

마음공부의 핵심은 도와 어긋나 있는 '분리된 개체로서의 나'가 '나의 실체'라고 하는 생각과 집착에서 벗어나는 것이다. '분리된 개체로서의 나'(이후로 에고라고 칭함)는 자신의 틀 안에서 완전함을 추구한다. 현

---

462 『老子』, 「九章」.
463 『老子』, 「二十二章」.

재 에고가 직면하고 있는 문제가 없어지면, 나는 행복해질 것이라고 간주한다.

노자는 에고가 직면하는 문제를 굽음曲, 구부러짐枉, 움푹 파임窪, 낡음敝 등으로 표현했는데, 이는 다양한 양상으로 표출된다. 외적으로 보면, 인기의 추락, 파산, 건강 상실, 대학 입학시험에서의 낙방, 직장에서의 해고, 늙음, 죽음 등과 같은 것이 있다. 내적으로 보면, 우울, 불안, 무기력, 권태, 강박, 무력감, 무의미감 등과 같은 것이 있다. 관계의 측면에서 보면, 집단 내에서의 따돌림, 누군가가 자기를 싫어하고 미워함, 자신이 누군가를 싫어하고 미워함, 집단 내에서 고립됨, 관계 맺음의 어색함과 긴장감이 큼 등과 같은 것이 있다.

에고는 이런 좋지 않은 상황이 모두 해결되고 나면, 그때 비로소 '나는 행복해질 것이다.'라고 생각한다. 그래서 에고는 이런 모든 좋지 않은 상황에 저항한다. 저항하면 할수록 좋지 않은 상황은 더욱 자신을 지배하게 되며, 나는 불행의 늪에 빠져든다. 이것이 현대인 대부분이 처한 상황이다.

에고의 이런 대응에는 두 가지 결정적인 문제가 있다. 첫 번째 문제는 누구도 이런 나쁜 상황으로부터 자유롭지 못하다는 것이다. 예를 들어, 외적인 문제를 생각해보도록 하겠다. 운이 좋아 화목한 부잣집에 건강하게 태어났고, 외모도 지능도 성격도 아주 훌륭해서 순풍에 돛단 듯이 살아가는 사람이 있다고 가정해보자. 어쩌면 출가 이전의 석가모니 같은 경우가 여기에 해당될 것 같다. 그러나 그런 사람이라고 하더라도 늙음과 죽음을 피할 순 없다. 내적인 문제나 관계의 문제 역시 마찬가지이다.

두 번째 문제는 에고가 부딪치는 나쁜 상황을 창조적으로 해석할 수 없다는 점이다. 예컨대 내가 어느 날 갑자기 말기 암 선고를 받고 죽음에 직면하게 되었다고 하자. 여기에 어떤 좋은 것이 있는가? 에고에게 있어 '나쁜 것은 나쁜 것일 뿐이다.' 하지만 내가 직면한 나쁜 상황에는 커다란 의미와 하늘이 주는 선물이 담겨 있다.

『생의 마지막 순간, 마주하게 되는 것들』2012의 저자 기 코르노는 어느 날 갑자기 말기 암 선고를 받았다. 그는 땅이 무너지는 것 같은 충격과 절망감을 느꼈다. 그러나 어느 정도 냉정을 되찾고 나서, 그는 '내 인생에 암이 왜 필요했던 것일까?'라는 질문을 던진다. 그리고 마침내 그는 암이 전하는 메시지를 듣고, 자신에게 주어진 시련 속에 담겨 있는 선물을 받는다. 그는 진정한 삶에 접촉하게 되며, 모든 것으로부터 자유를 누리게 된다. 그러나 에고에게 있어서 시련은 자신을 무너뜨릴 나쁜 것일 따름이다.

그래서 노자는 '굽은 것을 버리고 온전해지려는 노력을 중지'할 것을 말한다. 에고의 눈에는 아무리 보아도 좋은 점을 찾을 수 없는 '굽은 것' 안에 이미 '온전하게 펴진 것'이 내재해 있다. 그 전제 조건은 '굽은 것'에 대한 저항을 멈추는 것이다. 노자는 이런 삶의 자세를 대순大順이라고 표현했다. '굽은 것'에 대한 저항을 멈추는 순간, '굽은 것'은 더 이상 자신에게 지배적인 영향력을 행사할 수 없다.

'굽은 것'에 대한 저항을 멈추는 것과 더불어, '굽은 것'을 통한 마음공부는 '굽은 것'에 함몰되지 않는 것이다. 에고는 늙음과 죽음과 같은 결정적인 '굽은 것'에 함몰될 뿐만 아니라 작은 비난, 작은 실패, 작은 불운 등 작은 '굽은 것'에도 큰 영향을 받으며, '굽은 것'의 노예가 된다. '굽은 것'에 대한 함몰로부터 벗어나기 위해서는 '굽은 것이 나'라는 착각으로부터 벗어나야 한다. '굽은 것'은 '나'가 아니라 나를 찾아온 '손님'이다. 하늘은 자신을 찾아온 구름이라는 손님을 결코 내치는 일이 없다. 오면 맞아주고, 가면 보내줄 뿐이다.

그리고 중요한 것은 '굽은 것'의 방문 속에 내재된 존재의 비약을 위한 기회를 잡는 것이다. 모든 시련에는 기회가 있다. 왜냐하면 모든 시련은 에고의 균열을 의미하며, 에고의 껍질에 균열이 생기는 것은 에고 안에 갇혀 있던 '참된 자기'가 깨어나 활동할 수 있는 기회가 되기 때문이다. 현대인 대부분이 그러하듯이, '에고가 나'라고 생각하면, 시련은 시련일 뿐 거기에는 어떤 좋은 것도 없다. 그러나 에고가 '참된 자기'의 태양을 가두고 있는 구름이라고 생각하면, 에고의 균열이야말로 정말 좋은 일이 일어날 수 있는 계기가 된다. 그리고 이때, 우리들은 삶에서 부딪치는 가장 나쁜 것을 가장 멋진 것으로 바꾸어놓는 삶의 연금술사가 된다.

이런 자가이 생겨나면, 굽음曲, 구부러짐枉, 움푹 파임窪, 낡음敝은 있는 그대로, 온전함全, 곧음直, 채워짐盈, 새로움新임을 알게 된다. 이때, 온전함全, 곧음直, 채워짐盈, 새로움新은 굽음曲, 구부러짐枉, 움푹 파임窪, 낡음敝과 상대를 이루고 있는 것이 아니다. 온전함全, 곧음直, 채워짐盈, 새로움新은 굽음曲, 구부러짐枉, 움푹 파임窪, 낡음敝과는 전혀 다른 차원에서의 체험이다. 이리하여 '곡즉전曲則全', '왕즉직枉則直', '와즉영窪則盈', '폐즉신敝則新'의 세계가 열리게 된다. 이것이 바로 도와 하나임을 회복한 삶의 의미이다.

바로 이런 맥락에서, 노자는 "환란을 제 몸처럼 귀하게 여겨라."[464]라고 한다. 그리고 "그 욕됨을 지켜라."[465]라고 한다. 자신에게 닥친 환란과 욕됨 속에 하늘이 주는 가장 값진 선물이 들어 있기 때문이다. 또한 노자는 '불상현不尙賢'을 역설한다. 여기서 '현賢'이란 현대인이 추구하는

---

464 『老子』, 「十三章」.
465 『老子』, 「二十八章」.

인기, 똑똑함, 지위, 돈, 외모 등을 모두 내포하는 말이다. 현대인이 갖고 싶어 하고 무언가가 그 안에 있을 것 같은 그곳엔 아무것도 없을 뿐만 아니라 '현'을 추구하는 그런 삶 자체가 소중한 인생의 낭비이기 때문이다.

자연에는 도 아닌 것이 없다. 지구라는 행성 위에서 도와 어긋난 것은 오직 인간, 그중에서도 자신을 분리된 개체로 인식하는 인간의 에고뿐이다. 그런데 오늘날 현대 세계관의 영향으로 인해 대부분의 현대인은 자신을 분리된 개체로 인식한다.

모든 현대적인 사회문제의 뿌리는 바로 이것이다. 인간이 자신을 분리된 개체로 간주하고 '자아확장투쟁'으로서의 삶을 살아감으로써, 자연이 파괴되고, 모든 관계가 무너지며, 스스로도 무척 불행할 뿐만 아니라 자신의 주변 사람들을 불행하게 만드는 소외된 존재가 되어버린 것이다. 그러므로 현시점에서 문명의 최대 과제는 '에고의 삶과 문명'으로부터 '참된 자기의 삶과 문명'으로의 존재 혁명을 이루는 것이다.[466]

바로 이런 시대적인 맥락에서 '노자의 도와 마음공부'에 대한 논의는 현재적인 그리고 미래적인 함의를 갖는다. 현대적인 삶과 문명의 근본적인 문제는 '도와 어긋나 있다.'는 점이다. 그리고 이런 문제를 극복해서 인간 존재가 다시 도와 합쳐질 수 있도록 기울이는 노력이 마음공부이다.

그렇다면 다시 도와 합쳐진 인간은 도와 어긋나기 이전의 자연과 동일한 것인가? 그렇지 않다. 발전론적인 관점에서 본다면, 도와 어긋난 인간의 삶과 문명이 자연보다 더 높은 단계이다. 물론 도와 합쳐진 인

---

466 홍승표는 『동양사상과 존재 혁명』(2011)에서 현시점이 인류의 존재 혁명을 이루어야 할 중요한 시기임을 역설했다.

간은 자연보다는 물론이고, 도와 어긋난 인간보다 훨씬 더 높은 단계이다.

자연과 도와 합쳐진 인간의 공통점은 무엇인가? 그것은 양자가 도와 합치한다는 점이다. 양자 간의 차이점은 무엇인가? 그것은 도와 합쳐진 인간의 경우 자각적인 의식과 행위의 주체성을 갖고 있다는 점이다. 도와 합치한다는 면에서 보면, 도와 합쳐진 인간은 도와 어긋난 삶과 문명 이전으로의 회귀를 뜻한다. 그러나 의식과 행위의 측면에서 보면 도와 합쳐진 새로운 인간은 현대적인 인간보다 훨씬 높은 곳으로 존재의 비약을 이룬 존재이다.

도와 합쳐진 새로운 인간은 도와 어긋난 현대적인 삶과 문명을 치유할 수 있으며, 우리가 사는 이 세상을 눈부시게 아름다운 곳으로 만들어갈 수 있다. 그는 사랑할 수 있는 존재이다. 그는 자신과 세계를 깊이 사랑하며, 그의 사랑은 불행하고 고통스러운 세상을 행복하고 아름다운 곳으로 변화시켜간다. 그는 겸손하고, 평화로우며, 모든 것을 깊이 이해하고, 용서한다. 그의 겸손이 경쟁과 갈등을 종식시키고, 그의 평화로움이 세상의 불화를 해소시킨다. 그의 깊은 이해와 관용이 이 세상의 반목을 없애나간다. 그는 세상을 향해 아름다운 미소를 보낸다. 그의 미소는 에고가 빠져 있는 심각성으로부터의 해방을 가져온다.

이와 같이, 노자 사상에는 현대의 문제를 근원적으로 해소시킬 수 있을 뿐만 아니라 문명의 비약을 이루어낼 수 있는 묘책이 담겨 있다. 이 장에서는 노자의 도와 마음공부라는 키워드를 갖고 노자 사상 속에 내장되어 있는 탈현대적인 함의를 구상화해보았다.

2. 화두선과 마음교육

1) 21세기는 마음교육의 세기

폴 버호벤 감독의 「토탈리콜」이라는 영화에서는 리콜이라는 시뮬레이션 장치로-주인공뿐만 아니라 관객들도-어느 것이 현실이고 어느 것이 가상인지 구별할 수 없도록 만들고 있다. 마치 장자가 꿈을 꾸었는데, 깨고 나니 장자가 나비 꿈을 꾼 것인지 나비가 장자 꿈을 꾼 것인지 구별되지 않는다고 하는 것과 같다. 영화만큼은 아니지만 요즈음은 컴퓨터를 잘 모르는 사람이라고 할지라도 가상현실, 버추얼 리얼리티, 사이버 스페이스 등의 단어를 알고 있다. 그리고 오락실에 가서 손의 움직임을 그대로 반영해주는 데이터 장갑Data Glove과 헤드셋VR Head Set이라는 장비를 이용하여 현실과 동일한 가상세계를 즐길 수 있게 되었다.

그러나 가만히 돌이켜 생각해보면 사이버 세계란 결국 우리의 마음이 만들어낸 허상에 지나지 않는다. 어둑어둑한 저녁 숲 속을 걸어가다가, 길에 떨어진 새끼줄을 뱀으로 보고 놀라는 것과 무엇이 다른가? 새끼줄을 뱀으로 만드는 것은 결국 우리의 마음이다. 그렇다면 우리 마음은 왜 새끼줄을 뱀으로 보는 것일까? 그것은 우리의 마음이 허하기 때문이다. 이때에는 조용히 눈을 마음속으로 돌려 무엇이 뱀을 만들었는지 살펴보아야 한다.

21세기를 정보화 사회, 정보 사회, 혹은 지식기반 사회 등 다양한 이름으로 부르고 있다. 이러한 사회에서 교육의 궁극적인 모습은 가상공간 속에서의 체험이 될지도 모른다. 학생들은 아마존의 환경을 공부하기 위해 가상공간 속에서 실제보다도 더 생생한 아마존의 자연을 체험할 수 있을 것이다. 또 조선시대의 정치사를 알기 위해 피비린내 나는 사화士禍를 사이버 공간에서 직접 경험해볼 수도 있을 것이다. 이러한 사이버 공간에서의 체험이 '아마존의 자연환경'이나 '조선시대의 사화'라는 책을 읽고 생각하는 것과 같은 것일까? 얼핏 생각하면 사이버 공간 속의 체험은 직접 경험과 같기 때문에 간접 경험인 책보다 훨씬 효과적일 것이라고 생각하기 쉽다. 그러나 책과 사이버 체험의 차이점은, 전자가 우리의 마음을 내부로 향하도록 한다면 후자는 외부로 향하도록 한다는 데 있다. 따라서 이러한 가상공간 속의 체험이 어떤 방식으로든 내 마음속에 거꾸로 비쳐지지 않는 한, 그것은 숲 속의 뱀과 같이 "헛것"에 지나지 않을 수가 있다. 백 년 묵은 여우가 아름다운 여자로 변신하여 우리의 정기를 빼앗아가듯이, 자신의 마음을 관觀하지 않는 사이버 체험은 우리의 마음을 더욱더 허하게 만들 뿐이다.

사이버 공간 말고도 21세기는 사람들의 정기, 마음을 뺏는 환경들로 가득 차게 될 것이다. 이러한 환경에서 마음을 잃지 않고 지키기 위해서는 자신의 마음을 관하는 공부가 무엇보다도 필요하다. 그래서 21세기를 '마음교육의 시대'가 될 것이라고 한다. 그리고 이러한 마음교육은 우리의 전통적인 불교교육에서 그 전형을 찾을 수 있다.

2) 불교교육의 출발로서의 중생심衆生心

불교교육은 유교교육과 함께 우리 전통 교육의 양대 기둥이라고 할수 있다. 그러나 어느 교육사 책을 보아도 유교교육에 대해서는 상세히 다루고 있지만, 불교교육이 어떻게 이루어졌는지 소개하고 있는 책을 찾아보기 어렵다. 그 이유에는 여러 가지가 있겠지만, 그중의 한 가지는 불교교육은 유교교육과는 달리 교육 내용이나 교육 기관 등에 있어서 그 정형을 찾기 어렵기 때문이라고 볼 수 있다. 왜냐하면 불교교육의 목적은 결국 자신의 마음공부를 통하여 깨달음에 이르는 것이고, 그 경지에 이르는 길은 헤아릴 수 없이 많기 때문이다. 그러나 마음이 깨달음에 이르는 주체이고 동시에 수단인 까닭에-비록 그 수행 과정은 다양하다고 할지라도-불교교육의 출발과 끝은 결국 자신의 마음이라고 할 수 있다.

불교의 입문서라고 할 수 있는 『대승기신론大乘起信論』[467]에서는 교육의 출발을 중생심衆生心이라 하고, 또 이를 "큰 수레大乘"라고 하고 있다. 큰 수레란 물론 "작은 수레小乘"에 대비되는 말로, 자신만의 깨달음이 아니라 여러 중생들을 함께 깨닫게 한다는 의미이다. 그렇다면 이 수레는 어디로 가는 수레일까? 이 수레는 깨달음의 세계, 해탈의 세계로 간다. 그런데 문제는 깨달음으로 가는 수레, 즉 중생심이 두 측면으로 구성되어 있다는 것이다. 그 한 가지는 진여眞如이다. 진여는 다른 말로 불성佛性이라고도 한다. 즉, '모든 생명체는 부처가 될 씨앗을 가지고 있다.'고 할 때의 씨앗이 바로 불성인 것이다.

중생심의 또 다른 측면은 생멸生滅이다. 생멸이란 우리 마음이 끊임없

---

467 마명馬鳴(1991), 이홍우 옮김, 『大乘起信論』, 眞諦 한역, 『大乘起信論』, 경서원.

이 상념想念에 시달리는 측면을 지칭하는 것이다. 모든 생명체는 생로병사生老病死라는 과정을 끊임없이 반복한다. 그리고 모든 무생물들은 이루어지고成, 진행하고住, 쇠퇴하고壞, 사라지는空 과정을 끊임없이 반복한다. 그리고 우리의 마음은 뭉게구름처럼 피어나고生, 그 생각이 한동안 머물며住, 다른 생각으로 변했다가異, 사라지는滅 과정을 끊임없이 반복하게 된다. 생멸이란 바로 우리 마음의 피어나고 사라지는 측면을 나타낸 것이다.

상념은 깨닫지 못함에서 피어난다. 깨닫지 못함을 무명無明이라고 한다. 즉 무명에서 우리의 온갖 상념이 나타나는 것이다. 상념 중에서 가장 근본적인 상념을 업식業識이라고 한다. 우리는 생전 처음 만난 사람인데 전에 어디선가 꼭 만난 것 같은 느낌을 가질 때가 있다. 혹은 처음 간 곳인데 전에 꼭 한번 와본 것 같은 느낌이 들 때가 있다. 심리학에서는 이를 기시감旣視感이라고 한다. 그러나 불교에서는 이를 전생의 업으로 설명한다. 즉 많이 본 것 같은 사람이나 장소는 전생에 함께 만났거나 살았던 사람이나 장소라는 것이다. 업식은 이와 같이 전생의 업에 의해 발생하는 상념이며, 따라서 가장 근원적인 상념인 것이다.

업식 다음에 생기는 상념을 전식轉識이라고 한다. 전식은 한마디로 '나'라고 하는 상념이다. 우리는 태어날 때부터 다른 어떤 것과 구별되는 나라고 하는 상념을 갖게 된다. 가령 아무리 얇고 몸에 착 붙는 옷을 입고 있어도, 그 옷을 나라고는 생각하지 않는다. 나는 그 옷 속에 있는 그 무엇이라고 생각하는 것이다. 그러나 과연 나라고 하는 항상적恒常的인 존재가 있기는 있는 것일까? 내 몸은 나일까? 아니면 나라고 생각하는 것이 나일까? 내 몸이 나라면 아침에 먹은 밥은 나일까 아닐까? 그것이 소화되기 전이면 내가 아니고 소화되었다면 나일까? 그러나 나라고 생각하는 내 몸은 끊임없이 생겨나는 세포와 끊임없이 소멸하는 세포의 연속선상에서 어느 지점에 불과하다. 즉 항상적인 나는 존재하지 않으며 따라서 그것이 존재한다고 생각하는 것은 잘못된 상념인 것이다.

전식에 이어 나타나는 상념이 현식現識이다. 현식은 인식 대상에 대한 상념이다. 즉 나와 구별되는 어떤 인식 대상이 있다는 상념이 바로 현식인 것이다. 현식 다음에 나타나는 상념이 지식智識이다. 지식은 현식에서 한 걸음 더 나아가 인식 대상을 서로 구별하려는 상념이다. 저 앞에 있는 나무가 이 앞에 있는 나무와 서로 다르다든지, 같은 나무라고 해도 이것은 줄기이고 저것은 잎이라든지 하는 식으로, 인식 대상을 서로 구별하는 상념이 지식인 것이다. 지식에서 한 발 더 나아간 상념은 상속식相續識이다. 상속식은 말 그대로 특정한 인식 대상에 대한 상념이 지속되는 것을 말한다. 내가 이 사람과 저 사람을 구별한다고 할 때, 다른 사람이 아닌 바로 그 사람에 대한 생각이, 공부를 할 때나 밥을 먹을 때나 계속될 때, 그것이 바로 상속식인 것이다. 그리고 이러한 상속식이 계속되다 보면 그 상속식의 대상을 소유하려는 생각, 집착하는 마음이 나타나게 된다. 이를 집취식執取識이라고 부른다.

집취식이 계속되면 어떻게 될까? 집취식이 계속되면 우리의 삶은 번뇌의 지옥이 된다. 백팔번뇌라는 말도 있듯이 인간의 모든 번뇌는 상념에서 비롯된다. 따라서 우리가 번뇌에서부터 벗어나려면 이러한 상념을 끊어버려야 한다. 집취식에 이어 상속식을 끊어버리고 다시 지식을 끊어버리고 현식, 전식 그리고 마침내 업식까지 끊어버리면 우리는 깨달음의 경지에 도달할 수 있다. 상념을 끊어버리는 것과 관련하여 앞의 세 가지, 즉 업식, 전식, 현식을 가는 상념細念이라고 하고 뒤의 세 가지, 즉 지식, 상속식, 집취식을 굵은 상념麤念이라고 부른다. 상속식이나 집취식은 워낙 강렬하기 때문에 쉽게 끊을 수 없을 것처럼 보인다. 그러나 굵은 상념은 굵기 때문에 오히려 우리 사신이 쉽게 알아차릴 수 있다. 그래서 오히려 쉽게 끊어버릴 수도 있다. 반면 가는 상념은 가늘기 때문에 쉽게 알아차릴 수가 없다. 우리가 어떤 생각을 할 때 '나'라고 하는 것을 빼고 생각할 수 있는가? 물론 불교의 한 갈래 중에는 우리의 일상적인 상념에서 '나'를 빼고 생각하는 것을 수련의 주요 방법으로 삼은 종파도 있다. 하지만 그러한 방법은 상념을 끊어버리기 위한 일반적인 방법은 아니다.

상념을 제거하기 위한 일반적인 방법을 선정禪定이라고 한다. 선정은 고요히 정좌하고 앉아 상념을 한 군데 집중했다가 그 집중된 생각마저 끊어버리는 것이다. 벽을 마주하고 9년간이나 앉아 있거나面壁九年, 밤이고 낮이고 일절 눕지 않은 채 수행하는 것長坐不臥은 모두 상념을 끊어버리기 위해서인 것이다. 이러한 선정을 통해 모든 상념을 제거하면 마음은 거울처럼 맑아지고 우주 삼라만상의 진리가 있는 그대로 마음에 드러나게 된다. 마치 숲 속에 있는 호수에 바람이 불면 물결이 일어 주위의 모습이 드러나지 않지만, 바람이 그쳐 수면이 거울처럼 잔잔해지면 주위에 있는 나무와 풀, 그리고 하늘의 별이 있는 그대로 비쳐지는 것과 같다. 가야산 해인사의 이름인 "해인海印"이 바로 이러한 비유에서 나온 이름이라고 한다. 즉 숲 속의 호수가 잔잔해지면 주변의 모습만이 비쳐지지만, 만약 넓은 바다가 말 그대로 거울처럼 잔잔해지면 우주 삼라만상의 모습이 있는 그대로 바다海에 새겨지게 된다印는 것이다.

우리의 마음이 잔잔해지면 모든 진리를 깨우칠 수 있게 된다는 것은 불교의 마음관 중에서 팔식설八識說에 근거하고 있다. 팔식설은 우리의 마음이 8가지 구조로 되어 있다는 주장인데 지금까지 동서양을 통틀어 마음에 대한 연구 중 가장 깊이 있는 것으로 알려져 있다. 팔식설에 따르면 인간의 의식은 전오식前五識, 의식意識, 말나식末那識, 아뢰야식阿賴

耶識으로 구성되어 있다. 먼저 전오식은 우리의 감각적인 의식이다. 우리가 흔히 오감이라고 하는, 눈으로 보고眼, 귀로 듣고耳, 코로 냄새 맡고鼻, 혀로 맛보고舌, 피부로 느끼는身 마음이 전오식이다. 제6식인 의식은 우리의 일상적인 사고과정을 말한다. 즉 생각하고 판단하고 추론하는 마음이 의식이다. 제7식인 말나식은 자기중심적인 사고를 말한다. 그래서 말나식은 프로이트의 무의식 이론 중 이드id의 특징과 같다고 한다. 그리고 마지막으로 우리 마음의 가장 깊은 곳에 아뢰야식이 있다. 아뢰야식은 다른 말로 장식藏識이라고도 하는데, 우리의 모든 말과 행동, 생각이 저장되는 장소이다. 가령 내가 지금 어떤 생각을 하는 순간, 그 생각은 씨앗이 되어 나의 아뢰야식 속에 저장된다. 행동이나 말도 마찬가지이다.

팔식설의 핵심은 바로 아뢰야식에 있다. 아뢰야식은 불교의 수행자들이 참선이나 요가를 통해 발견했다고 한다. 아뢰야식은 인간의 가장 심층적인 의식이고 그리고 모든 생명의 기초가 된다고 한다. 왜냐하면 아뢰야식은 현행의 생각만 저장되는 것이 아니라 생명체가 지금까지 무수한 윤회를 거치면서 생각하고 말하고 행동한 모든 것을 씨앗으로 간직하고 있기 때문이다. 그래서 이러한 아뢰야식의 특징을 "인간의 두뇌는 지구의 역사를 간직하고 있다."라는 대뇌 생리학자들의 주장과 같다고 말하는 사람도 있다. 즉, 진화론과 같이 인간은 아메바와 같은 단세포 동물에서 진화한 존재이기 때문에 인간의 아뢰야식 속에는 아메바 시절부터 물고기와 원숭이 시절까지의 경험이 모두 씨앗으로 존재한다고 할 수 있다는 것이다.

불교에서는 수행을 통해 자신의 아뢰야식을 볼 수 있다고 말하고 있다. 석가모니가 제자들과의 대화에서 자주 자신의 전생에 대해 얘기하듯이, 깨달음의 경지에 이르면 자신의 아뢰야식에 들어 있는 모든 정보를 알 수 있게 된다고 한다. 그 속에는 물론 전생의 자신이 경험한 모든 우주 삼라만상에 대한 정보도 들어 있는 것이다.

아뢰야식에 저장되는 경험이 모두 씨앗의 형태로 저장된다는 것은 그것이 현행에 다시 영향을 미치기 때문이다. 즉 내가 행한 행동은 그 즉시 나의 아뢰야식 속에 저장되었다가 나의 다음 행동에 영향을 미친다. 그래서 지금 나의 모습은 전생을 포함한 나의 생각과 행동과 말의 결과이고, 미래의 모습은 지금 나의 생각과 행동과 말에 의해 결정된다. 이 것이 바로 업보業報인 것이다. 선행을 계속한 사람은 그 사람의 생각과 말과 행동, 그리고 전체적인 모습에서 그것이 드러난다. 나이 마흔이 되면 얼굴에 책임을 져야 한다는 말은 이런 맥락에서도 이해될 수 있다.

3) 불교교육의 방법으로서의 훈습薰習

우리가 끊임없이 상념에 시달리는 것은 무명無明, 즉 깨닫지 못함이 부지불식간에 끊임없이 우리 마음에 영향을 미치기 때문이다. 이를 훈습薰習이라고 부른다. 훈습은 연기나 냄새가 몸에 배듯이 부지불식간에 영향을 끼치는 것을 의미한다. 삼겹살을 구워 먹고 들어가면 아내가 금방 알아차린다. 훈습은 삼겹살 냄새와 연기와 같은 것이다. 그러나 무명만이 내 마음을 훈습하는 것은 아니다. 우리 마음속에 불성이 있고 그것을 진여라고 한다고 했듯이, 진여도 끊임없이 우리 마음을 훈습한다. 정신없이 바쁘게 살아가다가 문득 '내가 이렇게 살아도 되는 것인가.' 혹은 '산다는 것이 정말 무엇인가.'라는 생각이 드는 것은 바로 이 진여가 훈습하기 때문이다.

진여의 훈습에는 두 가지가 있다. 하나는 자신의 마음속에 있는 진여가 훈습하는 것이고, 또 하나는 다른 사람의 진여가 훈습하는 것이다. 전자를 진여자체상眞如自體相 훈습이라고 부르고, 후자를 진여용眞如用 훈습이라고 부른다. 불교에서는 전자가 인因, 즉 내적 원인이 되고 후자가 연緣, 즉 외적 계기가 되어 이 두 가지의 결합에 의해 깨달음에 이를 수 있다고 한다. 진여용 훈습에 사섭四攝이라고 하는 것이 있다. 사섭은 베푸는 일布施, 격려하는 말愛語, 바른 행동으로 이끄는 일利行, 학습자의 수준에서 함께하는 것同事을 말하는데 이를 "교사의 자세"라고 부른다. 따라서 불교교육의 목표가 깨달음이라고 한다면 교육 방법이란 결국 진여의 훈습을 말한다고 할 수 있다. 그리고 진여의 훈습 중 진여자체상 훈습은 학습자 자신의 노력에 의한 것이고, 진여용 훈습은 교사의 역할이라고 할 수 있다.

훈습과 관련하여 한 가지 생각해보아야 할 문제가 돈오점수頓惡漸修이다. 성철 스님이 돈오점수가 아니라 돈오돈수頓惡頓修가 맞다고 해서 커다란 논쟁이 된 이 문제는 사실 훈습과 밀접하게 관련되어 있다. 돈오돈수의 입장에서는 깨달으면 곧 부처인데, 부처가 되어 또다시 무슨 수행이 필요한가라고 주장한다. 그러나 돈오점수의 입장에서는 깨달음이라고 하는 것은 무명에 의한 훈습이 더 이상 일어나지 않는 것, 달리 말해 더 이상 상념이 발생하지 않음을 의미한다고 본다. 비유하자면 다음과 같다. 즉 우리의 마음이 호수와 같다면 이 호수에는 두 개의 유입구가 있다. 한 유입구에서는 계곡에서 깨끗한 물이 흘러 들어오고, 또 한 개의 유입구에서는 공장 폐수와 생활 오수가 섞여 더러운 물이 흘러든다. 전자가 진여에 의한 훈습이고 후자가 무명에 의한 훈습이다. 깨달음이란 내 마음속에서 더 이상 상념이 일어나지 않는 것이기 때문에 더 이상 더러운 물이 내 마음의 호수에 흘러들지 않음을 말한다. 그러나 그렇다고 해서 내 마음이 바로 깨끗해지는 것은 아니다. 내 마음이 깨끗해지려면 계곡의 맑은 물은 계속해서 흘러 들어와야 한다. 다시 말해 깨달음 후에도 진여에 의한 훈습은 계속되어야 하고, 따라서 이를 점수라고 한다는 것이다.

진여자체상 훈습은 출가해서 머리를 깎은 후의 모든 활동을 통해 자신의 마음을 닦는 일이라고 할 수 있다. 정식으로 비구 혹은 비구니가 되기 전 단계에서 절 안의 온갖 잡일을 해야 하는 행자승의 일부터, 구족계를 받고 정식으로 비구나 비구니가 되어 전국을 돌아다니며 경전 공부와 참선을 하는 것도 모두 진여자체상 훈습이라고 할 수 있다. 그러나 역시 교육의 중심은 경전 공부와 참선이라고 할 수 있다.

신라와 고려사회의 불교교육에서 경전 공부와 참선을 통한 수행이 어떻게 이루어졌는지 자세히 알기는 어렵다. 다만 신라시대인 830~840년경 엔닌圓仁이라는 일본 중이 당나라에 가서 불법을 구한 「입당구법순례기入唐求法巡禮記」에, 장보고가 세웠다고 전해지는 적산원赤山院이라는 절에서 행해진 경전 강좌에 대해 소개하고 있어 당시 신라 사회의 경전 교육을 짐작케 한다.[468]

오전 8시경에 강의를 알리는 종을 쳐 대중들에게 알리고 얼마의 시간이 흐른 다음 대중이 강당으로 들어온다. 다시 대중에게 자리를 잡도록 알리는 종을 치면 강사가 법당으로 올라와 고좌에 앉고 대중은 같은 목소리로 탄불歎佛하는데, 그 음곡은 모두가 신라의 것이지 당음唐音이 아니다. 강사가 자리에 오르기를 마치면 탄불을 멈춘다. 이때 아래 자리에 있는 한 승려가 범패梵唄를 외는데 …… 범패 읊기를 마치면 강사가 불경의 제목을 읊으면서 그 제목을 삼문三門으로 나눈다. 제목의 풀이를 마치면

---

468 엔닌圓仁(1991), 신복룡 번역 주해, 『入唐求法巡禮行記』, 정신세계사.

유나사維那師가 앞으로 나와 고좌에서 먼저 오늘 모임의 이유를 설명하고 시주의 이름과 그가 바친 물건을 밝힌다. …… 발원을 마치면 논의자들이 질문을 제기한다. 질문을 하는 동안 강사는 주미麈尾를 들어 질문자의 말을 듣는다. 질문을 마치면 주미를 들었다 놓으면서 질문해준 것을 사례한 뒤 내답한다. 질문을 하고 그에 대답하는 방식은 일본과 같지만 다만 교리의 어려움을 지적하는 방식難儀式은 다소 다르다. 강사가 손을 옆으로 하여 세 번 오르내린 뒤 질문에 대답하기 전에 어떤 논의자가 갑자기 어려움을 제기하는데 그 목소리는 마치 화가 난 사람과 같아 한껏 외치며 논박한다. 강사가 그 어려움을 지적받고서 그에 대해서 대답하면 다시 어려움을 제기하지는 않는다. 논의를 마치면 독경에 들어간다. …… 강사가 예반禮盤에 올라가면 한 승려가 삼례를 외고 다시 대중과 강사가 한 목소리로 삼례를 따라 외운 뒤 법당을 나와 방으로 돌아간다.

[다음 날] 다시 복강사覆講師 한 명이 고좌의 남쪽 아래에 앉고 그 전날 강사가 강의한 문장에 대해 대화를 나눈다. 어떤 뜻이 있다고 여겨지는如含義 구절에 이르면 강사는 그 대목을 문장으로 만들어 그 뜻을 풀이하고 복강사가 또한 그것을 읽는다. 그 전날 강의한 문장講文의 읽기를 마치면 강사는 즉시 다음 문장을 읽는다. 매일 하는 일이 이와 같다.

위의 인용문에서 알 수 있듯이 불경에 대한 강의 의식은 오늘날 승가대학에서 이루어지는 '논강論講'이나 '문강問講'과 비슷한 형태로 진행되었음을 짐작할 수 있다. 그리고 위에서 강사가 강의할 경전을 삼문三門으로 나누었다는 것은 서분序分, 정종분正宗分, 유통분流通分을 말하는 것으로, 경전의 각 구절을 일일이 해석해준 것이 아니라 그 대강의 뜻을 나누어 강의했다는 것을 의미한다. 어쨌거나 질문자가 마치 화가 난 사람처럼 논박했다는 것을 보아 경전에 대한 강의는 매우 활발한 토론의 과정을 거쳐 이루어졌다고 생각된다.

신라 후기에 유입되어 우리나라 불교에 지대한 영향을 준 선종의 경우 경전 공부보다는 참선을 통한 깨달음을 중요시했다. 선은 자성自性을 깨닫는 그 자리에서 바로 부처가 된다고 하기 때문에, 어떤 교리나 경전을 논리적으로 탐구하여 들어갈 수 있는 경지가 아니라 깨닫는 공부를 열심히 하여 견성見性하면 부처가 된다는 것이다. 선의 기본 수행 방법은 우리 마음속에 일어나는 모든 상념을 끊어버리는 선정이다. 이러한 선정의 방법에는 크게 화두선話頭禪, 묵조선黙照禪, 염불선念佛禪의 세 가지가 있다. 화두선은 가장 많이 활용되는 선정의 방법으로 상념을 끊어버리기 위해 상념을 한 군데로 집중하기 위한 생각할 거리이다. 어느 소설에 나오는, '병 속에서 새를 키우다가 새가 커서 날려줄 때가 되었는데 병을 깨지 않고 새를 날려주는 방법은 무엇일까.'와 같은 딜레마도 유명한 화두 중의 한가지이다. 이 밖에도 "만법이 하나로 돌아가니 하나는 어디로 돌아가는가萬法歸一."나, "부모에게서 태어나기 이전에 너의 모습은 어떠한가父母未生前.", "죽어서 한 줌의 재가 되면 너의 주인공은 어느 곳에 있는가死了燒了." 등이나 "너의 눈앞의 현재 마음의 작용은 무엇인가目前一機一境." 등의 화두는 처음 공부하는 자에게 흔히 부과하던 것이었다. 묵조선은 아무 말도 하지 않고 자신의 마음을 관조하는 선정의 방법이다. 묵조선을 시작하면 수행자는 "묵언黙言"이라는 팻말을 방문에 붙여놓는다. 이후 그는 깨달음에 도달할 때까지 말을 하지 않는다. 염불선은 소리를 내거나 혹은 마음속으로 끊임없이 염불을 하면서 선정에 드는 방법이다.

선의 수행은 경전 공부와는 달리 근본적으로 수행자 스스로의 고행과 노력에 의해 이루어지기 때문에 스승의 역할이 중요하지 않을 것이라고 생각하기 쉽다. 그러나 거꾸로 경전에 대한 공부는 스승이 없이도 가능하지만 선은 반드시 스승이 있어야 가능하다. 왜냐하면 깨달음의 수준은 그 경지를 넘은 스승만이 알 수 있는 것이기 때문이다. 이런 측면에서 승가 교육, 특히 선원 교육에서 스승의 가장 중요한 역할은 제자의 수준이나 단계에 대한 정확한 평가라고 할 수 있다. 그리고 이러한 평가를 통해서만이 방棒과 할喝이라고 하는 수행 단계에서 수시로 나타나는 역치(閾峙, threshold)를 뛰어넘도록 하는 특단의 교육 방법이 이용될 수 있는 것이다.

방과 할이란 제자가 깨달음의 문턱에서 더 이상 진전하지 못하고 있을 때 몽둥이로 때리거나, 제자의 귀에 큰 소리를 질러 그 순간 깨달음의 문턱을 넘도록 하는 방법이다. 이를 다른 말로 '줄탁동시啐啄同時'의 교육 방법이라고도 하는데, 줄탁동시란 새가 부화하여 알을 깨고 나오려는 것과 어미 새가 새끼가 쉽게 나올 수 있도록 알 껍질을 부리로 쪼아주는 것이 동시에 일어나야 한다는 것이다.

이후 제자를 때리는 몽둥이는 길이가 5자, 넓이 1자 정도로 만들어져 "죽비"라는 이름으로 정착되었다. 죽비는 좌선할 때나 다리의 혈액 순환을 위해 경행經行할 때 스승이 사용하는 무기가 되었다. 먼저 좌선 중에 졸음을 참지 못하는 제자의 등을 칠 때 소리는 크고 아프지 않은 죽비가 효과적으로 활용되었다. 그리고 경행이 극도로 빨라졌을 때 갑자기 제자의 멱살을 잡고 화두에 대해 물어보고, 대답하는 말을 기다렸다가 바로 죽비로 치면서 다그치는 데 죽비가 아주 유용하게 사용되었던 것이다. 그렇다면 방과 할의 교육적 의미는 무엇일까? 이에 대한 답변에 앞서 방과 할의 배경이 되는 간화선의 의미를 먼저 살펴보기로 하자.

4) 간화선看話禪의 전래와 그 교육적 메커니즘

우리나라의 불교는 선종이다. 그중에서도 간화선을 위주로 하는 선종이다. 선종이 우리나라에 들어오기 시작한 것은 신라 중기부터이다. 최초로 전해진 선은 제4조인 도신(道信, 580~651)의 동산종東山宗이라고 한다. 동산종은 법랑法朗이라는 신라승에 의해 전해졌다. 그는 귀국하여 그 법을 신행(神行, 704~779)에게 전하고, 그 법은 다시 지증智證에게 이어져 마침내 9산선문九山禪門의 하나인 희양산파曦陽山派가 형성되었다. 그러나 지증의 희양산파와 조동종 계열인 이엄(利嚴, 870~936)의 수미산파須彌山派를 제외하고는, 신라의 9산선문은 모두 마조(馬祖道一, 709~788)의 홍주종洪州宗 계열이었다. 앞에서 제자를 발로 걷어찬 마조는 사실 육조혜능六祖慧能 이후 선의 역사에서 가장 중요한 인물이었다. 일찍이 육조 혜능(慧能, 638~713)은 제자인 남악(南岳, 677~744)에게 "그대의 발아래에서 말 한 마리가 나와 천하 사람들을 발길질로 차 죽이리라."라고 예언하였는데, 그의 말대로 마조는 중국 선종사에 있어서 위대한 스승이 되어 수많은 제자들을 깨달음의 길로 인도하였다.

홍주종의 전래는 신라의 도의선사道義禪師에서 시작된다. 도의는 선덕왕 5년(784) 당으로 들어가 강서의 홍주洪州 개원사開元寺에서 마조의 제자 서당지장(西堂智藏, 735~814)의 법을 받았다. 그리고 다시 "하루 일하지 않으면 하루 먹지 마라一日不作 一日不食."는 백장청규百丈淸規로 유명한 마조의 또 다른 제자 백장회해(百丈懷海, 720~814)에게 참배하고, 헌덕왕 13년(821) 귀국했다. 도의의 법은 염거廉居와 체징體澄을 거쳐 후에 가지산파迦智山波를 형성하였다. 또한 도의와 함께 서당에게서 공부한 홍척洪陟은 지리산 실상사를 개창하여 실상사파實相山波를 만들었으며, 혜철(惠哲, 785~861) 또한 헌덕왕 6년(814) 서당에게 심인心印을 받아 후에 동리산파桐裏山派를 만들었다. 그 밖에 마조의 또 다른 제자 장경회휘章敬懷暉에게 법을 받고 봉림산파鳳林山派를 만든 현욱(玄昱, 787~868), 마곡보철麻谷寶徹의 법을 이은 성주산파聖住山派의 무염(無染, 800~888), 남전보원南泉普願의 선을 전한 사자산파獅子山派의 도윤(道允, 798~868), 염관제안鹽官齊安의 선을 전한 사굴산파闍崛山派의 범일(梵日, 810~889) 등, 이들은 모두 마조의 선을 신라에 보급하였던 것이다.[469]

고려시대에도 많은 승려들이 중국에 들어가 선을 수학하였다. 특히 혜거慧炬와 그의 제자들에 의해 유입된 법안문익法眼文益의 법안종은 고려 초의 선풍 흥기에 크게 기여하였다. 그러나 법안종은 대각국사 의천(義天, 1055~1101)이 천태종을 세우자 모두 천태종에 흡수되고, 고려 중기에는 다시 보조국사 지눌(知訥, 1158~1210)이 나와 선풍을 크게 진작하였다. 지눌은 중국의 다양한 선과 신라의 선, 그리고 화엄을 중심으로 한 교학을 융합한 조계曹溪 선풍을 진작하여 우리나라의 독자적인 선사상을 정립하였다. 특히 지눌에 의해 강조된 간화선은 진각혜심(眞覺慧諶, 1178~1234)을 거쳐 절정에 달해, 중국보다는 오히려 고려에서 그 전통이 계승되고 일반화되었다. 간화선은 오늘날에도 우리나라 승려들의 참선수행에 있어서 주된 실천 방법이다.

간화선은 화두라는 교육적 메커니즘을 만들어놓고 그 속에 제자를 밀어 넣는 교육 방법이다. 화두라는 말 자체가 "말話" "이전頭"을 의미하듯이 화두는 논리적으로 따져서 이해할 수 있는 것이 아니며, 따라서 말이나 글로 설명해줄 수 있는 것도 아니다. 그러나 모든 화두는 궁극적으로 한 가지 문제, 즉 "나의 참 자기己는 무엇이며 어디에 있는가?"라는 의문으로 모아지도록 설계되어 있다. 깨달음이란 결국 이러한

---

469 가마타 시게오(1994), 신현숙 옮김, 『한국불교사』, 민족사.

화두를 "깨뜨려버리는" 것으로, 간화선은 결국 자신의 전 존재를 건 의심과 이 의심의 타파라고 하는 두 개의 단계로 수행의 단계를 단순화하였던 것이다.

화두에는 부처와 역대 조사들이 겪은 깨달음과 관련된 모든 일화가 포함된다. 따라서 화두의 총수는 1,700여 개에 달한다. 그러나 수행하는 자가 자신이 붙들고 씨름하는 하나의 화두에 집중하여 그것을 깨뜨릴 수만 있다면 나머지의 화두들도 즉시 해결된다고 한다. 따라서 자신이 붙들고 있는 화두가 잘 해결되지 않는다고 해서 그 화두를 버리고 다른 화두로 옮아가서는 안 된다. 마찬가지로 결코 스스로에게 부과된 화두를 안이하게 긍정해서도 안 되며, 또 제멋대로 사려분별을 자행해서도 안 되며, 오직 모든 의식을 사려가 미치지 않는 곳에 집중시켜 마음이 화두 외에 다른 곳으로 달아날 수 없도록 해야 한다. 이를 송대의 유명한 선승인 대혜종고(大慧宗杲, 1089~1163)는 "마치 늙은 쥐가 소의 뿔 가운데로 들어가서 막다른 벽에 부딪치게 되는 것과 같은 것"이라고 표현하였다.

깨달음의 순간은 "갑자기 탁 트이면 하늘이 움직이고 땅이 놀랄 정도에 이른다."고 한다. 이처럼 자신의 전 존재를 던진 의심과 이의 타파는 매우 극적이며 또한 돌발적인 것이다. 깨달음의 체험은 지금까지 방죽에 갇혀 있던 물이 갑자기 둑이 무너져 흘러내리는 것과 같다. 즉, 마음의 작용을 구속하는 메커니즘이 사라져 마음이 거침없이 자유롭게 작용하여 숨어 있던 역동성을 유감없이 발휘하는 것이다. 또 나의 시야를 가리고 방해하던 모든 것이 사라지고 새로운 천지가 눈앞에 전개된다. 그 천지는 한없이 넓어져 시간의 궁극에까지 도달하며 지금까지 시간과 공간에 한정되어 있던 것들이 이 경지에 일단 들어서면 엄청난 활동의 자유를 체득한다. 그래서 마음의 활동 가능성은 그 한계를 가늠

할 수 없게 된다. 이러한 깨달음의 순간을 선승들은 다음과 같이 다양한 방식으로 표현하고 있다.

먼저 화지일성化地一聲이라는 표현이 있다. 여기서 화化는 부지불식간이라는 뜻으로 화지일성은 땅이 갈라지면서 번뜩 나오는 소리이다. 또 땅이 폭발하는 소리(噴地一發 혹은 爆地一聲), 홀연히 땅이 갈라지고 끊어짐忽然爆地斷, 홀연히 땅이 바스라지고 파괴됨忽然碎地破 등과 같이 자신을 버티고 있는 존재 기반이 허물어지는 것처럼 표현하기도 한다. 혹은 부대가 갑자기 찢어짐打失布袋, 통이 급작스레 터짐打破漆桶과 같이 비연속의 연속, 무분별의 분별을 체험하는 것으로 나타내기도 하며, 싹 쓸어버려 텅 비어버림掃破太虛空, 또는 온 누리가 허공처럼 쓸려가버림十方虛空悉消隕 등과 같이 자신을 구속하던 구질구질한 장애물들이 마치 장마에 쓸려가듯 눈앞에서 사라지는 것처럼 그리기도 한다.[470]

할喝은 "악!" 하고 큰 소리로 소리치며 꾸짖는 것이다. 마조가 백장에게 한 번 "할"했는데 그 소리를 들은 백장이 사흘이나 귀가 먹고 눈이 캄캄하였다는 기록이 있듯이, 할의 기원도 역시 마조에서 비롯된다. '덕산방德山棒 임제할臨濟喝'이라는 말을 통해서 알 수 있듯이 할은 특히 임제종 계열의 선승들에 의해 많이 활용되었다. 할도 방과 마찬가지로 깨달음의 문턱에 도달한 제자에게 흔히 사용하는 교육 방법이었던 것이다.

그러나 방과 할은 문자적 의미에 한정되어 반드시 몽둥이로 때리고 큰 소리로 꾸짖는 것만을 의미하는 것은 아니다. 『무문관無門關』이라는 책에 있는 '구지수지俱胝豎指'라는 화두를 살펴보자.[471]

---

470 스즈끼 다이세츠(1999), 서명석·김종구 옮김, 『가르침과 배움의 현상학-선문답』, 경서원.
471 스즈끼 다이세츠(1999), 앞의 책.

구지俱胝화상은 인제나 질문을 받으면 손가락 하나를 들어 보였다. 구지화상을 모시는 동자가 한 사람 있었는데 사람들이 그 동자에게 "화상이 어떤 설법을 하는가?" 하고 물으면, 동자도 또한 손가락 한 개를 들어 보였다. 구지화상이 이를 듣고 동자를 불렀다. 그리고 미리 준비한 날카로운 칼로 재빨리 동자의 손가락을 잘라버렸다. 동자는 너무 아파서 큰 소리로 울면서 뛰어나갔다. 바로 그때 등 뒤에서 구지화상이 동자를 불렀다. 동자가 머리를 돌려 뒤를 돌아보았다. 구지화상은 손가락을 하나 들어 보였다. 그때 동자는 홀연 깨달았다.

구지화상이 동자의 손가락을 자름으로써 동자는 막다른 골목으로 내몰렸다. 손가락을 잘린 후 구지화상이 손가락을 들자, 동자는 자신이 이제 스승의 흉내를 내는 것이 불가능함을 깨달았다. 그러자 흉내 내는 자신으로부터 해방되어 참된 자기로 우뚝 서고자 하는 용솟음이 일어났다. 구지화상이 몸과 마음의 모든 정기를 기울여 세운 손가락과, 그 것을 흉내 낸 손가락이 잘림으로 말미암아 동자는 자신의 낡은 껍질을 깨고 자유의 천지로 뛰어나갈 수 있었던 것이다.

5) 근접발달영역과 비계설정

구성주의 교육학의 용어 중에 근접발달영역Zone of Proximal Development 이라는 말이 있다. 이 말은 학습자가 혼자서 문제를 해결할 수 있는 현재의 인지영역에서 가장 가까이 있는 다음 단계의 잠재적 발달 영역을 말한다. 그런데 이 영역은 학습자 혼자서 쉽게 나아갈 수 있는 것이 아니라 반드시 교사의 도움을 받아야 도달할 수 있다고 한다. 비계설정 (飛階設定, scaffolding)이란 이러한 근접발달영역에 들어설 수 있도록 교사가 건너갈 수 있는 '발판'을 만들어주는 것을 말한다.

비계설정이 의미하듯 학습이란 벽돌을 쌓아가듯이 한 장 한 장 쌓아 올라가는 것은 아니다. 피아제의 조절assimilation이라는 개념이 의미하듯이 아동은 자신이 이미 가지고 있는 가설이나 개념적 틀을 가지고 설명할 수 없는 현상을 만날 때, 기존에 자신이 가지고 있는 가설을 버리고 새로운 가설이나 개념 틀을 형성하게 된다. 그때 새로운 가설이나 개념 틀의 형성은 비약적이고 돌발적으로 이루어지며, 상당한 심리적 갈등을 수반한다. 따라서 아동의 비계설정을 통한 근접발달영역으로의 성장 또한 심각한 심리적 갈등을 통해 이루어진다고 볼 수 있다.

이러한 비약을 불교교육에서는 역치閾峙, 즉 문지방이라는 말로 표현한다. 즉 학습이란 완만한 경사를 오르듯 축적되는 것이 아니라, 여러 단계로 나뉘며 또 단계마다 문턱이 있다는 뜻이다. 방과 할은 제자로 하여금 바로 이 문턱을 뛰어넘게 하는 방법이다. 스승의 입장에서 생각해보자. 수많은 낮과 밤을 수행하여 겨우 깨달음의 문턱에 도달한 제자가 지금 눈앞에 있다. 한 발만 내밀어 이를 뛰어넘기만 하면 바로 깨달음의 세계인데 그는 주저하고 있는 듯이 보인다. 이러한 제자를 보는 스승의 마음은 얼마나 안타까울 것인가?

물론 만두모형의 교육에서 깨달음은 궁극적으로 자기 자신에게 달려 있다. 사실 그것은 누구도 대신해줄 수 있는 것이 아니다. 다음의 일화를 살펴보자.[472]

향엄(香嚴, ?~898)은 백장의 제자로서 스승이 돌아가시자 위산(潙山, 771~853)의 처소로 갔다. 위산도 역시 백장의 제자이지만, 향엄보다 나이

---

472 스즈끼 다이세츠(1999), 앞의 책.

가 훨씬 많았기 때문이다. 이때 위산은 다음과 같이 향엄에게 물었다.

"함께 백장선사 밑에서 좌선을 했지만 너의 지혜가 상당히 뛰어나다는 것은 누구나 인정하고 있다. 그런데 지혜로 선을 이해할 수 있다면 그 이해 방법은 분별을 넘어서는 것이어야 할 것이다. 너에게는 선의 진리에 관해 별도의 깊은 통찰이 있다고 생각하는데, '삶과 죽음의 큰일生死大事'에 관하여 너의 견해를 한번 들려주지 않겠는가? '부모가 태어나기 이전의 너의 면목'에 대해 어떤 것인지 말해보라."

'부모가 태어나기 전의 면목父母未生前'이라는 화두도 매우 유명한 것이다. 그렇지만 이 말에 향엄은 아무런 대꾸도 할 수 없었다. 자신의 방으로 돌아와 스승 백장에게서 들은 여러 가지 설법에 관한 자료를 찾아보면서 좋은 답이 없을까 고민해보았다. 그렇지만 적당한 답을 발견할 수 없었다. 며칠을 고민하다가 그는 거꾸로 위산의 거처에 가서 그 답을 가르쳐달라고 부탁했다. 그러나 위산은 다음과 같은 말로 향엄의 부탁을 거절했다.

"실제 나로서도 너에게 마땅히 가르쳐줄 것이 없다. 만일 무언가를 가르쳐준다 하여도 후일 너는 도리어 코웃음 칠 것이다. 내가 말한 것도 결국 나의 깨달음일 뿐 너의 것은 결코 아니다."

이 말을 듣고 향엄은 매우 실망했다. 그는 사형인 위산이 인정머리라고는 조금도 없는 사람이라고 생각했다. 그러나 아무리 혼자 궁리해도 결론이 나지 않자 그는 결국 다음과 같이 다짐했다.

"선불교가 이렇게 지겨운 것이라면 모두 그만두고 지금까지 써왔던 기록을 모두 불살라버리자. 그리고 선에 대한 열정을 완전히 집어던져버린 후 앞으로 남은 삶, 세상을 등지고 고독한 불제자로서 생애를 마무리하자. 혼자 해결할 수도 없고 남으로부터 가르침도 받을 수 없다고 한다면 그것은 헛된 정열에 불과하지 않은가. 이제 그런 일에 마음 졸이지 않고 단지 비속한 중으로 남은 생을 보내리라."

이렇게 결심하고 향엄은 위산의 처소를 떠나 남양南陽 충국사忠國寺 절터에 작은 암자를 짓고 살았다. 어느 날 뜰 앞을 쓸고 있는데 기와 조각이 빗자루에 쓸려 대나무에 부딪쳐 "딱" 하는 소리가 났다. 그 소리와 함께 강렬한 섬광이 그의 가슴을 쓸고 지나갔다. 암자로 돌아온 향엄은 목욕을 하고 위산이 있는 곳을 향해 큰절을 하였다. 만약 그때 위산이 답을 자신에게 가르쳐주었다면 도리어 지금의 체험을 방해했을 것이라는 생각이 들자 더욱 감사하는 마음이 생겼다.

위의 일화에서 볼 때 구지화상이 동자의 손가락을 자른 것은 불필요한 짓이었는지도 모른다. 그래서 선불교에서는 이를 '노파심老婆心'이라는 말로 표현한다. 노파심이라는 말은 임제臨濟선사가 황벽黃檗선사 밑에서 깨달은 기연과 관련된 일화에서 나온다.

임제는 황벽의 밑에 들어가 3년간 한결같이 정진하였다. 이 모습을 보고 황벽의 수좌스님이 감탄하여 "너는 조실스님에게 들어가 법을 물은 적이 있는가?" 하고 물었다. 임제가 무엇을 물어야 할지 모르겠다고 하자, 수좌는 무엇이 불법의 정확한 뜻인지를 물어보라고 하였다. 임제가 바로 황벽에게 가서 이를 물었는데, 묻는 말이 끝나기도 전에 황벽은 대뜸 임제를 후려쳤다. 임제가 내려오자 수좌가 물었다.

"어찌 되었는가?"

"묻는 말이 끝나기도 전에 대뜸 내려치시니 무슨 뜻인지 모르겠습니다."

"그렇다면 다시 묻도록 하게."

다시 가서 물으니 황벽은 또 임제를 때렸다. 이렇게 세 차례를 얻어맞고 임제는 수좌에게 말했다.

"다행히 스님의 자비로 큰스님께 세 번 가서 물었으나 세 번 다 얻어맞았습니다. 저는 업장이 두터워 깊은 뜻을 깨닫지 못함을 스스로 한탄하고 이제 하직하고 떠나야겠습니다."

수좌가 말했다.

"가려거든 큰스님께 인사나 하고 가게."

임제가 하직 인사를 하자 황벽이 말했다.

"다른 곳으로 가지 말고 고안高安 여울가의 대우大愚스님에게 가거라."

임제가 대우스님께 이르자 대우가 물었다.

"어디서 왔느냐?"

"황벽 밑에 있다가 왔습니다."

"황벽이 무슨 말을 하던가?"

"제가 세 번 불법의 긴요한 뜻을 묻다가 세 번을 다 얻어맞았는데, 저에게 어떤 허물이 있는지 모르겠습니다."

이때 대우스님이 말했다.

"어허 황벽이 그토록 간절한 '노파심'으로 너 때문에 수고하였는데 다시 여기까지 와서 허물이 있고 없고를 묻느냐?"

이 말에 크게 깨우친 임제는 황벽에게 되돌아와 그 법통을 이었다.

노파심이란 말 그대로 손주를 걱정하는 할머니의 마음이다. 손주의 입장에서 보면 할머니가 걱정하는 말은 불필요한 잔소리로 들릴 것이다. 위의 일화에서 임제는 아마 황벽이 때리지 않아도 저절로 깨달음에 도달했을지도 모른다. 그러나 만약 그렇지 않다면 어쩔 것인가?

방과 할이 가능하기 위한 가장 중요한 조건은 스승이 제자의 학습 단계를 정확히 파악하고 있어야 한다는 것이다. 문턱에 도달하지 못한 제자에 대한 방과 할은 말 그대로 폭력일 뿐이다. 선종의 교사론敎師論

을 체계적으로 정리한 회산계현晦山戒顯은 『선문단련설禪門鍛鍊說』이라는 책에서 승려를 가르치는 장로의 가장 중요한 임무는 제자들의 근기根機, 즉 학습 단계를 정확히 파악해야 하는 것이라고 하였다.[473]

> 선중禪衆에 들어오면, 먼저 날카로운 관찰력으로 인재의 고하를 감정하고 다음에는 갖가지 기략으로 학인學人의 깊고 얕음을 시험하여 주인과 손을 세우고 일문일답으로 끊임없이 혼란을 주어 그 지혜의 여부를 살피면 학인의 근기가 저절로 드러난다.

6) '마음공부법'이라는 교과와 당의정식 교육

전통적 마음교육의 핵심은 '마음이 일어나는 곳을 관찰하는 것'이다. 대안학교의 하나로 알려진 경주 화랑고등학교에는 다른 학교에는 없는 교과목이 하나 있다. 그것은 '마음공부법'이라는 과목이다. 이 과목은 1998학년도에 신설된 6단위 특성화 필수 과목으로, 화랑고등학교를 화랑고등학교이게 하는 가장 중요한 과목이다.

마음공부법의 교과는 주로 마음대조 일기의 작성과 이에 대한 지도교사의 감정으로 운영된다. 이 교과를 듣는 학생들은 누구나 마음대조 일기를 써야 한다. 마음대조 일기는 "생활하면서 겪게 되는 많은 사람, 사물, 상황, 환경, 일을 따라 일어나는 마음의 상태와 변화의 작용을 면밀히 바라보고 그것을 일기로 기재"하는 것이다. 여기서 자신의 마음의 변화를 알아차리는 것을 '경계 발견'이라고 하는데 이것이 이 과목의

---

473 晦山戒顯(1996), 然觀 역주, 『禪門鍛鍊說』, 불광출판사.

핵심이라고 할 수 있다. 화랑고등학교에서 자체 제작한 『마음공부』라는 교과서에 실린 일기를 한 부분 소개하면 다음과 같다.[474]

> 가게를 보다 피곤해서 잠깐 누웠는데 깜박 잠이 들었다.
> "아저씨 색종이 주세요." 하는 소리에 깜짝 놀라며 잠이 깬다. 약간의 짜증이 올라온다.
> "아, 이런 경우에 이런 마음이 나오는구나." 그 순간 마음을 본다.
> 다시 누웠더니 누가 또 올까 봐 근심이 된다.
> "아, 이런 경우엔 이런 마음이 나오는구나." 그 순간 마음을 본다.
> 한참을 누웠는데 아무도 안 오니 편하다.
> "아, 이런 경우엔 이런 마음이 나오는구나." 그 순간 마음을 본다.

인도에는 요가와 베다 경전을 교육하는 중등 단계의 전통 교육 기관으로 구루꿀이라는 것이 있다. '구루'라는 말은 본本이라는 말이다. 따라서 이곳은 학생들이 교사를 본받는 곳이다. 학생들은 새벽 4시에 일어나서 베다 경전을 암송하고 찬물로 목욕하는 것으로 일과를 시작한다. 교육 내용에는 불火에 대한 기도와 요가 수업, 그리고 나우덤이라는 전통무예, 또 물가나 바위에 앉아 명상을 하는 것 등 다양한 내용이 포함된다. 특히 명상은 침묵하는 법을 배우는 것으로, 이 학교에서는 침묵하는 법을 배우는 것이야말로 진실한 말을 하는 인간이 되는 가장 중요한 방법으로 간주하고 있다.

또 불교가 국교인 태국에서는 중등 단계의 연령에 도달한 아이들은 누구나 1년 정도 사미승이 되어 불교를 체험하도록 하고 있다. 이런 교

---

474 경주 화랑고등학교(1999), 『마음공부』.

육을 꼭 종교교육이라고 생각할 필요는 없다. 이러한 교육의 더욱 중요한 의미는 '질풍노도의 시기'라고 하는 중등 단계의 학생들에게 전통적인 수행 방법을 통해 자기극복과 자기 내면의 탐구를 할 수 있는 기회를 제공한다는 것이다. 우리나라에도 많은 절에 승가대학이 있고 또 참선 도량이 있다. 그렇지만 대부분 성인인 승려들을 교육하기 위한 곳으로 정말로 중요하고 꼭 필요한 중등 단계의 학생들을 위한 교육장이나 프로그램은 거의 없다고 할 수 있다. 물론 일부 사찰에서는 방학 중 참선 프로그램을 개설하여 중등학생들을 모집하고 있기는 하지만, 그 숫자도 적고 기간도 기껏해야 2박 3일이나 3박 4일에 불과한 실정이다. 인간의 본능과 욕구를 최대의 공략처로 삼는 후기 자본주의사회에서 학습자의 자기조절과 자기극복 능력은 어쩌면 자신을 보호하기 위한 유일한 수단일지도 모른다. 그리고 이러한 자기조절과 자기극복 능력은 일정 기간의 집중적인 교육을 통해서만 길러질 수 있는 것이다.

방과 할의 전제 또한 학습자의 끊임없는 자기극복 노력이라고 할 수 있다. 한마디로 공부는 학생 스스로 어려움을 참고 견디면서 해야 한다는 것이다. 자기 편한 대로 살아가려는 자, 혹은 자포자기한 자를 우리의 전통 교육에서는 최악의 학습자라고 한다. 같은 맥락에서 불교교육에서는 학습자의 자아실현을 목표로 하는 자연주의 교육을 '당의정식 糖衣錠式 교육'이라고 비판한다. 당의정은 약을 먹기 좋게 달콤한 껍질로 싼 것으로, 자연주의 교육에서 학습자의 흥미나 동기를 고려하여 그들이 먹기 쉬운 형태로 교육이 이루어지고 있음을 비판하는 말이다.

교육이 학습자가 가지고 태어나는 소질과 능력을 최대한 발현할 수 있도록 도와주는 것이어야 한다는 주장은 일면에서는 매우 타당하다고 볼 수 있다. 특히 입시 위주의 획일적 교육이 지배하고 있는 우리나라의 경우, 학습자의 다양한 능력을 신장시켜 자신의 소질과 취미에 맞는 교육이 이루어져야 할 필요는 어느 나라보다 절실하다고 할 수 있다.

하지만 자아란 실현해야 할 대상이기도 하지만 한편에서는 극복해야 할 대상이기도 하다. 학습자가 원하는 것, 혹은 원하지 않더라도 온갖 방법으로 흥미를 유발하여 가르치는 것은 방법론적으로는 상당한 효과가 있을 것이다. 그러나 그것은 한편으로는 학습자 스스로 어려움을 극복했을 때 느낄 수 있는 성취감을 박탈하는 것이 될 수도 있다. 높은 산의 정상에 올랐을 때의 감격은 오르는 도중의 숱한 어려움이 있었기 때문에 가능한 것이다. 케이블카로 정상에 올랐을 때 이와 같은 감격을 느낄 수 있겠는가? 왜 우리 조상들은 "젊어 고생은 사서도 한다."라고 했을까?

3. 유식 30송과 마음교육

1) 교육학의 불가사의

교육학의 한 가지 불가사의는 실제 교육의 대상인 아이들은 미래에 살아갈 것인데, 대부분의 교육학자들은 오로지 과거와 현재만을 연구 대상으로 삼고 있다는 것이다.[475] 아이들이 살아갈 미래도 현재와 다르지 않다고 생각하기 때문일까? 그러나 칼릴 지브란의 말대로 우리의 아이들은 우리가 결코 다가갈 수 없는 세계에 살고 있다. 미래는 이미 아이들의 삶 속에 들어 있다. 교육학자들은 그 다가갈 수 없는 세계에 살고 있는 아이들이 무엇을 배워야 하는지에 대해서는 별 관심이 없는 것처럼 보인다. 그런데 우리는 정말 아이들의 세계에 다가갈 수 없을까? 우리 아이들이 살아갈 세계는 정말 우리의 힘이 미칠 수 없는 곳일까?

그렇지 않다. 우리가 살고 있는 근대는 17~18세기 계몽주의자들의 설계에 의한 것이다. 프랜시스 베이컨을 위시한 근대 계몽주의자들은, 스

---

475 혹시 아동 중심 교육론자들은 아동을 교육의 중심이라고 생각하기 때문에, 그들이 살아가야 할 미래를 중요시한다고 생각할 수도 있다. 그러나 뒤에서 다시 언급할 것이지만 노동 중심에서 여가 중심으로 전환되는 미래 사회의 삶의 구조를 전제로, 아동교육을 논의하는 학자는 거의 없다고 생각된다. 즉 아동 중심 교육론자들은 지금 여기에 있는 아동 그 자체를 중요시한다.

콜라 철학에 의해 신에 종속되었던 인간의 이성을 복권시켜 이를 토대로 근대를 설계하였다. 이들이 설계한 계몽의 기획은 두 가지 방향으로 추진되었다. 그 한 가지는 기존의 비합리적 제도와 관행을 철폐하고 이를 대신할 합리적인 대안을 설계하는 것이고, 또 한 가지는 과학과 기술의 발전을 통하여 억압되었던 인간의 욕망을 충족시키는 것이었다.

근대 계몽주의자들이 근대를 설계할 때 백지 상태에서 출발한 것은 아니다. 루소가 그의 『참회록』에서 『플르타르크 영웅전』을 즐겨 읽었다고 했듯이, 계몽주의자들이 모델로 설정한 사회는 고대 그리스와 로마 사회였다. 근대 계몽주의자들은 자신들을 '고대라는 거인의 어깨 위에 올라앉은 근대라는 작은 난쟁이'라고 생각하였다. 이러한 고대에 대한 숭배는 이에 대한 저항을 불러왔으며 17세기 후반 격렬한 신구 논쟁 Querelle des Anciens et des Modrenes 을 일으켰다. 이 논쟁을 이끌었던 대표적인 인물인 베이컨은 다음과 같이 말했다.[476]

고대성에 관해 말하자면 사람들이 그것을 다루면서 가져왔던 견해는 무척이나 태만한 것이었으며 단어 자체와 거의 조화되지 않는 것이었다. 왜냐하면 이 세계의 경우에는 나이 먹음이 진정한 고대인으로 산정될 수 있기 때문이다. 그리고 이 나이 먹음이란 고대인들이 살던 여명기의 세계가 아니라 바로 우리 시대의 속성이다. 비록 우리의 입장에서 그것이 더 나이가 많은 것일 수 있다 하더라도 세계라는 견지에서는 그것이 더 젊은 것이다.

이러한 근대에 대한 옹호를 그대로 받아들여 데카르트는 "우리가 바

---

476 M. 칼리니쿠스(2001), 이영욱 외 옮김, 『모더니티의 다섯 얼굴』, 시각과 언어.

로 고대인이다."라고 말하였다. 이는 고대인들에게 바쳐졌던 찬미를 진정한 의미에서 고대인이라고 할 수 있는 근대인들에게 돌려야 마땅하다는 것을 의미한다. 어쨌거나 이러한 논쟁을 통해 우리는 근대 계몽주의자들이 고대 그리스 로마 사회에 얼마나 의존하고 있었는지를 잘 알 수 있다. 그러나 그들이 고대인들을 찬양했다고 해서 고대 사회 자체를 그대로 근대로 재현하려고 했던 것은 아니다. 그들은 그리스와 로마의 사회에서 근대의 토대가 되는 자유와 민주, 인권과 개인 등의 이념을 추출하여 근대 사회의 설계 자료로 활용하였다.

그러나 이들이 설계한 근대는 지금 위기에 봉착해 있다. 자유와 민주, 그리고 인권을 중심으로 하는 근대의 이념은 인간의 내적 욕망을 팽창시켜 개인과 개인, 집단과 집단, 국가와 국가, 종교와 종교 간의 갈등을 오히려 증대시키고 있다. 또한 욕망 충족을 위한 과학기술의 발전은 자연의 황폐화와 더불어 지구의 종말을 재촉하고 있다. 때문에 전세계의 많은 연구소와 개별 학자들이 근대 이후를 설계하는 작업을 진행하고 있다.[477] 그렇다면 근대 이후를 설계하는 우리가 참조해야 할 사회 혹은 이념은 무엇일까? 또한 교육에 있어서 미래의 설계는 어떻게 이루어져야 할까?

근대 이후를 설계하는 작업을 하고 있는 많은 사람들은 근대적 인간의 삶을 고생산-고노동-고임금-고소비-저여가의 구조로, 탈근대적 삶을 저생산-저노동-저임금-저소비-고여가의 구조로 규정한다. 이러한 삶의 구조 변화에 기초하여 그들은 탈근대의 설계에 동양의 전통 사상을 기본 자료로 활용하고 있다. 나는 근대 사회의 교육모형을 도토리모

---

477 여기서 탈근대는 포스트모더니스트들이 주장하는 탈근대가 아니라 근대 이후를 말하는 것이다. 그래서 영문으로는 after-modern으로 표기하고 있다.

형과 주물모형으로 규정한 바 있다.[478] 그리고 이에 대비되는 동양의 전통적 교육모형을 만두모형으로 명명하였다.[479] 만두모형의 핵심은 우리가 추구해야 할 궁극적인 진리가 이미 우리 안에 들어 있다는 것이다. 만두모형은 단순히 서구의 근대적 교육모형에 대비되는 전통적 교육을 설명하기 위한 것은 아니다. 그것은 근대 교육의 모순을 극복할 근대 이후의 교육모형이다. 만두모형 교육관의 핵심은 교육은 학습자로 하여금 '나는 누구인가?'를 탐구하도록 해야 한다는 것이다.

우리는 나는 누구인지 잘 알고 있다고 생각한다. 그러나 막상 누가 '당신은 누구입니까?'라고 물으면 무엇이라고 대답할 것인가? 대부분의 경우 자신의 직업으로 대답한다. 이것은 우리가 살고 있는 근대가 노동을 중심으로 설계되었기 때문이다. '당신이 하는 일 말고 당신 자신이 누구인가를 대답해보라.'라고 요구하면, 사람들은 자신의 몸이 '나'라고 답변한다. 최근 몸짱 열풍이 불고 있듯이 자신의 몸이야말로 의심할 여지없이 자기 자신이라고 생각하기 때문이다. 그러나 내 몸은 어머니 뱃속에서 나올 때 3~4Kg에 불과했지만, 지금의 나는 그것의 20배에 가깝다. 지금 내 몸의 대부분은 내가 먹은 음식물에 불과한 것이다. 사실 우리 몸을 구성하고 있는 세포는 매일 70만 개씩 소멸하고, 같은 숫자

---

478 주물모형의 교육이란 교육을 통해 길러내고자 하는 인간상(주물)을 상정해놓고, 이러한 인간을 만들어내기에 적합한 교육 내용을 쇳물을 부어 넣듯이 전달하는 교육모형이다. 이러한 교육모형은 우리나라의 60~70년대의 교육과 같이, 소품종 대량 생산이라는 전기 산업사회에 적합한 교육모형이다. 한편 도토리모형은 도토리가 자라 커다란 참나무가 되듯이 학습자는 태어나면서부터 각자 고유한 잠재 능력을 가지고 태어나며, 교육은 이러한 잠재 능력을 최대한 발현하도록 도와주는 것이라는 교육관이다. 이러한 교육관은 소위 정보화 사회라고 하는 다품종 소량 생산의 후기 산업사회에 적합한 교육모형이라고 한다.
479 만두모형의 교육관이란 만두피 속에 모든 것이 들어 있듯이, 학습자의 마음속에 이미 궁극적인 진리가 모두 완성된 형태로 들어 있다는 학습자관에 기초한 교육관을 말한다. 이러한 만두모형의 교육관을 분명하게 보여주는 것은 불교와 유교의 학습자관이다. 자세한 내용은 정재걸(2000), 『만두모형의 교육관』, 교육신문사 참조.

만큼 새로 생성되고 있다. 그래서 7년이 지나면 나는 탈피를 하는 동물과 같이 완전히 다른 몸을 가지게 된다.

내 몸이 내가 아니라면 '내 몸과 함께 지금까지 내 머릿속에 저장된 모든 기억이 바로 나다.'라고 답변할 수도 있다. 나의 지식, 감정, 느낌, 의지 등 나의 모든 경험들이 나라고 믿는 것이다. 그러나 축적된 기억과 경험이 과연 나일까?

마음교육이란 곧 '나는 누구인가?'를 탐구하기 위한 것이다. 그리고 불교의 유식은 나는 누구인가를 찾기 위한 가장 치밀한 노력의 결과이다. 유식은 현상적인 나와, 현상적인 세계를 넘어선 진정한 나와 세계를 탐구하는 학문이다. 이러한 유식의 이론을 간명하게 설명한 것이 바로 세친世親의 『유식 30송唯識 30頌』이다. 여기서는 『유식 30송』을 통해 진정한 나와 진정한 세계를 찾는 방법을 찾아보기로 한다.

2) 나는 생각이다

'나는 생각한다. 고로 존재한다.'는 데카르트의 말과 같이 나는 생각이다. 나는 지금까지 살아오면서 경험한 지식과 기억의 집적물이다. 존재하는 것은 모두 나의 생각 속에 있기 때문이다. 그렇다면 나의 생각이란 무엇일까?

> 제6의식은 항상 일어난다. 무상천無上天에 태어나는 것과
> 무상無想과 무심無心 2정二定에 들 때
> 그리고 잠잘 때와 기절했을 때는 일어나지 않는다.[480]

나는 의식이다. 내가 나를 의식할 때 나는 나다. 의식은 유식에서 제 6식이라고 한다. 보고, 듣고, 냄새 맡고, 맛보고, 피부로 느끼는 안이비 설신眼耳鼻舌身의 전5식은 경계가 있어야만 작용하지만, 제6의식은 바깥 대상과 상관없이 행주좌와行住坐臥와 일거일동一擧一動에 쉬지 않고 작용을 한다. 단 무상無想·무심無心의 두 선정禪定에 들었을 때와, 잠잘 때와 기절했을 때는 작용을 하지 않는다. 무상과 무심의 선정은 호흡이나 몸 혹은 마음의 작용에 집중하다가 어느 순간 그 집중의 대상이 사라지는 마음 상태를 말한다. 이때에는 의식이 작용하지 않는다. 다만 바라보는 마음, 알아차리는 마음만이 존재한다. 알아차리는 마음은 아는 마음, 즉 의식을 아는 것이다.[481]

수면睡眠은 잠을 자는 것을 말하는 것으로, 꿈을 꾸는 잠의 경우는 제6식이 활동하는 것이지만 깊이 잠이 들었을 때는 6식이 완전히 활동을 멈추게 된다. 민절悶絶은 기절이나 졸도와 같은 생리적 현상으로, 이 경우에도 의식이 작용하지 않는다. 수면과 민절로 인해서 6식이 정지되는 것은 잠시여서 잠이 깨거나 혼절에서 깨어나면 다시 6식이 작용을 하게 된다.

육식에 상응하는 마음작용에는 5변행五遍行,

5별경五別境, 11선十一善, 6근본번뇌六根本煩惱,

20수번뇌二十隨煩惱, 4부정四不定 등이 있다.

---

480 『唯識三十頌』, 「十六頌」.

481 알아차리는 마음을 위빠사나에서는 세 가지로 설명한다. 몸과 마음의 현상을 일어나는 즉시 바로 포착하는 즉관卽觀, 현상의 변화를 있는 그대로 지켜보면서 놓치지 않고 밀착하여 관찰하는 수관隨觀, 그리고 현상 이전까지 꿰뚫어 실상을 아는 직관直觀, 혹은 내관內觀이 그것이다. 김열권(1997), 『보면 사라진다』, 정신세계사.

이것은 모구 모두 고苦, 낙樂, 사捨 등 삼수三受와 상응한다.[482]

　나는 생각한다. 이 생각과 함께 온 세상이 함께 일어난다. 반대로 생각이 멈출 때 온 세상도 사라진다. 유식에서는 우리의 마음작용을 세밀하게 분석하고 있다. 특히 고통의 원인에 대한 분석이 상세하다. 이러한 세밀한 분석을 통해 우리는 마음을 치유하여 궁극적인 자유를 얻을 수 있다. 그렇기 때문에 우리는 고통을 두려워하거나 멀리해서는 안 된다. 고통은 우리에게 지혜를 가져다준다. 편안함과 행복은 오히려 우리가 '나는 누구인가'를 깨닫는 데 방해가 되지만, 고통이 있을 때 우리는 '나'라고 불리는 것을 관찰할 수 있기 때문이다.

　나는 생각한다. 고로 나는 번뇌한다. 내가 깨어 있을 때 내 의식은 잠시도 가만히 있지 않는다. 내 의식은 경계를 마주치면 끊임없이 탐내고貪, 사랑하고愛, 번뇌하고惱, 원망하는怨 등의 작용을 일으킨다. 이를 유식에서는 심소유법心所有法이라 하며 약칭하여 심소라고 한다. 마음의 작용인 심소를 유식에서는 모두 51개로 설명하는데[483] 제6식인 의식은 이 모든 마음의 작용과 관련된다.

---

482 『唯識三十頌』, 「九頌」.

483 51개의 마음작용은 5변행심소遍行心所와 5별경심소別境心所, 11선심소善心所, 6번뇌심소煩惱心所, 20수번뇌심소隨煩惱心所, 4부정심소不定心所 등이다. 변행이란 어디든지 작용하는 마음작용이며, 별경이란 모든 경계에 두루 나타나는 것이 아니라 각각의 경계에만 일어나는 마음작용이다. 선심소란 마음을 정화시키는 마음작용이며, 번뇌심소는 선심소를 방해하는 마음작용이다. 수번뇌는 근본번뇌에서 파생된 번뇌를 말하고 부정은 선과 악이 정해지지 않은 마음작용을 말한다. 이 모든 심소가 6식으로 더불어 상응하여 고수苦·낙수樂·사捨의 감정을 일으킨다. 말하자면 마음작용이 순경계順境界와 마주칠 때에는 즐거운 마음을 일으키며 이를 낙수樂受라 하고, 역경계(逆境界)와 마주칠 때에는 괴로운 마음을 일으키며 이를 고수苦受라 하고, 비순비역非順非逆의 경계와 마주칠 때에는 즐거움과 고통이 없는 담담한 마음을 일으키므로 이를 불고불락不苦不樂인 사수捨受라 한다.

근본번뇌根本煩惱에는 탐貪·진瞋·치痴·만慢·의疑·악견惡見이 있으며
수번뇌隨煩惱에는 분忿·한恨·부복覆·뇌惱·질嫉·간慳이 있다.[484]

　의식이 일으키는 근본번뇌의 출발은 탐貪이다. 탐貪은 탐욕이다. 나는
나 자신이나 대상에 대하여 집착, 즉 아집我執과 법집法執을 일으키고
항상 갈망하고 애착한다. 진瞋은 분노를 말한다. 분노는 자신이 탐하는
것, 자신이 욕구하는 것이 이루어지지 않으면 일어난다. 마음대로 자신
의 욕구를 발현하는 것을 '자유'라고 하고, 그러한 욕망을 실현하는 권
리를 '민주'라고 하는 근대 사회에서는 행복의 준거가 이러한 욕망의
충족에 있다. 그러나 근대자본주의라는 경제체제는 새로운 욕망을 끊
임없이 생산하여 소비를 자극하는 것을 동력으로 하기 때문에, 이러한
욕망의 충족은 점점 어려워지고 있으며, 그에 따른 분노도 점차 증가하
게 된다. 이것이 근대 사회의 근원적 모순이다. 치痴는 어리석은 마음이
니 곧 무명無明을 일컫는 말이다. 나도 없고我空 대상도 없다法空는 이치
를 깨닫지 못하고 탐하고 분노하는 그 자체가 나 자신이라고 믿는 것이
곧 치인 것이다.

　만慢은 아공의 이치를 깨닫지 못하고 '나'에 집착함으로써 다른 사람
을 경시하고 자신을 과시하는 것을 말한다. 의疑는 의심하는 것이다. 진
리와 깨달음, 그리고 자신이 그러한 깨달음을 얻을 수 있음을 의심하는
것이다. 이와 같은 탐·진·치·만·의를 5둔사五鈍使라 하는데, 둔鈍은 그
성질이 우둔하여 끊기가 쉽지 않음을 말하고, 사使는 치달린다는 뜻으
로 탐·진·치·만·의의 번뇌가 성난 말과 같이 끊임없이 치달려 모든 고
통을 받게 한다는 뜻이다.

---

484 『唯識三十頌』, 「十二頌」.

악견惡見은 그릇된 견해를 말한다. 근본 번뇌 6가지 중 탐·진·치·만·의의 5종을 5둔사라 하고 여섯 번째의 악견은 5리사五利使라 한다. 5리사는 이치를 어둡게 하는 견해라는 뜻으로 5견이라도 한다. 이 5견은 진리에 대한 미혹에서 일어나며 그 미혹의 정도가 매우 예리한 까닭에 리사利使라고도 한다.[485]

이러한 6개의 근본번뇌 외에 근본번뇌에 부수되어 일어나는 20가지의 수번뇌가 있다. 수번뇌는 다시 10종의 소수번뇌小隨煩惱와 2종의 중수번뇌中隨煩惱, 그리고 8종의 대수번뇌大隨煩惱로 분류된다.[486]

20세기 태국에서 가장 존경받는 선사인 아짠 문(Achan Mun, 1870~1950)은 "지식이나 경험, 사유만으로는 절대로 번뇌를 제거하여 깨달

---

485 5리사는 다음과 같다. ① 유신견有身見: 아견我見과 아소견我所見이다. 모든 인간은 오온의 화합에 의해 생겨나 마침내 적멸로 돌아간다는 것을 알지 못하고 내 몸이 실제 존재한다고 여겨 탐진치 등 번뇌를 일으킴을 아견이라 한다. 또 의식주 등을 소유함에 본래 정해진 주인이 없다는 것을 알지 못하고 자기의 소유로 집착하는 것을 아소견이라 한다. 아견과 아소견을 통칭하여 유신견이라 한다. ② 변견邊見: 사후의 세계를 추측하여 죽음 자체로 모든 것은 끝나고 일체가 존재하지 않는다고 여기는 것을 단견斷見이라 하고, 사후에도 영원불멸하여 다시 사람으로 태어난다고 여기는 것은 상견常見이라고 한다. 이 두 가지는 모두 양변兩邊에 치우쳐 중도中道가 아니기 때문에 변견이라 한다. ③ 사견邪見: 잘못된 생각, 삿된 생각이다. 사견 중에 가장 심한 것은 인과因果를 믿지 않는 것이다. 인과를 믿지 않으므로 악행을 자행하고 자신을 해치고 남에게 피해를 주기 때문에 사견의 피해는 매우 크다. ④ 견취견見取見: 자기의 견해는 옳고 다른 사람의 견해는 잘못된 것이라고 고집하는 것을 견취견이라 한다. ⑤ 계금취견戒禁取見: 계율에 집착하는 견해이다. 계율은 수행을 위한 수단임에도 불구하고 그 자체를 진리로 여겨 집착하는 것을 말한다.

486 20수번뇌는 다음과 같다. 1) 분忿: 역경계에 대하여 분개하고 분노심을 발하는 것으로 진의 한 종류이다. 2) 한恨: 분한 마음이 계속되어 원한의 독毒을 내는 것으로 역시 진의 한 종류이다. 3) 부覆: 은폐의 뜻으로 자기의 업을 은폐시키는 것으로 치와 탐의 한 종류이다. 4) 뇌惱: 분한忿恨을 계속하여 지나간 악을 기억하고 기회를 만나면 악행을 일으켜 성질이 포악하고 항상 괴로운 상태에 있는 것을 말한다. 역시 진의 일부분이다. 5) 질嫉: 질투심으로 남을 시기하고 중상 모략함을 말한다. 역시 진의 일부분이다. 6) 간慳: 인색한 마음이니 남에게 도움 주는 아까워하는 것을 말한다. 탐의 일종이다. 7) 속이는 마음誑, 8) 아첨하는 마음諂, 9) 피해를 끼치는 마음害, 10) 교만한 마음憍, 11) 부끄러움이 없는 마음無慙, 12) 염치없는 마음無愧, 13) 산란한 마음悼擧, 14) 멍한 마음昏沈, 15) 믿음이 없는 마음不信, 16) 게으른 마음懈怠, 17) 방일放逸, 18) 실념失念, 19) 산란散亂, 20) 부정지不正知이다.

음을 얻을 수 없다."라고 하였다.[487] 의식이 초래하는 수많은 번뇌의 원인은 결국 '나'라고 하는 생각에서 비롯된다. '나'라는 생각을 제거하지 않고는 번뇌의 뿌리를 제거할 수 없다. 이를 비유하여 부처는 "개에게 돌을 던지면 개는 돌을 쫓아가지만 사자에게 돌을 던지면 사자는 돌을 던진 사람을 문다."라고 하였다. 이것이 서구의 근대 심리학과 불교 심리학의 차이이다. 현상적인 심리 현상의 기술과 설명, 그리고 그것에 따른 심리치료는 모두 '개의 심리학'에 불과한 것이다. 지금 우리에게 필요한 것은 '사자 심리학'이다.

그렇다면 모든 고통의 원인인 '나'라는 생각은 어떻게 일어나는 것인가? 유식에서는 '나'라는 생각은 의식의 밑에서 작용하는 말나식의 작용에 의한 것이라고 한다. 말나식은 '나'는 존재한다는 생각을 말한다. 뒤에서 설명할 우리의 심층의식인 아뢰야식을 '나'라고 오해하는 식이 말나식인 것이다. 그래서 말나식은 아치我癡, 아견我見, 아만我慢, 아애我愛라는 네 가지 번뇌와 항상 함께한다.

> 말나식은 네 가지 번뇌와 항상 함께한다. 그것은 아치我癡, 아견我見, 아만我慢, 아애我愛이며 다른 촉觸 등과 함께 작용한다.[488]

아치我癡란 나에 대한 무지, 즉 무명을 말한다. 폭포수처럼 흐르는 아뢰야식을 나라고 오해하는 것이 아치인 것이다. 아견我見은 아치가 야기한 망견妄見을 말한다. 즉, 자아가 아닌 것을 분별해서 자아로 여겨 집착하는 것을 말한다. 아만我慢은 교만에 싸인 마음작용이다. 집착된 자아

---

487 김열권 편저(2007), 『위빠사나 2』, 불광출판부.
488 『唯識三十頌』, 「六頌」.

를 믿어 교만한 것을 아만이라고 하고, 자아에 대한 애착을 갖고 영원히 살고자 하며 죽음을 두려워하는 것을 아애我愛라고 한다.

말나식과 상응하는 마음작용心所은 18가지이다. 즉 촉觸, 작의作意, 수受, 상想, 사思와 함께 아치, 아견, 아만, 아애의 네 가지 번뇌를 합쳐 9가지, 그리고 8가지의 대수번뇌大隨煩惱, 그리고 5별경심소 중 하나인 혜慧이다. 촉은 대상과의 접촉을 말하고, 작의는 대상에 대한 관심을 일으키는 심리를 말한다. 작의에 의해 대상에 붙들리고 나면 이에 대한 감정이 일어나게 되는데 이를 수受라고 하고, 그것의 모습을 불러일으키는 심리를 상想이라고 하고, 의지를 일으키는 심리를 사思라고 한다. 8가지의 대수번뇌는 불신不信, 해태懈怠, 방일放逸, 혼침昏沈, 도거悼擧, 실념失念, 부정지不正知, 산란散亂으로 이것이 수행을 방해하는 커다란 요소가 된다. 혜라고 하는 것은 골라서 분별한다는 뜻으로 대상을 선택하며 나누는 마음의 작용이다. 물론 말나식의 혜의 분별은 자기와 다른 사람을 골라서 분별하는 것이다. 스스로 자각할 수 있는 전오식과 육식의 영역이라면 이러한 분별이 자기혐오감을 일으켜 스스로 경계할 수도 있겠지만, 말나식에서 혜가 작용할 때는 스스로 눈치챌 수가 없다. 그래서 자기로서는 제법 선의善意의 것이라고 믿고, 또 정의감에 불타고 있을 때라도 말나식은 자기의 이익을 계산하고 있는 것이다.

다음은 두 번째로 능동적으로 변화시키는 마음으로 이름을 말나라고 한다.

말나식은 아뢰야식에 의거해서 유전하고 아뢰야식을 연으로 한다.

말나식은 사랑하는 것을 성품과 모습으로 삼는다.[489]

---

489 『唯識三十頌』, 「五頌」.

능동적으로 변화시킨다는 말은 마음이 세계를 능동적으로 만들어낸다는 뜻이다. 말나식은 대상을 인식하는 의意가 가지는 자기의식이며, 동시에 의意가 일으키는 온갖 느낌과 감정 욕망과 의지 등을 말한다. 이러한 말나식으로 인해 자아 동일성이 형성되는 것과 함께 나와 구별되는 객관적 세계에 대한 근원적인 집착이 생기는 것이다. 전변하는 아뢰야식은 견분과 상분으로 이원화되기 이전의 식 자체이며, 이것을 깨닫지 못한 중생들은 아뢰야식의 견분과 상분을 각각 독립적으로 실재하는 자아와 세계인 것으로 간주한다. 이를 말나식이 아뢰야식에 의거하여 유전한다고 표현한 것이다. 또한 말나식은 아뢰야식을 연으로 하여 가합된 존재이다. 우리 중생은 이런 말나식에 의거하여 나라고 하는 생각을 하게 된다. 즉 말나식이 맹목적으로 아뢰야식의 견분을 자아로, 아뢰야식의 상분을 세계로 간주하게 되는 것이다. 이로 인해 아집과 법집이 발생하며 제6식인 의식이 이 말나식의 맹목적 집착에 기반을 하여 보다 개념적이고 분석적으로 허망 분별을 하게 되는 것이다.

말나식의 성상이 사량이라는 말은 말나식의 성품과 모습이 항상 살피고 사량한다는 것이다. 말나식은 언제 어느 때고 작용하지 않을 때가 없다. 우리의 생각을 살펴보면 항상 '나'라고 하는 생각과 더불어 일어나고 사라지고 한다.

3) 나는 심층의식이다

우리는 『반야심경般若心經』에서 일체가 공이라는 것을 배웠다. 공이라는 것은 존재하지 않는다는 의미가 아니라, 모든 것이 인연화합에 의해 끊임없이 생멸하는 것이라는 뜻이다. 인식 주체인 나도 그렇고 인식 대상인 세계도 그렇다. 그래서 허망한 것에 의거하여 자아와 법이 있다고 한다. 유식은 그 원인이 마음이라고 한다. 오직 존재하는 것은 마음이다. 이를 유식무경唯識無境이라고 한다. 유식무경은 우리가 경험하는 심리적·물리적 현상세계가, 그렇게 경험하고 인식하는 우리 자신의 식을 떠나 식 바깥에 독립적으로 존재하는 객관적인 실체가 아니라는 것이다. 오직 식만이 있고 그 대상, 즉 경은 존재하지 않는다는 것이다. 여기서 식은 물리적 객관세계에 마주한 심리적 주관으로서의 의식이 아니라, 일체의 경험적 현상세계를 형성하는 궁극 원인이다. 인생은 꿈이라는 말과 같이 우리가 바라보는 이 세계, 우리가 우리 밖에 객관적으로 실재한다고 생각하는 이 세계가 사실은 우리 자신의 의식세계, 우리 자신의 마음이 그린 세계라는 것이다. 대상으로서의 나나 내 밖에 있는 세계도 모두 마음이 지어낸 것이라는 것이다.

> 허망된 것에 의거하여 자아自我와 법法이 있다고 말하니
> 갖가지 형상이 잇달아 일어난다.
> 그것은 마음의 변화에 의하여 일어나는 것이며
> 그 능동적인 마음은 오직 셋이다.[490]
> 세 가지는 이숙식異熟識과 사량식思量識과 요별경식了別境識이다.
> 이숙식은 아뢰야식이고 일체의 종자를 이숙시킨다.[491]

유식에서는 우리의 마음을 세 부분으로 나눈다. 그중 이숙식은 가장 깊은 심층의식 즉 아뢰야식이다. 사량식思量識은 말나식이고 요별경식

---

490 『唯識三十頌』, 「一頌」.
491 『唯識三十頌』, 「二頌」.

了別境識은 진오식과 육식을 말한다. 아뢰야식은 현상을 구성하는 마음의 활동 주체이다. 그리고 현상을 구성하는 아뢰야식의 활동을 식전변識轉變이라고 부른다. 식전변이란 아뢰야식 자체의 이원화이다. 아뢰야식은 본래 현상세계를 포괄하고 있는 심체心體 자체이다. 그러므로 아뢰야식 자체로서 보면 나와 현상세계는 불가분리적으로 통합하여 있다. 즉 오직 하나의 마음, 아뢰야식만이 존재하는 것이다. 아뢰야식은 유일자이다. 그러나 오직 유일자만이 존재할 경우 그 유일자는 그것의 존재가 모든 곳에 편재해 있는 무한자이기 때문에 그것을 그것 아닌 것과 구분할 수 있는 자기 제한선이 없다. 그것의 존재는 있다고도 할 수 없고 없다고도 할 수 없는 것이다. 왜냐하면 존재하는 것은 오직 그것을 그것 아닌 것으로부터 구분 짓는 경계선을 통해서만 확인되는 것이기 때문이다. 그러므로 아뢰야식은 집수執受와 처소處所, 요별작용을 할 수 없다고 한다.[492]

아뢰야식은 집수와 처소 요별작용을 지각할 수 없으며 언제나 촉, 작의, 수, 상, 사의 심소와 더불어 오직 사수와만 상응한다.

집수는 받아들여진 것, 감수된 것, 유지되는 것으로 우리의 감각기관과 몸을 말한다. 이를 감각기관根을 갖고 있는 몸이라는 뜻으로 유신근有根身이라고 한다. 그리고 처소란 우리가 그 안에서 살아가는 자연계, 즉 대상세계이다. 이를 기세간器世間이라고 한다.

유일자인 아뢰야식은 자신의 존재가 비존재가 아닌 존재임을 확인하기 위해 스스로에게 경계선을 긋는 자기 제한 활동을 벌이게 된다. 이

---

492 『唯識三十頌』, 「三頌」.

러한 자기 제한의 결과로 안과 밖, 나와 너, 나와 세계의 분별이 성립하게 된다. 아뢰야식의 현상 구성은 이러한 자기 이원화 활동이다. 아뢰야식 안에는 현상을 구성하는 현상의 내용으로 종자라는 것이 있다. 아뢰야식 내에 들어 있는 종자로부터 현실적인 현상세계가 전개되는 것이다. 이러한 잠재적 종자의 현실화 과정, 아뢰야식의 현행화現行化 과정이 즉 아뢰야식의 식전변識轉變이다. 아뢰야식의 식전변에 의해 이원화된 두 부분이 상분相分과 견분見分이다. 상분은 아뢰야식의 객관적 부분을 말하고 견분은 주관적 부분을 말한다. 구체적으로 말하면 아뢰야식의 자기 제한의 결과 시간 공간상 제한된 상대적 유한자들이 발생하는데, 그것이 우리 중생의 신체인 유신근과 일체의 대상세계인 기세간, 그리고 다시 그것을 바라보는 의식활동이다. 유근신과 기세간이 바로 아뢰야식의 상분이고 그것을 바라보는 의식활동이 아뢰야식의 견분이다. 의식활동은 제7식인 사량식과 전오식과 육식을 합한 요별경식이다.

요컨대 나는 시간과 공간의 제한을 받지 않는 무한한 아뢰야식이다. 내가 '나'라고 생각하는 것은 아뢰야식의 식전변에 의해 나타난 아뢰야식의 주관적 부분이고 내가 '세상'이라고 생각하는 것은 역시 아뢰야식의 식전변에 의해 나타난 아뢰야식의 객관적 부분이다. 이처럼 아뢰야식은 유일자이지만 우리는 그 자체를 알아차리기 어렵다.[493]

우리의 본성인 아뢰야식은 선도 아니고 악도 아니다. 이를 무기無記라고 한다. 무기란 기록되지 않음을 말한다. 즉 종자를 남기지 않음을 무기라고 한다.[494] 선과 악이란 우리의 자각적인 행위에 의해서만 발생한다. 아뢰야식이 무기라는 것은 현재의 우리 존재는 과거의 선이나 악으

---

493 『唯識三十頌』, 「三頌」.
494 『唯識三十頌』, 「四頌」.

로 구속되지 않음을 의미한다.

아뢰야식은 종자를 담은 항아리나 창고와 같은 것이 아니다. 아뢰야식 자체가 바로 심어지고 저장되고 성장하다가 현현하는 종자의 흐름인 것이다. 그래서 아뢰야식을 직접 본 수행자들은 아뢰야식을 폭포수와 같다고 했다. 종자는 우리의 의식과 말나식의 개념적 분별작용의 흔적이다. 아뢰야식은 그러한 흔적의 구성물이다. 이를 현행훈종자現行熏種子라고 한다. 이렇게 형성된 종자의 흐름 속에서 각 종자는 생멸을 거듭하며 성숙해간다. 이를 종자생종자種子生種子라고 한다. 이런 종자가 종자를 낳는 흐름은 폭류와 같이 흐른다. 이 흐름 자체가 아뢰야식이다. 종자가 일정한 조건을 갖추면 싹이 트고 성장하게 되는 것을 현행種子生現行이라고 한다. 이러한 현행화를 통해 자아와 세계가 구체화되는 것이다.

아뢰야식은 이처럼 종자의 흐름에 불과하며 종자라는 것도 실체가 있는 것이 아니라 인연가합에 의해 임시로 가설된 것이 불과하기 때문에 더 이상 아뢰야식을 '나'라고 집착해서는 안된다. 물론 이러한 아뢰야식에 대한 집착을 버리는 것은 대단히 어렵다. 그래서 궁극적인 깨달음의 경지인 아라한위에 이르러야 더 이상 아뢰야식을 '나'라고 집착하지 않게 된다.[495]

아뢰야식은 선악에 물들지 않은 무기성이며, 촉 등의 다섯 가지 마음작용도 이와 같다. 항상 유전하는 것이 폭포수와 같으며, 아집이 사라진 아라한위에서 버릴 수 있다.

---

495 『唯識三十頌』, 「四頌」.

이 모든 식識이 전변轉變하기 때문에

분별分別하는 것과 분별되는 것所分別이 있다.

이것에 의거해서 저것은 모두 존재하지 않는다.

따라서 일체가 유식唯識인 것이다.[496]

우리의 마음은 8개의 식이며 8개의 식이 전변해서 나타나는 것은 아我·법法·종종상種種相이다. 종종상種種相은 존재하는 모든 대상이니 오직 식識에 의해서 존재한다. 만법이 비록 얽혀서 무한하지만 모두 식이 전변해서 존재하고, 식이 전변해서 만법을 존재하게 하지만, 모두 인연의 가합에 불과한 것이다. 이처럼 일체만법은 모두 식이 변해서 나타난 것이며 식이 반연하는 대상이므로, 식을 떠나서는 어떠한 것도 존재할수 없기 때문에 일체유식—切唯識이라고 하는 것이다.

그렇다면 선과 악은 어디에서 나오며 눈앞에 전개되는 일체만법은 어디로부터 나오는가? 제8아뢰야식에 저장되어 있는 종자식種子識이 변하여 힘을 발휘하므로 만법을 분별할 수 있는 능력이 생기게 된다. 그래서 아뢰야식을 다른 이름으로 일체종식—切種識이라고 한다. 아뢰야식은그 안에 선·악 및 세간·출세간의 무량한 종자를 함장含藏하고 있기 때문에 일체종식이라 한 것이다.[497]

일체종식—切種識이 여러 형태로 변함으로 말미암아 전전展轉하는 힘力이 작용되기 때문에 갖가지 분별이 일어나는 것이다.

---

496 『唯識三十頌』, 「十七頌」.
497 『唯識三十頌』, 「十八頌」.

여기서 종자種子는 다른 말로 습기習氣라고도 한다. 일체 중생이 선·악의 업을 지을 때 그 습기가 8식에 훈습되어 선·악의 종자가 그 안에 심어져 일단의 훈습시간 경과 후에 성숙된다. 습기가 성숙된 후에는 그 안에서 밖의 인연外緣을 기다렸다가 비로소 발아하여 역량을 발휘하여 현재에 영향을 미친다現行.

이처럼 종자는 현행을 생生하고, 현행은 다시 훈습하여 각각의 유類를 이루어 전전부단展轉不斷하므로 분별도 또한 이에 따라 끊임없이 이어지는 것이다.

> 모든 업業의 습기習氣와
> 능能과 소所 2취二取의 습기가 함께 함으로 말미암아
> '생사윤회가 존재하고' 전이숙前異熟이 이미 다하면
> 다시 다른 이숙異熟이 태어나는 것이다.[498]

불교의 최대 문제 중의 하나가 무아설과 윤회설의 모순을 극복하는 것이다. 우리는 이 송을 통해 무아설과 윤회가 서로 모순되는 것이 아니라는 것을 알 수 있다. 즉 윤회의 주체는 내가 아니고 아뢰야식인 것이다. 아뢰야식은 말나식 이전의 심층의식이기 때문에 '나'라고 하는 것이 없다.

제업습기諸業習氣란 업을 지을 수 있는 습기로서, 모르는 사이에 업을 짓는 습관적 기운이다. 제업습기로 인하여 생사가 있고 업식이 반복해서 생멸하므로 윤회가 있게 된다. 제업은 선善·악惡·무기無記 등의 업과, 신身·구口·의意의 업과 유루업有漏業과 무루업無漏業을 총칭한 말이다.

---

498 『唯識三十頌』,「十九頌」.

습기는 앞에서도 언급했듯이 업의 기氣가 아뢰야식에 훈습하여 남긴 종자를 말한다. 제업습기를 유루업과 무루업으로 구분할 때, 유루업의 습기는 선·악·무기 어느 것을 막론하고 모두 생사의 인因이 되지만 무루업은 종자를 만들지 않는 행위이다. 그래서 엄밀히 말해 무루라는 말과 업이라는 말은 '검은 백조'와 같이 모순되는 말이다. 그럼에도 불구하고 이런 말을 쓰는 것은 수행 과정에서 종자를 남기지 않는 삶을 살아야 한다는 것을 강조하기 위한 것이다. 깨달은 사람이 '배고프면 먹고, 졸리면 잔다'고 하는 것처럼 어떤 행위를 할 때 행위 그 자체가 되도록, 즉 행위자는 없고 행위만이 남도록 행위해야 함을 말하기 위한 것이다. 예컨대 우리가 춤을 출 때는 춤추는 자도 없고 춤추는 것을 구경하는 자도 없고 오직 춤만이 남도록 춤을 추어야 한다는 것이다.

2취二取는 능취能取와 소취所取이다. 능취는 일체의 마음과 마음의 작용의 체體이며 소취는 취하는 대상이다. 곧 능취는 견분見分이라고 할 수 있고 소취는 상분相分이라고 할 수 있다. 여기에서 견분을 취하는 것은 아집我執이라 하고 상분을 취하는 것은 법집法執이라 한다. 견분에 집착하는 것을 아집습기라고 하고 상분에 집착하는 것을 명언습기名言習氣라고 한다. 명언습기는 대상에 대해 명칭과 언어로 개념화하는 것으로 언言·어語·장구章句·부호符號 등을 표의명언表意名言이라 하고, 경계를 구별하기 위해 묘사하고 서술하는 것을 현경명언顯境名言이라고 한다. 명언종자는 언어에 의한 개념적 사고이며 우리는 이러한 명언종자에서 벗어나지 못하여 항상 있는 그대로의 현실을 보지 못하고 항상 언어에 의한 색안경을 통해서만 현실을 인식하게 된다.

아집습기는 나란 본래 존재함이 없으나 어리석음으로 인해 '나'가 존재한다고 생각하여 집착하는 것이다. 아집에는 구생아집俱生我執과 분별아집分別我執이 있다. 구생아집은 태어날 때부터 갖는 본능적이고 선천적인 집착을 말하고, 분별아집은 자아감각의 발달에 따라 형성되는 집착이다. 이 두 가지의 아집은 의식과 말나식에 모두 존재하고 그 근원은 말나식의 4번뇌로부터 온 것이다. 따라서 말나식은 아집의 근본이며 아집은 생사의 근본이다.

아뢰야식의 종자는 종자생종자의 형태로 끝없이 계속된다. 죽음과 탄생은 아뢰야식의 현행과 그 현행의 소멸이다. 즉 죽음은 아뢰야식의 현행의 소멸이며 탄생은 아뢰야식의 종자가 현행으로 나타나는 것이다. 그러므로 죽음은 지금도 계속되고 있는 현상이다. 물론 탄생도 계속된다. 아뢰야식의 현행과 소멸이 바로 죽음과 탄생이기 때문이다. 따라서 아뢰야식에 내장될 종자가 없다면 그리고 아뢰야식의 종자가 현행으로 나타나지 않는다면 죽음도 없고 삶도 없다. 즉 순간순간 현재의 삶을 철저히 살고 아뢰야식에 종자를 남기지 않을 때, 우리는 삶도 없고 죽음도 없는 깨달음의 삶을 사는 것이라고 할 수 있다. 그러기 위해서는 마음이 머무는 곳主處과 머무는 바所處, 그리고 그 작용을 아는 것이 필요하며 이것이 우리가 유식을 공부하는 이유이다.

4) 나는 어떻게 '나'를 찾는가?

수많은 억측하고 헤아리는 마음遍計으로
갖가지 사물을 헤아리니
이 헤아리는 마음과 헤아려서 집착하는 사물의 자성自性은
본시 있는 곳이 없다.[499]

---

499 『唯識三十頌』, 「二十頌」.

나는 누구인가를 알려면 나를 있는 그대로 관찰해야 한다. 나를 있는 그대로 관찰하려면 내가 어떻게 나와 대상을 왜곡해서 보는지 살펴보아야 한다. 이를 유식에서는 3성三性·3무성三無性의 원리로 설명하고 있다. 3성三性은 변계소집성遍計所執性·의타기성依他起性·원성실성圓成實性을 말한다.

변계는 두루 계교하여 집착한다는 뜻이다. 소집所執은 변계遍計한 후에 그 이름名이나 형상相에 집착하여 그것이 유有다, 무無다, 또는 색色이다, 심心이다, 내지는 실아實我다, 실법實法이다 하고 집착하는 것을 말한다. 또 변계에는 능변계能遍計와 소변계所遍計가 있으니, 능변계는 마음으로 바깥 사물을 대하는 것으로 주관에 속하고, 소변계는 능변계의 대상이 되는 모든 사물을 말한 것으로 객관에 속한다. 이 양방의 능能·소所가 일대일로 대응하면 사물을 있는 그대로 볼 수 있지만, 여기에 소집所執이 더해져 변계소집遍計所執이 되면 주관과 객관이 순수하게 대응하지 못하게 된다. 즉 대상을 있는 그대로 보지如實之見 못하고 자신의 관점으로 걸러서 보게 되는 것이다.

그렇다면 사물을 있는 그대로 보는 방법은 무엇인가? 본 송 마지막 구절에서 자성무소유라고 했듯이 아뢰야식과 전5식은 변계가 없다. 따라서 말나식과 의식의 개입 없이 사물을 볼 수 있으면 우리는 사물을 있는 그대로 볼 수 있을 것이다.

의타기란 곧 연기를 말한다. 즉 모든 존재는 상호 의존성의 결과로 나타나며, 존재는 하나의 사건이며 현상이라는 것을 말한다. 이런 점에서 유식은 현상학과 유사하다. 그러나 일체의 존재가 현상이라는 것은 오히려 반야般若, 즉 공사상에 가깝고 유식은 그것을 설명, 혹은 해석하려고 한다는 측면에서 해석학에 더 가깝다고도 할 수 있다.

모든 중생은 3성三性으로 마음이 일어나지만 3성은 본래 무성無性이다. 왜냐하면 마음이 일어나려면 경계가 있어야 하고 경계가 있어도 6근六根이 부합되어야 하기 때문이다. 6근과 경계가 부합되어서 마음이 일어나기 때문에 의타기성依他起性이라 한다. 만약 경계에 의해 일어난 마음을 헤아려서 집착하면 변계소집성이 되지만, 집착해서 헤아리지 않으면 원성실성이 된다. 즉 원성실성은 의타기에서 변계소집을 제거한 것을 말한다. 의타기하지 않으면 본래 마음이 없고 본래 마음이 없으면 변계소집의 마음도 원성실의 마음도 없는 것이다.[500]

의타依他해서 생기는 자성은 허망 분별하는 인연에 의해 생기는 것이고 원성실성圓成實性은 저 의타기依他起의 성품性品이 변계소집하는 마음性을 항상 멀리 떠난 것이다.

이를 3무성三無性이라 한다.[501] 중생은 3성三性으로 마음을 쓰기 때문

---

500 『唯識三十頌』, 「二十一頌」.
501 처음은 일체 모든 상相이 무성無性인 상무성相無性이요, 다음은 자연성自然性이 무성無性인 무자연성無自然性이요, 마지막은 이전에 집착한 아我와 법法을 멀리 여읜 실성實性 곧 승의무성勝義無性이다(初卽相無性 次無自然性 後由遠離前 所執我法性-제24송) 상무성相無性의 뜻은 변계소집성遍計所執性에 대하여 변계소집성 자체가 상무성이라는 것이다. 상무성이란 형상이 본래 없다는 것이다. 변계소집성이 왜 상무성인가? 변계소집이란 존재하지 않은 것을 존재한다고 집착하는 것을 말하기 때문이다. 가령 어두운 밤에 노끈을 보고 뱀이라고 잘못 여기는 것과 같이, 생사가 본래 없는데 존재한다고 집착하고 보리열반菩提涅槃이 온 세상에 가득 차 있지만 세상 밖에서 보리열반을 따로 찾는 것 등이 모두 변계소집이다. 그러므로 변계소집성을 상무성이라 한 것이다. 무자연성은 생무성生無性의 뜻으로 일어남이 없다는 뜻이다. 의타기의 마음이란 무자연성이기 때문에 저절로 일어나는 성질이 없고 갖가지 인연에 따라 나타나기 때문에 인연생因緣生이라고 할 수 있다. 이처럼 모든 법이 연생緣生이기 때문에 의타기이고 의타기에 자성이 없으므로 무자연성 또는 생무성이라 하는 것이다. '이전에 집착한 바 아법我法을 멀리 여읜 성性'이란 승의무성을 말한 것으로 승의무성이란 원성실이 무성임을 말한다. 원성실은 의타기로 생기한 마음을 계탁計度하지 않고 집착하지 않으므로 찰나생멸의 이치에서 불변부동하고 무생무멸의 성이기 때문에 제1의제第一義諦, 혹은 승의제勝義諦라 한다. 승의제란 본래 공하여 무소유이므로 유와 무를 초월하지만 그러면서도 세속제世俗諦를 벗어나지 않는 것을 말한다.

에 헤아려서 집착遍計所執하고, 보살은 3성이 있으나 헤아려서 집착하지 않으므로 원성실의 마음을 쓰고, 부처가 되면 3무성이 되어 비로소 마음에 자재해탈을 얻게 된다.

원성실성은 원만圓滿, 성취成就, 진실眞實의 뜻으로 불성佛性, 법성法性, 진여眞如, 법신法身 등과 의미가 같다. 의타기성에서 분별을 일으키지 않으면 원성실성이고 분별을 일으키면 변계소집이 된다.[502]

> 그러므로 이 원성실성圓成實性은 의타기성依他起性으로 더불어 다르지도 않고 다르지 않은 것도 아닌 것이, 마치 저 무상無常·고苦·공空·무아無我 등의 성질性質과 같아서 원성실성을 보지 않고서 의타기성을 보는 것은 아니다.

법상法相은 유한하나 법성法性은 무한하며 법상 허위이고 가짜이지만虛假, 그것이 허위이고 가짜라는 법성은 진실하다. 따라서 제법의 법성은 부동불변不動不變하고 불생불멸不生不滅하며 원만시방圓滿十方하므로 원성실자성圓成實自性이라 이름한다.

삼성설과 관련하여 자은慈恩대사는 오중유식관五重唯識觀이라는 다섯 단계의 수행 방법을 제시하고 있다.[503] 먼저 견허존실유식관遣虛存實唯識觀으로 허무한 것을 보내고 진실한 것을 보존하는 관법이다. 이는 변계소집성을 버리는 수행이다. 다음 단계로 사람유순유식관捨濫留純唯識觀이 있다. 이는 외경을 보내고 순수한 내심을 보존하는 관법이다. 즉 의타기성의 상분을 버리고 견분을 남기는 수행이다. 다음은 섭말귀본유식관攝

---

502 『唯識三十頌』, 「二十二頌」.
503 성윤갑(2005), 『행복한 삶을 위한 유식 30송』, 불교시대사.

末歸本唯識觀으로 지말적인 것을 거둬들여 근본적인 마음으로 돌아오는 관법이다. 즉 견분을 관하여 자증분인 식체識體로 돌아오는 수행법이다. 네 번째로 은열현승유식관隱劣顯勝唯識觀은 우월한 것을 드러내고 열등한 것을 숨기는 관법으로, 자증분인 식체를 심왕과 심소로 나눌 때 심소를 감추고 심왕을 드러내는 수행법이다. 마지막으로 견상증성유식관遣相證性唯識觀은 상相을 보내고 성性을 증득하는 관법으로, 심왕을 이理와 사事로 구분하여 사를 보내고 심왕의 본성인 이를 관찰하는 수행이다.

따라서 우리는 모름지기 인연에 의해 나타난 모든 것은 자성이 없음緣生無性을 깨달아, 다른 것에 의지依他하여 나타난 모든 현상이 헛된 것인 줄 알아서 망령되이 변계소집한 아我·법상法相을 멀리 여의고, 진공묘유眞空妙有인 승의무성勝義無性의 이치를 인식하여 원성실의 진성眞性을 깨달아야 한다.[504]

이것을 모든 법의 승의勝義라 하며 또한 진여眞如라고도 한다. 항상 모든 법의 실성圓性實性 그대로이기 때문에 이것이 곧 유식有識의 실성實性인 것이다.

아직 순결택식順決擇識을 일으키는데 이르지 못하고
유식의 실성에 머무르고자 하여도
능취能取와 소취所取인 2취二取의 수면隨眠에서
오히려 아직 능히 복멸伏滅되지 않는다.[505]

---

504 『唯識三十頌』, 「二十五頌」.
505 『唯識三十頌』, 「二十六頌」.

유식의 실성實性을 알고 유식唯識을 닦아 유식에 머무르고자 한다면 반드시 먼저 능취能取와 소취所取의 2취수면二取隨眠을 극복해야 한다. 만약 2취수면을 극복하지 못하면, 마치 잠자면서 꿈을 마음대로 할 수 없듯이 유식의 실성에 머무르는 것이 불가능하다. 2취수면은 아我와 법法 곧 능취와 소취를 말한다. 수면이란 번뇌의 다른 이름이니 번뇌가 늘 중생을 따라다니므로 수隨라 하고 그 작용이 아득하여 마치 잠자는 상태와 비슷하므로 면眠이라 한다. 또 이를 번뇌종자라고도 하는 바, 온갖 번뇌의 종자는 항상 중생을 따라다니며 제8식 중에 잠자듯이 엎드려 있으므로眠伏 수면이라 한다. 미능복멸未能伏滅에서 복은 항복의 뜻이고 멸은 단멸의 뜻이다. 수행자가 분별2집分別二執을 아직 항복시키지도 또 단멸시키지도 못한 상태를 말한다. 미기식未起識에서 식은 순결택의 식을 말한다. 결택식은 능취와 소취에 대해 공하다는 인식으로 분별2집을 끊어 분별심이 일어나지 않음을 말한다.

5) 나는 '나는 누구인가'라고 묻는 자이다

'나는 누구인가'라고 하는 물음에 대한 가장 분명한 답은 (성경) 출애급기에 있다. 모세가 유대인을 학대하는 감독관을 죽이고 미디안으로 탈출하여 양을 치다가 호렙산에 이르러 불붙지 않는 떨기나무를 보았다. 하나님이 떨기나무 가운데서 모세를 불러 이스라엘 백성을 애급 땅에서 구해내라고 하니 모세가 하나님께 말하되 "그들이 내게 묻기를 그의 이름이 무엇이냐 하리니 내가 무엇이라고 그들에게 말하리이까?3:13" 하였다. 이에 "하나님이 모세에게 이르시되 나는 스스로 있는 자니라3:14"라고 하였다. 이 구절은 영어로 'I AM WHO I AM'이라고 되어 있다. 우리말 성경에는 이 구절을 '나는 스스로 있는 자이니라.'로 번역하고 있다. 그러나 이 말의 정확한 의미는 "나는 '나는 누구인가'라고 묻는 자이다."라는 뜻이다.[506]

진정한 나는 끊임없이 "나는 누구인가." 하고 묻고 있다. 그 밖에 '나'라고 인식되는 모든 것은 진정한 내가 아니다. 나는 누구인가를 묻는 수행을 유식에서는 4심사관四尋思觀이라는 관법으로 제시한다. 4심사관을 통해 내 밖의 대상이 모두 공함을 깨닫고 거듭 4여실지四如實智를 닦아 마음의 경계인 능취와 마음의 대상인 소취가 모두 공함을 깨닫는 것이 유식 수행의 핵심이다.

4심사관은 내가 인식 대상에 덧붙이는 명名·사事·자성自性·차별差別에 대하여 깊이 생각하고 관찰하는 수행법이다. 심사관은 지혜로 관찰하는 것이 아니라 분별지로 관찰하는 방법으로 네 가지 법을 그 대상이나 사물로부터 분리하여 개별적으로 관찰하는 방법이다. 비록 심사관이 분별지에 의한 관찰이지만 이러한 관찰이 깊어지면 마지막 단계에서는 관찰의 대상과 관찰하는 마음이 함께 사라진다. 관찰의 대상과 관찰하는 마음은 마치 담쟁이덩굴이 칼로 잘려지듯이 끊어져버린다.

먼저 명심사관名尋思觀은 내가 대상에 붙이는 이름을 관찰하는 것이다. 즉 우주 삼라만상의 사물은 모두 이름이 있으나 명칭은 본래 가립假立된 것일 뿐 사물의 본체와는 무관하다는 것을 관하는 것이다. 사실 우리가 사용하는 이름은 일종의 문법적 용법과 사회적 합의에 따라 사용하는 도구에 불과한 것이다. 그러므로 이름은 사회나 문화체계를 반영할 뿐 고정된 실체가 있는 것은 아니다. 예컨대 사과라는 사물은 사

---

506 "I AM WHO I AM."의 문법 구조는 I AM의 보어가 "WHO I AM."이다. 이는 "WHO AM I?"라는 의문문이 보어가 되면서 어순이 본래로 환원된 것이므로 "나는 있는 나이다"가 아니라 "나는 '나는 누구인가'라고 묻는 자이다."라는 해석이 맞다.

과라는 형상을 띤 마음의 산물에 불과함을 관하는 것이다. 그러므로 나를 포함한 모든 사물은 오직 가명假名일 뿐 실이 아닌 이름일 뿐이라는 것을 관찰하여, 마침내 모든 것이 공空임을 깨달아 이름과 형상名相에 동하지 않는 것이 이름을 심사관찰尋思觀察하는 명심사관이다.

다음으로 사심사관事尋思觀은 나의 인식 대상이 되는 일체 사물과 사건을 관찰하는 것이다. 5온五蘊·12처十二處·산山·하천河川·사람·짐승 등이 모두가 사事에 해당되는데, 이러한 사물이나 사건 등은 모두 인연에 의해 나타나고 또 사라지는 것임을 관찰하는 것이 사심사관이다. 모든 사건과 사물은 유식에 의해서 발현되므로 인연과 식識을 떠나서는 존재할 수 없다. 그러므로 허망하게 나타났다가 사라지는 사물과 사건에 대하여 깊이 관찰하여 그 외형적 가상假相에 미혹되지 않음을 사심사관이라 한다.

자성심사관自性尋思觀은 내가 대상을 인식할 때 명칭과 사물이 결합하여 구체적으로 인식되는 대상이 가지고 있다고 착각하는, 자체성 혹은 독립성을 관찰하는 것을 말한다. 앞에서 살펴보았듯이 이러한 자성은 본래 존재하지 않으며, 오직 인연에 의해 생멸하는 공이므로 오로지 허망한 분별만이 있을 뿐이다. 그러므로 모든 인식 대상의 자성이 허공과 같음을 깊이 관찰하여 집착을 버리는 것을 자성심사관이라 한다.

차별심사관差別尋思觀은 내가 가지고 있는 명칭과 사물이 갖는 갖가지 차별상差別相을 관찰하는 것을 말한다. 명칭의 차별에는 소리音와 뜻義이 있고, 사물과 사건의 차별에는 대소大小·방원方圓·고저高低·선악善惡·유루有漏·무루無漏 등이 있다. 모든 명칭과 사물 혹은 사건은 그 나타나고, 머물고, 변화하고, 사라짐生住異滅이 같지 않다. 이러한 무한한 차별을 관찰하여 이러한 차별상이 단지 마음의 산물임을 깨닫는 것을 차별심사관이라 한다.

이러한 4심사관을 통해 얻어지는 지혜를 4여실지四如實智라고 한다. 여실如實이란 진실實과 같다如는 뜻으로 인식 대상을 '있는 그대로' 보는 것을 말한다. 모든 인식 대상法을 깊이 관찰하면 모든 인식 대상의 명名·사事·자성自性·차별差別이 실로 공이며, 또한 동시에 진여실성眞如實性과 같음을 깨달아 모든 분별을 버릴 수 있게 된다. 이처럼 4심사관을 닦음으로써 4여실지를 얻고, 4여실지를 얻음으로써 유식실성唯識實性을 깨달을 수 있기 때문에 4관四觀·4지四智는 유식을 수행하는 기본방편이 되는 것이다.

> 만약에 어느 때에 소연경所緣境을 대할 때
> 무분별지無分別智로 (관찰하여) 도무지 얻을 바가 없으면
> 그때 비로소 유식의 성품에 머무르게 되니
> 능취能取와 소취所取의 두 분별상分別相을 여의었기 때문이다.[507]

대상을 무분별지로 본다는 것은 마음의 개입에 의해 분별되지 않은, 있는 그대로의 대상을 본다는 것이다. 능취와 소취가 존재하지 않으면 만법이 모두 진여이고 평등이다. 그리고 이 평등한 진여가 유식성이다. 지도무소득智都無所得은 지智는 무분별지無分別智를 말한 것이니, 2취二取가 공空임을 관찰해서 2공진여二空眞如를 얻게 되고, 마음과 경계를 모두 여의면 한 법도 얻을 것이 없으니, 무소득無所得이라 한 것이다. 마음心과 경계境가 모두 공하면 이때의 앎은 오직 직관적 작용일 뿐이다. 소위 듣는 자 없이 듣고, 보는 자 없이 본다는 것이다. 이처럼 듣는 자 없이 듣고 보는 자 없이 보게 되면, 마음에 떠오른 생각은 아무런 종자도 흔

---

507 『唯識三十頌』, 「二十八頌」.

적도 남기지 않고 사라진다.

깨달음을 얻게 되면 8식을 질적으로 변화시켜 네 가지 지혜를 얻게 된다. 이를 전식득지轉識得智라고 한다. 즉 아뢰야식을 변화시킨 것이 대원경지大圓鏡智이며, 말나식을 변화시킨 것이 평등성지平等性智이며, 의식이 변화한 것이 묘관찰지妙觀察智이며, 전오식이 변화한 것이 성소작지成所作智이다. 대원경지는 말 그대로 거울과 같은 지혜를 말한다. 모든 우주 삼라만상을 있는 그대로 거울에 비추듯이 보는 지혜를 말한다. 평등성지는 말나식의 작용이 없어 평등한 본래의 성품을 보는 지혜이다. 즉 '나'라고 하는 것이 개입되지 않은 채 사물을 있는 그대로 보는 것이다. 묘관찰지는 모든 사물의 자체상과 공통상을 있는 그대로 관찰하는 지혜를 말한다. 성소작지는 우리의 신구의身口意가 만드는 업의 결과를 있는 그대로 보는 것이다.

이처럼 전식득지를 통한 세 가지 지혜를 무분별지라고 한다. 무분별지는 세 가지 특성이 있는데, 그 한 가지는 무득無得이고, 또 한 가지는 불사의不思議이며, 또 한 가지는 출세간出世間이다. 무분별지는 능취와 소취를 벗어났으므로 무득이라 하고, 그 지혜의 묘용을 헤아릴 수 없으므로 불사의라고 한다. 또한 중생의 견문각지見聞覺知를 떠났기 때문에 세간지世間智가 아니라 출세간의 지혜라고 한다. 우리는 번뇌장煩惱障을 끊어서 대열반을 증득하고, 소지장所知障을 끊어서 대보리를 증득하기 위해 무분별지無分別智를 수습해야 한다.[508]

> 무분별지無分別智는 무득無得이며 불사의不思議이며 출세간出世間의 지智이다. 번뇌장煩惱障과 소지장所知障의 두 가지의 거칠고 무거운麤重한 종자를

---

508 『唯識三十頌』, 「二十九頌」.

버릴 수 있기 때문에 보리菩提·열반涅槃이라는 두 가지 전의과轉依果를 증득할 수 있다.

번뇌장과 소지장의 종자는 2취습기二取習氣로서, 이 두 가지 종자는 생사를 윤회하게 하는 근본으로 거칠고 무겁다麤重.

> 이것이 곧 번뇌가 없는 무루無漏의 경계이며
> 불사의不思議이며 선善이며 영원常함이며
> 안락安樂이며 해탈신解脫身이며
> 대모니大牟尼이며 법신法身이라 한다.[509]

나는 누구인가? 나는 곧 부처이다. 나는 모든 번뇌를 잠재우고 고요함과 평화를 얻은 부처이다. 나의 세계는 번뇌가 없고 마음이 삼계육진三界六塵에 누락되지 않은 무루의 세계이며, 헤아릴 수 없는 불사의 세계이다. 내 몸은 탐진치에 얽매임이 없는 해탈의 몸이며, 어떠한 경지에서도 움직이지 않고 적멸에 들어 침묵하는 대모니의 몸이다. 우리는 본질적으로 자유로운 존재이다. 그리고 우리는 본질적으로 평화롭고 행복한 존재이다. 그렇다면 자유와 평화와 행복은 어디에 있는가? 그것은 여기에 있다. 지금 여기에 있는데 어디서 그것을 찾기 위해 헤매고 다니는가? 지금 이 순간을 들여다보라. 그러면 당신은 자신의 얼굴을 볼 수 있다. 만약 당신이 무엇인가 존재하는 것을 본다면 그것은 당신 자신이다.

진정한 자기를 찾는 데는 버려야 할 많은 장애들이 있다. 가장 먼저

---

509 『唯識三十頌』, 「三十頌」.

버려야 할 것은 내가 누구라는 개념들, 즉 나의 이름, 직업, 가족관계, 성격과 모습에 관한 개념들이다. 우리는 자신을 스크린 위에 펼쳐지는 영상과 동일시한다. 그러나 나는 영상이 아니라 스크린이다. 우리는 자신을 출렁이는 파도와 동일시한다. 그러나 우리는 파도가 아니라 바다이다. 자신을 스크린에 펼쳐지는 영상으로, 그리고 절벽에 부딪치는 파도로 생각하는 한 결코 우리는 자신의 진정한 본성으로 돌아갈 수 없다. 우리는 자신이 끊임없이 불행하다거나 속박되어 있다는 관념으로부터 벗어날 수 없다.

모든 사람들은 집으로, 자신의 본성으로 돌아가기를 원한다. 돌아간다는 것은 자신이 지금까지 읽고 듣고 보고 느낀 모든 것을 잊는다는 것이다. 우리가 '나'라고 생각하는 것은 모두 내가 읽고 듣고 보고 느낀 것의 총합일 뿐이다. 나의 생각, 나의 느낌이라고 하는 것도 모두 사회와 문화에 의해 조건화된 프로그램일 뿐이다. 조건화된 자신을 탈조건화하는 것, 그것은 자유로 돌아가는 길이다.[510] 탈조건화외의 모든 노력은 스스로 장애물을 만드는 것일 뿐이다. 자아를 찾기 위해 우리가 해야 할 일은 오직 버리는 일뿐이다. 자신의 생각과 느낌과 욕망을 버리는 일뿐이다.

자유를 얻기 위해서는 마음을 버려야 한다. 마음이 작동하지 않아 고요하고 평화로운 본연의 상태로 돌아갈 때, 바로 이것이 자유이다. 이런 자유를 얻는 데는 어떠한 노력도 필요하지 않다. 자유를 얻기 위해서는 남들이 걸어간 익숙한 길을 밟아서는 안 된다. 우리는 각자 우리자신의 진정한 본성을, 우리가 누구인지를 발견해야만 한다. 자신이 누구인지를 발견하기 위해서는 고요히 앉아서 나를 관찰하는 관찰자를

---

510 김보경(2002), 『선과 파블로프의 개』, 교육과학사.

관찰해야 한다. 그때 우리는 자기 자신을 그리고 자기의 본성을 발견할 수 있다.[511]

'나는 자유로워지고 싶다'라는 말에도 여전히 자아가 나타나 있다. 그러므로 우리는 자아라는 생각과 나라는 생각을 다루어야 한다. 그것을 원천으로 되돌아가게 해야 한다. 그때 자아는 진정한 자신의 얼굴을 보게 된다. 자아는 근원과 하나가 되어 사라지고 근원만이 남게 된다. 마치 강물이 바다로 흘러들어 바다와 하나가 되고 다시 되돌아오지 않듯이, 자아도 바다로 들어가 사라지게 된다.[512]

자신을 바다와 동일시하면 파도가 어떻게 치더라도 결코 흔들리지 않는다. 심지어 수십 미터의 쓰나미가 되어 육지를 휩쓸어도 바다는 요동하지 않을 것이다. 참 나인 바다는 파도가 어디로 가도 불평하지 않는다. 파도는 바다 안에 있기 때문이다. 나의 모든 생각이나 느낌, 행위는 참 나 안에서 일어난다. 자신을 파도와 동일시할 때 우리는 상념에, 기쁨과 슬픔에 휩싸인다. 파도의 소용돌이에 온통 쏠릴 수밖에 없다. 이처럼 '나'라고 하는 자아감각은 나와 세계를 분열시킨다. 나는 존재계와 괴리되어 있다는 것은 자아감각이기 때문이다. 자아감각의 확대는 자기 존재의 생존 기반을 확대하는 것이다. 그리고 존재의 생존 기반 확대는 점점 더 많은 대립물들을 생성시킨다. 그리고 괴로움과 고통도 아울러 증가한다.

'나는 누구인가'라는 끝없는 질문은 결국 나를 소멸시키기 위한 것이다. 나를 소멸시킨 자리에 세계와 나의 괴리감은 존재하지 않는다. 존재감이 사라진 자리에는 흐리멍덩함, 불투명함, 그리고 혼돈이 대신한다.

---

511 슈리 푼자(2005), 김병채 옮김, 『그대는 누구인가』, 슈리크리슈나다스 아쉬람.
512 슈리 푼자(2005), 앞의 책.

우리는 나와 어머니가 구별되지 않았던 어린아이의 상태로 다시 돌아간다.

눈앞의 사물을 볼 때, 단지 보기만 하면 그곳에는 지각만이 존재한다. 소리를 들을 때도 마찬가지이다. 감각들은 서로 따로 활동한다. 이러한 감각들 사이의 빈틈을 이어주는 것이 생각이다. 생각은 감각들을 서로 연결시키고 '연속된 자아'라는 환상을 심어놓는다.[513] 만약 우리가 눈에게 보는 것을 맡겨놓으면 세상을 바라보는 나는 존재하지 않는다. 의식은 마치 거울처럼 주변의 모든 것을 비춘다. 그렇지만 사물에 대한 해석은 내리지 않는다. 보고 있는 대상에 대한 지식도 전혀 필요하지 않으며, 보고 있는 대상과 자신이 분리되어 있다는 생각도 들지 않는다. 그러나 그것을 지각하는 자신에게로 의식이 이전하게 되면 대상에 대한 지각은 존재하지 않는다. 그 순간 지각은 그것을 지각하는 자기 자신에게로 이전된다. 바로 이것이 자아감각이다.

깨달음의 최종 종착지는 존재감을 소멸시키는 것이다. 우리로 하여금 존재감을 느끼게 하는 미혹의 세 가지 요소는 사고와 감각과 존재의식이다. 사고와 감각과 존재의식에 대한 자기 동화의 연결고리를 끊어버려야 한다. 존재한다는 감각이 소멸될 때 진정한 깨달음이라고 할 수 있다. 사랑이든 깨달음이든 그에 대해 자신이 전혀 자각하지 않는 경우 비로소 거북함이나 어색함이 사라지고 자연스러움이 나타난다. 자각하지 않음이란 자신을 대상화하거나 객체화하지 않고, 그런 욕망이 자신 속에 있는지조차 의식하지 않음을 말한다.

---

513 유지 크리슈나무르티(1999), 홍성규 옮김, 『깨달음은 없다』, 마당기획.

6장
미래 교육의 비전으로서의 마음교육

현대 교육 위기와 현대 문명 위기는 나날이 심화되고 있다. 그리고 이 두 가지는 근원적으로 연결되어 있다. 이 두 가지가 어떻게 하나로 연결되어 있는가를 살펴보기로 하자. 현대 문명을 건설한 선구자들은 두 가지 궁극적인 목표를 갖고 있었다. 한 가지 목표는 욕망 충족적인 문명을 건설하는 것이고, 다른 한 가지 목표는 이성적인 사회를 건설하는 것이다. 첫 번째 목표를 달성하기 위한 주도적인 방법은 과학과 기술의 발달이다. 과학과 기술 발달은 인간의 이성적인 능력에 근거한다. 두 번째 목표인 이성적인 사회 건설 역시 인간의 이성적인 능력에 근거한다. 결국 현대 문명이 추구하는 두 가지 목표를 달성하는 데 있어서 근본적인 점은 '이성의 계몽'이며, '이성의 계몽'은 바로 현대 교육의 목표이기도 하다. 이렇듯 현대 교육과 현대 문명은 밀접히 연계되어 있다. 그러므로 양자의 위기도 동시에 오게 되는 것이다.

현대 문명 위기의 본질은 무엇일까? 현재 문명은 현대 문명 말기이자 동시에 탈현대 문명 초기에 해당하는 문명 대전환기에 처해 있다. 현시점에서 요구되는 것은 '현대 문명으로부터의 탈피'이다. 그러나 인류는 여전히 현대에 고착된 채, 현대적인 의미에서 살기 좋은 세상 만들기를 추구하고 있다. 이런 현대적인 추구와 달성이 현 문명 위기를 증폭시키고 있으며, 이것이 현 문명 위기의 본질이다.

현대인이 겪고 있는 불행과 고통의 근원이 빈곤이나 무지 또는 비합리적인 사회 관행이나 제도에 있는 것이 아니기에, 더욱 욕망 충족적인 사회 건설이나 더욱 합리적인 사회 건설을 통해 현대인이 겪고 있는 불행과 고통을 해소시키는 것은 불가능하다. 뿐만 아니라 더욱 욕망 충족적인 사회 건설의 와중에서 모든 행위 주체 간의 경쟁과 갈등은 더 심화되며, 환경은 급속도로 파괴되어, 삶의 고통과 불행이 더 증가하는 결과를 빚게 된다.

이런 현재의 상황에서, 교육 역시 여전히 현대 문명 건설에 적합한 인재를 양성하는 작업에 몰두하고 있다. 더 많은 지식의 소유자, 더 이성적으로 사고하고 추론할 수 있는 사람, 더 많은 어학 능력의 소유자, 더 많은 직업적인 지식을 습득한 사람 등을 양산하는 데 교육은 매진하고 있다. 그러므로 현대 교육에 힘을 기울이면 기울일수록 문명 위기가 고조되는 상황이 구조화되고 있으며, 이것이 바로 현대 교육 위기의 진상이다.

현대 문명 건설 초기에 우리는 전현대 사회가 안고 있었던, 빈곤, 무지, 미신, 비합리성, 전염병과 같은 자연재해, 신분적인 차별, 자의적인 권력, 여성에 대한 차별, 부자유 등과 같은 문제를 해결할 수 있는 인재를 필요로 했고, 현대 교육은 이런 목적 달성을 위해 적합한 인재를 양성할 수 있었다. 그러나 조선시대 유교교육이나 서구 중세 사회의 종교교육과 같은 전현대 교육을 통해 현대 문명 건설의 적임자를 양성할 수 없었던 것과 마찬가지로, 이젠 낡아서 시대의 요구에 부응할 수 없는 현대 교육을 통해 탈현대 문명 건설의 적임자를 양성하는 것은 불가능한 일이 되어버렸다.

상황이 이러함에도 불구하고, 현대 교육은 오늘날 더욱 기승을 부리며, 직업교육이나 기술교육이 배타적으로 강조되고 있는 실정이다. 이와 같이 소외된 교육 현실을 목전에 두고, 이 책은 이 시대가 요구하는 탈현대 문명 건설의 적임자를 양성할 수 있는 탈현대 교육을 형상화하고자 하는 목표 아래 집필되었다. 이 책이 초점을 맞추고 있는 탈현대 교육이란 '사랑스럽지 않은 것을 사랑할 수 있고', '믿음직스럽지 않은 것을 믿을 수 있으며', '용서할 수 없는 것을 용서할 수 있고', '심각한 상황에 미소 지을 수 있는' 탈현대인을 양성하는 교육, 즉 '마음교육'이다.

유불도로 대표되는 동양사상에는 마음교육의 전통이 풍부하게 발전해 있어, 이 책에서는 동양사상을 중심으로 탈현대 마음교육을 구체화하는 것을 목표로 삼았다.

본격적인 논의에 앞서 이 책의 2장에서는 '현대 사회와 마음교육'이라는 주제로 '마음교육이란 무엇이며', '왜 문명의 현시점에서 마음교육이 새로운 교육으로 요청되고 있는가'를 살펴보았다.

마음교육이란 내 마음의 주체를 에고에서 셀프로 전환시키기 위한 교육이다. 전통적으로 동아시아 사회에서는 이런 교육을 '수행修行', '수도修道', '수신修身' 등의 이름으로 불러왔으며, 이를 총칭해서 마음공부라고 일컬었다. 마음교육을 통해 인간은 자아확장투쟁으로서의 현대적인 삶으로부터 탈피해서, 스스로 평화롭고 자신의 주변에 기쁨과 행복을 선물할 수 있는 존재로 변화하게 된다.

왜 문명의 현시점에서 마음교육이 새로운 교육의 핵심이 되어야 하는가? 그것은 마음교육을 통해 우리 스스로 행복한 존재가 될 수 있을 뿐만 아니라 현대 문명의 위기를 해소시키고 탈현대 문명 건설을 해나갈 수 있기 때문이다. 1장에서 밝히고 있듯이, 현대 한국인을 포함해서 현대인은 심한 심리적인 고통을 겪고 있다. 고통의 근원은 주체적으로 보면 사랑하고 용서할 수 있는 능력이 없기 때문이고, 객체적으로 보면 사랑받지 못하고 따뜻하게 포용되지 못하기 때문이다. 그러므로 사랑과 용서의 능력을 배양하는 마음교육은 현대 문명의 근원적인 문제를 해결할 수 있을 뿐만 아니라 사랑의 사회로서 탈현대 사회를 건설하는 핵심적인 기제가 될 수 있다.

3장, 4장, 5장에서는 현재적인 가치가 있는 동양사상에서의 마음교육을 논의했다. 3장에서는 '『주역』과 마음교육'을 논의했고, 4장에서는 '유가와 마음교육'을 다루었으며, 5장에서는 '도가와 불교의 마음교육'을 서술했다. 각 장에서의 논의를 간략히 정리하면 다음과 같다.

3장에서는 『주역』이란 텍스트에 담긴 마음교육에 대한 사상을 추출하고 정리했다. 우리들이 일상적으로 경험하는 좌절, 실패, 패배, 상실, 모욕감, 비난받음 등과 같은 고통스러운 경험에 직면해서, 이런 고통 속에 담겨 있는 '하늘의 선물'을 받는 방법에 대해『주역』에는 풍부한 논의가 이루어져 있다. 이 책에서는 이런 방법들을 정리해서, 탈현대 마음교육에 활용할 수 있는 방안을 찾아보았다.

또한 『주역』에는 우리 마음에 끝없이 떠오르는 상념을 처리하는 방법에 대한 논의가 풍부하게 함축되어 있고, 또한 나 자신이나 상대편이 범한 과오를 어떻게 다루어야 하는가에 대해서도 많은 가르침이 담겨 있다. 이 책에서는 이런 내용들을 정리해서, 상념이나 허물을 처리하는 방법을 가르치는 마음교육을 논의했다. 뿐만 아니라, 실제적인 삶의 영역에서 부딪히는 다툼과 반목, 소통의 부재 등의 문제에 직면해서, 이를 마음교육의 소재로 활용하고 또한 이런 삶의 문제를 해결할 수 있는 『주역』에 나타난 지혜를 정리해보았다.

4장에서는 유가사상에 담긴 마음교육에 대한 사상을 논의했다. 마음교육의 영역에서 유가사상이 갖는 독특한 특징은 에고의 단절을 통한 초월적인 존재 상승이 아니라 연속적이고 점진적인 존재 변화를 강조한다는 점이다. 이런 유가의 특징은 중용사상에서 가장 잘 드러난다. 마음교육에서 유가가 갖고 있는 이런 특징은 살과 피가 흐르는 탈현대 사회 건설을 모색하는 데 있어서 커다란 가치를 갖고 있다. 에고가 없이 셀프만이 존재하는 사회는 육체가 없이 영혼만이 존재하는 사회가 현실적으로 불가능한 것과 꼭 같이 불가능하다. 그러므로 셀프가 마음의 주도권을 갖고 있는 가운데, 에고를 다듬는 것이 매우 중요한데, 유가사상은 바로 이런 의미에서 커다란 현실적인 가치를 갖고 있다. 이 책에서는 다양한 측면에서 유가의 마음교육이 갖고 있는 이런 가치를 제고하고자 노력했다.

5장에서는 도가와 불가의 마음교육 사상을 다루었다. 도가사상의 영역에서는 '노자의 도道와 마음공부'를 다루었다. 도의 관점에서 보면, 현대 사회는 무도無道한 사회이며, 현대인의 삶은 도와 어긋난 것이다. 이런 의미에서 현대인과 현대 사회 그리고 현대 교육을 비판한 후에, 이 책에서는 도와의 합일을 위한 마음교육에 대해 서술했다.

불가의 마음교육에 대해서는 두 편의 논의를 전개했다. 하나는 '화두선과 마음교육'이고, 다른 하나는 '유식 30송과 마음교육'이다. 화두선은 독특하면서도 현시점에서 유용한 마음교육 방안을 제시한다. 화두선은 생각을 궁지로 몰고 감으로써 생각의 에고를 해방시키고자 하는 기법을 사용한다. 유식 30송은 마음의 구조에 대한 정밀한 분석을 토대로 마음교육을 위한 훌륭한 바탕을 제공한다.

이상에서 살펴본 바와 같이, 유가, 도가, 불가 사상은 각각 자신의 독특성을 갖고 있는 마음교육 방법을 개발하고 전승해왔다. 이것은 탈현대 마음교육을 구상화하는 데 있어서 직접적인 도움을 제공한다. 일반에 적용할 수 있는 정밀하고 좋은 마음교육 방법의 개발에 인류의 미래가 달려 있다는 점을 감안한다면, 동양사상에 함축되어 있는 탈현대 마음교육 사상에 대한 발굴과 정리 작업은 이 책이 끝이 아니라 시발점이 되어야 하리라고 본다.

참고문헌

『老子』.
『論語』.
『大學』.
『莊子』.
『中庸』.
『周易』.
『退溪集』.

가마타 시게오(1994), 신현숙 옮김, 『한국불교사』, 민족사.
감산憨山(1990), 오진탁 옮김, 『감산의 老子 풀이』, 서광사.
강신주(2013), 『상처받지 않을 권리』, 프로네시스.
강희복(2003), 「退溪의 '心與理一'에 관한 研究」, 연세대학교 대학원 박사학위논문.
경주 화랑고등학교(1999), 『마음공부』.
고교진高橋進(1984), 「동아시아에 있어서의 '경'철학의 성립과 전개」, 『퇴계학보』 44.
고형(1995), 김상섭 옮김, 『高亨의 周易』, 예문서원.
금장태(1998), 『퇴계의 삶과 철학』, 서울대학교 출판부.
김경숙(2005), 「마음공부법의 교육적 적용」, 제주교육대학교 석사학위논문.
김기태(2007), 『지금 이대로 완전하다』, 침묵의 향기.
김기현(1988), 「퇴계철학의 인간학적 이해」, 고려대학교 대학원 박사학위논문.
김민선(2009), 「공자의 수양철학 연구」, 성균관대학교 석사학위논문.
김병호(1999), 『亞山의 周易講義』, 소강.
김보경(2002), 『선과 파블로프의 개』, 교육과학사.
김상섭(2006), 『내 눈으로 읽은 주역』, 지호.
김석진 역해(1997), 『周易轉義大全譯解』, 대유학당.
김수청(1998), 「경사상 연구」, 『퇴계학논총』 4.
김순금(2010), 「원불교 마음공부 본질에 관한 서설」, 『원불교사상과 종교문화』 44.
김열권 편저(2007), 『위빠사나 2』, 불광출판부.
김열권(1997), 『보면 사라진다』, 정신세계사.
김영주(2011), 「공자와 노자의 天·鬼神·道 개념과 그 사회사상적 의미」, 『동양사회사
　　상』 24.
김정근(1984), 「우리나라 평균 수명의 과거와 현재와 미래」, 『한국인구학』 7(1).
김종숙(1997), 「가족 갈등의 이론적 고찰」, 『사회복지연구』 10.
김충열(2007), 『김충열교수의 중용대학강의』, 예문서원.

김태영(1982), 「한국유학에서의 성경사상(Ⅰ)-유학에서의 성경사상」, 『충북대학교 논문집』 24.

김태완(2008), 『깨달음의 노래』, 무사인.

김형효(2011), 『마음혁명』, 살림출판사.

남만성 역주(1973), 『老子道德經』, 을유문화사.

다이몬드Jared Diamond(2011), 강주헌 옮김, 『문명의 붕괴』, 김영사.

대한불교조계종 교육원 역경위원회(2001), 『화엄오교장』, 조계종 출판사.

대한불교조계종 교육원 역경위원회(2001), 『화엄종관행문』, 조계종 출판사.

데스먼드 모리스(1991), 김석희 옮김, 『털없는 원숭이』, 정신세계사.

데이비드 홉킨스David Hokins(2001), 문진희 옮김, 『나의 눈』, 한문화.

두산동아 사전편찬실(1998), 『동아 새漢韓辭典』, 두산동아.

등원정랑藤原靜郎(1998), 「주자학의 독서론- 주자에서 이퇴계로」, 『퇴계학논총』 4.

라즈니쉬Osho Rajneesh(2000), 류시화 옮김, 『또 하나의 여인이 나를 낳으리라(1-3)』, 정신세계사.

라즈니쉬Osho Rajneesh(2001), 노호상 옮김, 『법구경(1-6)』, 황금꽃.

류시화(2003), 『나는 왜 너가 아니고 나인가』, 김영사.

리프킨Jeremy Rifkin(2010), 이경남 옮김, 『공감의 시대』, 민음사.

마명馬鳴(1991), 眞諦 한역, 이홍우 번역 주석, 『大乘起信論』, 경서원.

모랭Edgar Morin(2006), 고영림 옮김, 『미래의 교육에서 반드시 필요한 7가지 원칙』, 당대.

박소영(2010), 「시부모와의 갈등에 영향을 미치는 요인에 관한 연구-여성가족패널을 중심으로-」, 『한국가족복지학』 15(3).

박세당(1999), 김학목 옮김, 『박세당의 노자』, 예문서원.

박이문(1998), 『문명의 미래와 생태학적 세계관』, 당대.

박태영·박진영·하태선(2011), 「고부갈등을 겪고 있는 부부들을 위한 가족치료 사례연구」, 『한국가족치료학회지』 19(1).

방인·장정욱(2007), 『周易四箋(3)』, 소명출판.

법장法藏(1998), 김무득 역주, 『華嚴學體系(華嚴五教章)』, 우리출판사.

부르크하르트Burckhart, J.(2006), 이기숙 옮김, 『이탈리아 르네상스의 문화』, 한길사.

부위훈傅偉勳(2001), 전병술 옮김, 『죽음, 그 마지막 성장』, 청계.

불교간행회(1997), 『해심밀경』, 민족사.

성백효 역주(1998), 『論語集註』, 전통문화연구회.

성윤갑(2005), 『행복한 삶을 위한 유식삼십송』, 불교시대사.

손병욱(1992), 「유가 수행법으로서의 정좌에 대하여」, 중국철학연구회 편저, 『동양의 인간이해』, 형설출판사.

슈리 푼자(2005), 김병채 옮김, 『그대는 누구인가』, 슈리크리슈나다스 아쉬람.

스즈끼 다이세츠(1999), 서명석·김종구 옮김, 『가르침과 배움의 현상학-선문답』, 경서원.

신오현(1990), 「르네상스 휴머니즘과 철학」, 신오현 외 6인 공저, 『르네상스 휴머니즘의 현대적 의의』, 영남대학교 출판부.

신윤우(1977), 「근본유학의 도에 관한 연구: 논어를 중심으로」, 성균관대학교 대학원 석사학위논문.

심우섭(2004), 『중용사상의 철학적 이해』, 성신여자대학교 출판부.

안창현·김진이(2008), 「부부의 자아존중감, 의사소통 및 가족 응집성·적응성과 갈등대처방식간의 관계」, 『한국가족치료학회지』 16(2).

알트Franz Alt(2003), 손성현 옮김, 『생태주의자 예수』, 나무심는사람.

엔닌圓仁(1991), 신복룡 번역 주해, 『入唐求法巡禮行記』, 정신세계사.

오진탁 역(1990), 『감산의 노자풀이』, 서광사.

오형근(1998), 『유식학 입문』, 대승.

왕수인 찬(1992), 『왕양명전집』, 상해고적출판사.

왕양명(2004), 정인재·한정길 역주, 『傳習錄』, 청계.

왕필王弼(1997), 임채우 옮김, 『왕필의 노자』, 예문서원.

원동연·유동준(2005), 『헤피엔딩 노년의 인생학』, 김영사.

원효(2000), 은정희·송진현(역주), 『원효의 금강삼매경론』, 일지사.

유교문화연구소 옮김(2006), 『논어』, 성균관대학교 출판부.

유권종 외(2009), 『유교적 마음모델과 예교육』, 한국학술정보(주).

유선영(2005), 『대안학교 마음공부 효과 연구』, 목포대학교 교육대학원 석사학위논문.

유인희(1980), 『주자철학과 중국철학』, 범학사.

유정동(1981), 「중용사상의 철학적 고찰」, 『동양철학연구』 2.

유지 크리슈나무르티(1999), 홍성규 옮김, 『깨달음은 없다』 마당기획.

이경무(2007), 「'도道', '덕德'과 공자孔子 인학仁學」, 『철학연구』 101.

이동욱(1996), 「논어에 나타난 공자의 인성교육 연구」, 한국교원대학교 석사학위논문.

이상린(2007), 「유교 수양론과 탈현대」, 최석만 외, 『탈현대와 유교』, 전남대학교 출판부.

이석기(2011), 「마음수련 명상 프로그램이 중고등학생의 자아존중감에 미치는 영향: 마음수련 청소년 캠프를 중심으로」, 한국교원대학교 석사학위논문.

이원목(2006), 「中庸思想의 論理構造와 그 價値의 實現에 관한 硏究」, 성균관대학교 박사학위논문.

이이(2001), 김학목 옮김, 『율곡 이이의 노자』, 예문서원.

이재숙 역(1998), 『우파니샤드 Ⅱ』, 한길사.

이지(2004), 김혜경 옮김, 『분서Ⅰ, Ⅱ』, 한길사.

이현지(2001), 「음양론의 여성학적 함의」, 『동양사회사상』 4.

이현지(2005), 「탈현대적 가족 여가를 위한 구상」, 『동양사회사상』 12.

이현지(2007), 「對待的 對立觀과 사회생태학의 새로운 패러다임」, 『철학논총』 49(3).

이현지(2007), 「동양사상과 새로운 세계관의 모색」, 『동양사회사상』 16.

이현지(2009), 「『주역』과 행복한 가족론」, 『동양사회사상』 20.

이현지(2009), 『동양사상과 탈현대의 발견』, 한국학술정보.

이현지(2010), 「탈현대적 가정교육을 위한 제언-『주역』을 바탕으로-」, 『교육철학』 41.

이현지(2010), 「『주역』과 탈현대 가족 여가의 '즐거움'-뇌지예괘의 즐거움에 대한 도를 중심으로」, 『동양사회사상』 21.

이현지(2010), 「노자 죽음관의 탈현대적 함의」, 『원불교사상과 종교문화』 44.

이현지(2011), 「한국사회의 가족문제와 『주역』의 해법」, 『한국학논집』 42.

이현지(2012), 「한국사회의 가족문화의 실태와 새로운 가족문화에 대한 모색 」, 『한국학논집』 32.

이현지(2012), 「『논어』에서의 덕德, 도道 그리고 마음공부의 탈현대적 함의」, 『동양사회사상』 26.

이현지·이기홍(2012), 「『논어』의 중용사상과 마음공부」, 『동양사회사상』 25.

장선문 편저(1992), 『周易辭典』, 상해고적출판사.

장자(1993), 안동림 옮김, 『莊子』, 현암사.

장웅철 역해(2003), 『老子의 世界』, 동남풍.

장회익 외(2011), 한국교회환경연구소 엮음, 『생태적 삶을 추구하는 영성』, 동연.

정문길(1989), 『疎外論研究』, 문학과지성사.

정병조 역(1997), 『불교의 심층심리』, 현음사.

정승석 옮김(1995), 『유식의 구조』, 민족사.

정승석(2005), 『상식에서 유식으로』, 정우서적.

정재걸 외(동양사상과 탈현대 연구회)(2010), 『동양사상과 탈현대의 죽음』, 계명대학교 출판부.

정재걸(2000), 『만두모형의 교육관』, 교육신문사.

정재걸(2001), 「방棒과 할喝의 교육적 의미」, 『초등교육논총』 17(1).

정재걸(2005), 「동양사상에서 본 자기성찰지능」, 『대구교육대학교 논문집』 40.

정재걸(2006), 「논어와 탈근대 교육의 설계」, 『동양사회사상』 14.

정재걸(2007), 「나는 누구인가?-'唯識 30頌'의 경우」, 『교육철학』 32.

정재걸(2008), 「'산수몽山水蒙'괘의 재해석」, 『동양사회사상』 17.

정재걸(2008), 「산풍고괘山風蠱卦의 교육학적 해석」, 『동양사회사상』 18.

정재걸(2009), 「탈현대脫現代 사회社會와 교육教育에서의 종교성宗敎性 회복回復」, 한국교육사학회 학술발표논문집.

정재걸(2010), 『삶의 완성을 위한 죽음교육』, 지식의 날개.

정재걸(2010), 『오래된 미래교육』, 살림터.

정호·정이(1984), 『이정집』 제1책, 제4책, 중화서국.

제레미 리프킨Jerrmy Rifkin(2003), 이영호 옮김, 『노동의 종말』, 민음사.

조창희(2011), 「동양적 즐거움樂과 그 추구방식」, 『동양사회사상』 24.

주희朱熹(1998), 허탁·이요성 역주, 『주자어류』 1-4, 청계.

지욱선사(2007), 박태섭 역주, 『주역선해』, 도서출판 한강수.

진래陳來(2003), 전병욱 옮김, 『양명철학』, 예문서원.

진순陳淳(995), 김영민 옮김, 『北溪字義 』, 예문서원.

최봉영(1994), 『韓國人의 社會的 性格(1)』, 느티나무.

최석만 외(2006), 『유교적 사회질서와 문화, 민주주의』, 전남대학교 출판부.

최석만 외(2007), 『탈현대와 유교』, 전남대학교 출판부.

최영진(2003), 『유교사상의 본질과 현재성』, 성균관대학교 출판부.

최영진·이기동(1994),『周易』, 동아출판사.

최재목 역주(2006),『노자』, 을유문화사.

최홍기(1987),「한국문화의 자생적 전개」, 임희섭 편,『한국사회의 발전과 문화』, 나남.

칼리니쿠스Matei Calinescy(2001), 이영욱 외 옮김,『모더니티의 다섯 얼굴』, 시각과 언어.

코르노Guy Corneau(2012), 김성희 옮김,『생의 마지막 순간, 마주하게 되는 것들』, 서울: 샘앤파커스.

콘필드Jack Kornfield(2011),『깨달음 이후 빨랫감』, 이균형 옮김, 서울: 한문화.

톨레Tolle, E.(2008), 노혜숙·유영일 옮김,『지금 이 순간을 살아라』, 양문.

톨레Tolle, E.(2008), 류시화 옮김,『Now』, 조화로운 삶.

톨레Eckhart Tolle(2011), 진우기 옮김,『고요함의 지혜』, 김영사.

통계청(2008), 2008년 생명표.

퇴계학연구원 편(1989-2001),『퇴계전서』, 퇴계학연구원.

프롬Fromm, E.(1998), 김철수 옮김,『자유로부터의 도피』, 계명대학교 출판부.

한명수(1973),「퇴계의 경에 대한 연구」,『퇴계학연구』 1.

한자경(2004),『일심의 철학』, 서광사.

홍석주(2001), 김학목 옮김,『홍석주의 노자』, 예문서원.

홍승표(1998),「현대 사회학의 인간관 비판과 유가 사상에 나타난 인간관의 사회학적 함의」,『한국사회학』 32(3).

홍승표(2002),『깨달음의 사회학』, 예문서원.

홍승표(2002),「도가사상과 새로운 사회이론의 구성」,『동아시아 문화와 사상』 8.

홍승표(2003),『존재의 아름다움』, 예문서원.

홍승표(2005),『동양사상과 탈현대』, 예문서원.

홍승표(2007),「신학문을 위한 시론」,『동양사회사상』 15.

홍승표(2007),「유교 여가관의 탈현대적 함의에 대한 연구」,『한국학논집』 34.

홍승표(2007),「현대학문의 위기와 새로운 학문관의 모색」,『한국학논집』 35.

홍승표(2007),『노인혁명』, 예문서원.

홍승표(2008),「동양사상과 수행과 낙도로서의 블랙잭」,『여가학연구』 6(2).

홍승표(2008),「동양사상과 탈현대 대안사회의 구상」,『동양사회사상』 17.

홍승표(2008),「유교사상을 통해 본 다문화사회 69-89.」,『철학연구』 107.

홍승표(2009),「동양사상과 새로운 죽음관 모색의 필요성」,『원불교사상과 종교문화』 43.

홍승표(2009),「통일체적 세계관과 인간적 노동의 구현」,『동양사회사상』 19.

홍승표(2010),『동양사상과 새로운 유토피아』, 계명대학교 출판부.

홍승표(2011),「老子의 이상적인 인간상과 새로운 노인상」,『동양철학연구』 66.

홍승표(2011),「동양사상과 새로운 소외론」,『동양사회사상』 23.

홍승표(2011),「동양사상과 존재 혁명」,『철학논총』 67(1).

홍승표(2011),「동양사상과 탈현대적 삶」, 계명대학교 출판부.

홍승표(2012),「노인복지에 대한 동양사상적 접근의 필요성」,『사회과학논총』 30(2).

홍승표(2012),「노자老子의 도道와 마음공부」,『동양사회사상』 26.

홍승표(2012), 「마음의 주체-에고와 셀프」, 『원불교사상과 종교문화』 52.

홍승표(2012), 「周易을 통한 현 문명 진단과 창조적인 대응」, 『철학논총』 68(2).

홍승표(2012), 『탈현대와 동양사상의 재발견』, 계명대학교 출판부.

황금중(2004), 「마음교육론의 학문적 성격과 전망」, 『교육학연구』 42(4).

회산계현晦山戒顯(1996), 『禪門鍛鍊說』, 然觀 역주, 불광출판사.

Thomas H. Kang(1984), 「퇴계 정좌법의 강좌」, 『퇴계학 연구논총』 9.

Von Franz, M. L.(1983), 이부영 외 옮김, 『人間과 無意識의 象徵』, 집문당.

Chan, Wing-tsit(1963), *The Way of Lao Tzu*, Indianapolis: The Bobbs-Merrill Company, Inc.

Legge James(1963), *The I Ching*, New York: Dover Publication. Inc.

Mirandola, G. P. D.(1948), "Oration on the Dignity of Man". in *The Renaissance Philosophy of Man*, edited by Ernst Cassirer, Paul Oskar Kristeller, and John Herman Randall, Chicago: The University of Chicago Press.

Thich, Nhat Hanh(1987), *Being Peace*, Berkeley, California: Parallax Press.

Thich, Nhat Hanh(1992), *Touching Peace: Practicing the Art of Mindful Living*, Berkeley California: Parallax Press.

Thich, Nhat Hanh(2002), *No Death, No Fear*, New York: Riverhead Books.

Tolle, Eckhart(2005), *A new earth: Awakening to Your Life's Purpose*, New York, N.Y.: Plume.

Tolle, Eckhart(1999), *The Power of Now*, Novato, CA: New World Library.

Von Franz, M. L.(1979), *Man and His Symbol*, Carl G. Jung ed., New York: Dell.

Waley, Arthur(1978), *The Way and Its Power*, New York: Grove Press Inc.

Wilhelm(1968), *The I Ching*, Baynes, Princeton University Press.

「무문관 탐방」, 『현대불교신문』 1997년 4월 6일자.

「베이비부머 자살률 '껑충'…… 50대초 男 10만 명당 약 60명 자살」, 『메디컬투데이』 2011년 9월 21일자.

「보건복지부-삼성생명-생보협회, 암·자살 예방 나선다」, 『공감코리아』 2012년 2월 9일자.

「서울시민 자살률 4년 동안 50% 증가」, 『조선일보』 2011년 11월 1일자.

「한국 자살률은 급증…정부 대책은 '뒷걸음질」, 『메디컬투데이』 2011년 12월 2일자.

「OECD 자살률 1위 국가의 오명 벗자」, 『뉴시스』 2011년 9월 15일자.

OECD, 2010, OECD Health Data 2010: Statistics and Indicators for 34 Countries.

http://blog.daum.net/007nis/14644449?srchid=BR1http%3A%2F%2Fblog.daum. net%2F007nis%2F14644449 「캄보디아, 국제 결혼 잠정 금지」.

WHO 공익광고. '우울증이란 검정개.'

삶의 행복을 꿈꾸는 교육은
어디에서 오는가? 미래 100년을 향한 새로운 교육

▶ 비고츠키 선집 시리즈

발달과 협력의 교육학 어떻게 읽을 것인가?

 생각과 말
레프 세묘노비치 비고츠키 지음
배희철 · 김용호 · D. 켈로그 옮김
690쪽 | 값 33,000원

 어린이의 상상과 창조
L.S.비고츠키 지음 | 비고츠키연구회 옮김
280쪽 | 값 15,000원

 도구와 기호
비고츠키 · 루리야 지음 | 비고츠키연구회 옮김
336쪽 | 값 16,000원

 비고츠키 생각과 말 쉽게 읽기
비고츠키 교육학 실천연구모임 지음
316쪽 | 값 15,000원

 어린이 자기행동숙달의 역사와 발달
L.S.비고츠키 지음 | 비고츠키연구회 옮김
564쪽 | 값 28,000원

 비고츠키와 인지 발달의 비밀
A.R.루리야 지음 | 배희철 옮김
280쪽 | 값 15,000원

▶ 평화샘 프로젝트 매뉴얼 시리즈

학교 폭력에 대한 근본적인 예방과 대책을 찾는다

 학교 폭력 어떻게 만들어지는가
문재현 외 지음 | 300쪽 | 값 14,000원

 아이들을 살리는 동네
문재현 · 신동명 · 김수동 지음 | 204쪽 | 값 10,000원

 학교 폭력, 멈춰!
문재현 외 지음 | 328쪽 | 값 15,000원

 평화! 행복한 학교의 시작
문재현 외 지음 | 252쪽 | 값 12,000원

 왕따, 이렇게 해결할 수 있다
문재현 외 지음 | 236쪽 | 값 12,000원

 아이들과 절대 흥정하지 마라
로널드 모리쉬 지음 | 김복기 옮김
188쪽 | 값 10,000원

▶ 살림터 참교육 문예 시리즈

영혼이 있는 삶을 가르치는 온 선생님을 만나다!

 꽃보다 귀한 우리 아이는
조재도 지음 | 244쪽 | 값 12,000원

 선생님이 먼저 때렸는데요
강병철 지음 | 248쪽 | 값 12,000원

 성깔 있는 나무들
최은숙 지음 | 244쪽 | 값 12,000원

 서울 여자, 시골 선생님 되다
조경선 지음 | 252쪽 | 값 12,000원

 아이들에게 세상을 배웠네
명혜정 지음 | 240쪽 | 값 12,000원

 행복한 창의 교육
최창의 지음 | 328쪽 | 값 15,000원

▶ 교과서 밖에서 만나는 역사 교실

상식이 통하는 살아 있는 역사를 만나다

 전봉준과 동학농민혁명
조광환 지음 | 336쪽 | 값 15,000원

 통하는 공부
김태호 · 김형우 · 이경석 · 심우근 · 허진만 지음
324쪽 | 값 15,000원

 남도의 기억을 걷다
노성태 지음 | 344쪽 | 값 14,000원

 팔만대장경도 모르면 빨래판이다
전병철 지음 | 360쪽 | 값 16,000원

 즐거운 국사수업
김은석 지음 | 352쪽 | 값 13,000원

 빨래판도 잘 보면 팔만대장경이다
전병철 지음 | 360쪽 | 값 16,000원

 즐거운 국사수업 32강
김남선 지음 | 280쪽 | 값 11,000원

 김창환 교수의 DMZ 지리 이야기
김창환 지음 | 264쪽 | 값 15,000원

 즐거운 세계사 수업
김은석 지음 | 328쪽 | 값 13,000원

 영화는 역사다
강성률 지음 | 288쪽 | 값 13,000원

 한국 고대사의 비밀
김은석 지음 | 304쪽 | 값 13,000원

 친일 영화의 해부학
강성률 지음 | 264쪽 | 값 15,000원

 아이들이 주인공이 되는 주제통합수업
이윤미 외 지음 | 268쪽 | 값 13,000원

▶ 창의적인 협력수업을 지향하는 삶이 있는 국어 교실
우리말 글을 배우며 세상을 배운다

중학교 국어 수업 어떻게 할 것인가?
김미경 지음 | 332쪽 | 값 15,000원

이야기 꽃 1
박용성 엮어 지음 | 276쪽 | 값 9,800원

토론의 숲에서 나를 만나다
명혜정 엮음 | 312쪽 | 값 15,000원

이야기 꽃 2
박용성 엮어 지음 | 294쪽 | 값 13,000원

▶ 정의로운 세상을 여는 인문사회 과학
사람의 존엄과 평등의 가치를 배운다

밥상혁명
강양구 · 강이현 지음 | 298쪽 | 값 13,800원

교장제도 혁명
한국교육연구네트워크 총서 04
268쪽 | 값 14,000원

도덕 교과서 무엇이 문제인가?
김대용 지음 | 272쪽 | 값 14,000원

좌우지간 인권이다
안경환 지음 | 288쪽 | 값 13,000원

자율주의와 진보교육
조엘 스프링 지음 | 심성보 옮김 | 320쪽 | 값 15,000원

민주시민교육
심성보 지음 | 544쪽 | 값 25,000원

민주화 이후의 공동체 교육
심성보 지음 | 392쪽 | 값 15,000원

민주시민을 위한 도덕교육
심성보 지음 | 496쪽 | 값 25,000원

갈등을 넘어 협력 사회로
이창언 · 오수길 · 유문종 · 신윤관 지음
280쪽 | 값 15,000원

교과서 밖에서 배우는 인문학 공부
정은교 지음 | 276쪽 | 값 13,000원

교사, 선생이 되다
김태은 외 지음 | 260쪽 | 값 13,000원

오래된 미래교육
정재걸 지음 | 392쪽 | 값 18,000원

동양사상과 마음교육
정재걸 외 지음 | 356쪽 | 값 16,000원

▶ 남북이 하나 되는 두물머리 평화교육

분단 극복을 위한 치열한 배움과 실천을 만나다!

 10년 후 통일
정동영 · 지승호 지음 | 328쪽 | 값 15,000원

 선생님, 통일이 뭐예요?
정경호 지음 | 252쪽 | 값 13,000원

▶ 출간 예정

 새로운 사회를 여는 교육자치혁명
한국교육연구네트워크 총서05

 광주의 기억을 걷다
노성태 지음

 수업과 교육의 지평을 확장하는 수업 비평
윤양수 지음

 응답하라 한국사 1·2
김은석 지음